HEYNE BÜCHER

LEBENSHILFE

Stephen B. Levine

ANGSTFREIE SEXUALITÄT

Glück und Erfüllung in der Liebe

Deutsche Erstausgabe

Wilhelm Heyne Verlag
München

HEYNE LEBENSHILFE
Band 17/78

Aus dem Amerikanischen übersetzt
von Traudi Perlinger

Titel der Originalausgabe:
SEX IS NOT SIMPLE

Printed in Germany 1992
Umschlagillustration: Victor Stabin / The Image Bank, München
Umschlaggestaltung: Christian Diener, München
Satz: Kort Satz GmbH, München
Druck und Bindung: Presse-Druck, Augsburg

ISBN 3-453-05365-6

Inhalt

Vorwort

Kurz nach Abschluß meiner Psychiatrieausbildung begann ich 1973 mich dem neuen Gebiet der Sexualtherapie zuzuwenden. Mir ging es dabei in erster Linie darum, kurzfristigere und wirksame Behandlungsmethoden bei allgemeinen Sexualstörungen zu finden, als sie bislang von der traditionellen Psychiatrie angeboten wurden. Bald stellte ich fest, daß ich zwar auf einen Fundus herausragender Wissenschaftler und 70 Jahre psychiatrischer Fachliteratur in meinen Studien der Psychotherapie zurückgreifen konnte, daß aber kaum Lehrer oder Fachbücher zur Verfügung standen, um mich darin zu unterweisen, ein kompetenter Sexualtherapeut zu werden. Einen Großteil meines Wissens über menschliche Sexualität sammelte ich also direkt durch meine Beratungstätigkeit mit Patienten, die mich wegen ihrer sexuellen Probleme aufsuchten.

Ich machte mir im Raum Cleveland einen Namen als Sexualtherapeut und Lehrer. Dabei war mir durchaus klar, daß viele Psychologen mir zwar nach außen Anerkennung und Achtung erwiesen, im Grunde aber meine therapeutischen Bemühungen als relativ oberflächlich und wenig fundiert erachteten. Sie befürchteten, diese neuen Therapieformen könnten Sexualbeziehungen zwischen Therapeut und Patient begünstigen. Auch als deutlich gemacht wurde, daß Sexualtherapeuten vielmehr bestrebt sind, ihre Patienten vor dieser Gefahr zu bewahren, blieben viele Kollegen einem Sexdoktor gegenüber mißtrauisch.

Es gelang mir, solch schleichendem Gift immer wieder stichhaltige Argumente entgegenzusetzen. Die deutlichsten Beweise erbrachten natürlich die Männer und Frauen, Einzelpersonen und Paare, die von mir betreut wurden. Wenn Patienten und ich erfolglos waren, was natürlich auch geschah, brachen wir die Behandlung erst dann ab, wenn wir übereinstimmend festgestellt hatten, daß zu diesem Zeitpunkt keine weiteren Fortschritte zu erzielen waren. Ein weiterer Gegenbeweis bestand darin, daß einige meiner ›Mißerfolge‹ mich Freunden und Bekannten empfahlen, da unsere gemeinsame Arbeit ihnen trotz allem enorm geholfen habe.

Bei aller bestehenden Skepsis konnte ich meine Arbeit fortsetzen, da Medizinstudenten, Ärzte und andere junge, in psychiatrischen Berufen tätige Menschen positiv auf meine Vorlesungen, Seminare und Veröffentlichungen reagierten. Namentlich meine Vorträge vor einem Laienpublikum überzeugten mich von der Notwendigkeit der Sexualaufklärung Erwachsener. Es war meist unproblematisch, mit diesem Publikum ernsthaft und ausführlich über Sex zu sprechen. Gemeinsam lachten wir über unsere illusionären Erwartungen und bedauerten verpaßte Gelegenheiten in gelegentlich witzigen Frage-und-Antwort-Spielen. Nach solchen öffentlichen Veranstaltungen bedankten sich jedesmal einige Zuhörer bei mir.

Ungeachtet meiner lebensnahen Erfahrungen hatte ich nie ernsthaft in Erwägung bezogen, ein Buch zu schreiben – bis zu dem Tag, an dem der Moderator einer Fernsehsendung nach einem Gespräch über körperliche Erkrankung und Sexualität die Frage an mich richtete: »Haben Sie schon einen Titel für Ihr nächstes Buch?«, worauf ich antwortete: »Ich habe kein Buch geschrieben«, und er hinzufügte: »Dann ist es aber höchste Zeit!« Da begann ich darüber nachzudenken.

Der Weg von dieser ersten Überlegung bis heute war nicht einfach. Und dieses Buch wäre nicht zustande gekommen ohne die frühe wissenschaftliche Unterstützung meines Doktorvaters Professor L. Douglas Lenkoski; ohne Barbara Juknialis, die viele Jahre das Lektorat meiner früheren Veröffentlichungen betreute; ohne die kundige Unterstützung meiner Sekretärin Phyllis Polsky; ohne die intellektuelle Anregung, das freundliche Entgegenkommen und die Energie meiner Kollegen im Fachbereich Sexualität an der Universitätsklinik von Cleveland – vor allem Stanley Althof, Candace Risen und Louisa Turner.

Die Umsetzung meines Manuskripts von einem wissenschaftlichen Text in eine einfache, leicht lesbare Sprache verdanke ich zwei bemerkenswerten und begabten Menschen. Zunächst Tobin Simon vom Proprioceptive Writing Center in Portland, Maine, der mich anregte, mir das Geschriebene anzuhören, mir ein Bild von meiner Leserschaft zu machen und sie von einer authentischen, persönlichen Warte her anzusprechen. Durch seine selbstlose Geduld erhielt ich Einblick in die Kunst des Schreibens. Heute weiß ich, was es bedeutet, einen großen Lehrer zu haben. Meine Lektorin Sanna Longden bei Evanston in Illinois vereinfachte Hunderte komplizierter Textpassagen. Ihre Fähigkeit, mich zum Schreiben zu motivieren und meine Gedanken ins reine zu bringen, versetzte mich immer wieder in Erstaunen. Ich danke ihr für ihren sicheren Geschmack, ihre Offenheit, ihren Humor und ihren Respekt. Kein anderer Lektor hätte einen größeren Beitrag zu dem Projekt *Angstfreie Sexualität* beitragen können.

Schließlich möchte ich nicht versäumen, meinen Patienten von Herzen zu danken, die den Mut aufbrachten, mir ihre emotionale Privatsphäre anzuvertrauen. Sie alle waren meine beständigsten und ausdauerndsten Lehrer. Vielleicht freut es sie zu hören, daß ihre inneren Nöte und Kämpfe nun anderen Menschen helfen können.

Kapitel 1

Unser innerstes sexuelles Selbst

Ginny: Herr Doktor, Sie werden es kaum glauben, aber wir haben noch nie über Sex gesprochen.

Jerry: Das stimmt, wir sind seit 21 Jahren verheiratet, verstehen uns bestens und reden über alles andere, nur darüber nicht.

Doktor: Wollen Sie damit sagen, Sie haben nicht über Sex gesprochen, seit Jerrys Impotenz einsetzte?

Ginny: Auch vorher nicht, als alles noch in Ordnung war.

Doktor: Welche Erklärung haben Sie dafür?

Jerry: Ich weiß nicht. In unseren Familien hat man über so etwas nicht gesprochen. Unsere Freunde machen nur Witze darüber. Wir reden auch nie mit den Kindern über Sex.

Doktor: Als es zwischen Ihnen noch klappte, haben Sie da nicht nach einem Beischlaf darüber geredet, wie schön es war, oder darüber, was Sie mal gern ausprobieren möchten?

Ginny: Ich habe darüber gelesen und mich nach solchen Gesprächen gesehnt; aber das Thema ist für mich zu intim, um darüber zu reden. Ich weiß, daß diese Einstellung dumm ist. Wir sind gebildete Menschen und wir lieben uns, aber ich könnte Jerry nie sagen, was mir gefällt und was nicht. Und er spricht auch nicht mit mir darüber.

Doktor: Ist es Ihnen denn schwergefallen, einen Termin mit mir zu vereinbaren?

Jerry: Darüber haben wir nicht gesprochen – unser Hausarzt meinte, daß wir Hilfe brauchen.

Doktor:	Versteh' ich nicht.
Ginny:	Ich hatte starke Halsschmerzen und ging deshalb zum Arzt. Irgendwie kam ich auf unsere Sexualprobleme zu sprechen und daß sie sich verschlimmerten. Zum Glück setzte er sich sofort mit Jerry in Verbindung und sagte ihm, er sollte umgehend Ihr Büro anrufen. Und deshalb sind wir hier.
Doktor:	Ich bin froh, daß Sie sich endlich dazu aufgerafft haben.

Wenn wir glauben, Sex sei eine simple Sache, etwas wobei es nur um Instinkt, Kraft oder bestimmte Techniken geht, werden wir meist enttäuscht und wütend. Wenn wir uns hingegen klarmachen, daß Sexualität kompliziert ist, können wir allmählich die Prinzipien verstehen, die unser Sexualverhalten bestimmen, und sie uns zunutze machen.

Oft wollen wir jedoch nicht wahrhaben, wie komplex unsere Sexualität ist. Wir geben uns dem Trugschluß hin, viele unserer sexuellen Bedürfnisse und Gefühle seien direkt und offenkundig. So scheint zum Beispiel das Bedürfnis nach Privatsphäre, eine der grundsätzlichen, psychologischen Voraussetzungen unseres Sexualverhaltens, keiner Erklärung zu bedürfen. Doch dieses Thema ist vielschichtig. Die Vertraulichkeit, mit der wir unser sexuelles Selbst schützen, besteht aus einer Reihe verborgener, sich wechselseitig beeinflussender Schichten. Bei passender Gelegenheit öffnen wir unsere äußeren Schichten, doch in die wirklich tiefen Schichten gewähren wir niemand Einblick.

Die innerste Schicht besteht aus unserem Bedürfnis, sexuelle Geheimnisse vor uns selbst zu wahren. So sehr wir uns zu kennen glauben, den Ursprung und die Bedeutung der Gesamtheit unserer sexuellen Impulse, Neugierden und Wünsche werden wir nie ganz begreifen. Diese Geheimnisse sind so beängstigend, daß wir sie nur teilweise zu ergründen wagen.

Geheimhaltung vor anderen, auch dies eine undurchdringliche Schicht, umhüllt die Schicht mit dem Bedürfnis, sexuelle Geheimnisse vor uns selbst zu wahren. Wir mögen einem Partner noch so nahe stehen, gewisse Aspekte unserer Sexualität sind nur uns bekannt. Kein Mensch – auch nicht der intimste Geliebte oder vertrauteste Therapeut – gewinnt vollständigen Einblick in die sexuellen Gedanken, Gefühle und Verhaltensweisen eines anderen Menschen. Unser Bedürfnis nach sexueller Intimsphäre ist so stark, daß diese beiden tiefen Schichten meist unerkannt bleiben.

Eine dritte Schicht entsteht, wenn zwei Menschen sexuellen Kontakt zueinander aufnehmen. Das gemeinsame Erlebnis wird automatisch zur Vertraulichkeit, ohne daß darüber eine Vereinbarung zu treffen wäre. Von dieser dritten Schicht ist meist die Rede, wenn Sex zum Tabu-Thema erklärt wird. Normalerweise wünschen wir nicht, daß diese Schicht verletzt wird. »Ich kann dir genau sagen, was ich gegen meinen Bruder habe. Ich erzählte ihm, wie sehr ich Beth schätze, was für ein besonderer Mensch sie ist. Ich sagte ihm, daß wir über die gleichen Dinge lachen können und uns miteinander wohl fühlen. Und er wollte darauf wissen: ›Ist sie gut im Bett?‹« Diese tiefen Schichten öffnen wir nur sehr guten Zuhörern oder Experten, die uns in medizinischen, sexuellen, zwischenmenschlichen oder emotionalen Konflikten helfen können, und selbst diesen nicht vollständig.

Eine vierte Schicht ist kulturell verankert, entstanden aus ungeschriebenen gesellschaftlichen Normen, die uns diktieren, wie weit wir über sexuelle Zusammenhänge sprechen dürfen. Diese Regeln sind repressiv – wer will schon eingestehen, ein sexuelles Problem zu haben! – und werden in Höflichkeitsfloskeln und Schamhaftigkeit verpackt: »Darüber sprechen wir nicht!«, wobei sich dieses ›darüber‹ auf alles mögliche bezieht, Genitalien, Menstruation, Abtreibung, Koitus und Penisgröße, außereheliche Beziehungen und so weiter. Witze über Sex werden grundsätzlich von der Gesellschaft toleriert – »Kennst du den mit dem Bordell und dem Schild ›Heute geschlossen‹?« Oder Begriffe über Sexualität werden umschrieben – »Man faßt sich da unten nicht an!« Sexualität wird auch als intellektuelles Thema abgehandelt – »Selbstverständlich ist Masturbation in der Pubertät ein völlig normaler entwicklungsspezifischer Vorgang.« Einige begabte Komödianten, die ihr Publikum humorvoll über menschliche Sexualkonflikte, sexuelle

Nöte und Interessen aufklären und unterhalten, bilden eine Ausnahme, in der Regel jedoch gestalten gesellschaftliche Normen die öffentliche Diskussion über sexuelle Belange unehrlich und irreführend.

Jede Untersuchung menschlicher Sexualität muß auf die Vielschichtigkeit unserer Intimsphäre eingehen. Sexuelle Intimsphäre muß anerkannt, respektiert und verstanden werden, um zu erkennen, was sich hinter diesem Schutzschild verbirgt. Einer der Schwerpunkte dieses Buches befaßt sich damit, daß keine Einzelperson und kein Paar sich je ganz und gar öffnet. Vertraulichkeit ist einer der grundlegenden Faktoren für das sexuelle Mysterium. Ein zweiter Faktor besteht darin, daß wir das Wesen, die grundsätzlichen Komponenten unseres sexuellen Selbst nicht verstehen und nicht darüber sprechen.

Sexualität ist eine Naturkraft geheimnisvollen Ursprungs, von der wir nur die Wirkung auf uns und andere kennen. Sie kann destruktiv wirken oder Erleichterung verschaffen, und sie ist ein unausweichlicher Faktor unserer Existenz. Wir spüren und reagieren auf sie, oft unbewußt, ohne sie eigentlich völlig zu verstehen. Echtes Verständnis können wir uns nur allmählich aneignen.

Es gibt vier wichtige Fragen, deren Antworten eine Menge über unser sexuelles Selbst aussagen.

- Was ist eigentlich unsere Sexualität?
- Was ist der Ursprung unseres intimen sexuellen Interesses, unseres sexuellen Verhaltens und unserer sexuellen Fähigkeiten?
- Welchen Stellenwert nimmt die Sexualität in unserem Leben ein?
- Welche Faktoren entscheiden über unser sexuelles Schicksal im Verlauf unseres Lebens?

Diese Fragen erfordern sorgfältig durchdachte Antworten, die wir im Verlauf dieses Buches erörtern wollen. Unsere Sexualität, ob gesund oder konfliktbelastet, ist ein Wesensmerkmal, das in unserer jeweiligen Natur wurzelt; sie unterliegt physischen und psychischen Evolutionsgesetzen im Verlauf unseres Älterwerdens, mit dem unser soziales und emotionales Umfeld sich verändert.

Die Intimität liebevoller Interaktionen zwischen Mutter und Kind ist die erste Ausdrucksform unserer Sexualität. Die zärtliche Körpernähe, die Befriedigung des Stillens, Hautberührungen und Küsse sind sinnliche Erfahrungen, die gemeinhin nicht als sexuell eingestuft werden. Sie stellen die ersten frühkindlichen Erfahrungen mit der Lust am eigenen Körper dar, die ein Grundmerkmal der Sexualität sind. Das Kind wird zeit seines Lebens mit der Aufgabe betraut sein, sich mit seinem Körper und seinen angenehmen Empfindungen auseinanderzusetzen. »Wenn du mir deins zeigst, zeig' ich dir meins.« Die Aufgabe, die sich während des gesamten Erwachsenenlebens stellt, ist vom Reifeprozeß nicht wegzudenken.

Durch persönliche Erfahrung lernen wir sehr viel über Sexualität, sie allein ist im allgemeinen jedoch nicht ausreichend. Die meisten Menschen interessieren sich für das Sexualleben anderer und hören sich begierig Einzelheiten darüber an. Kleine Kinder sind versessen darauf zu erfahren, was im Schlafzimmer der Eltern geschieht. Mit ein Grund, warum Kinder im Ehebett der Eltern schlafen wollen, liegt darin, herauszufinden, was sie miteinander treiben. Sie bezeichnen Sexualverhalten oft als ›Sie machen ES‹, ohne eine Ahnung zu haben, was dieses ›ES‹ sein könnte. Teenager reden viel über Sex – »Nicht zu fassen! Er hat sie an der Stelle mit dem Mund berührt? Iiigitt!« Die Neugier hält bis ins Erwachsenenalter an, wobei der Informationsaustausch durch Höflichkeitsfloskeln eingeschränkt ist. Es ist meist ziemlich schwierig, Freundinnen über ihr Sexualleben zu befragen, etwa: »Tust du was, um schwanger zu werden?« oder: »Hast du schon mal einen Zungenkuß ausprobiert?« Geschweige denn: »In welcher Position machst du es am liebsten?« Die Wahrung der Intimsphäre hemmt unsere Wißbegier, etwas über unser sexuelles Selbst durch die Erlebnisse anderer zu erfahren.

Über Sex reden

Sexualaufklärungsunterricht und Liebesszenen im Film befriedigen nicht annähernd unsere sexuelle Neugier. Gespräche über Sex und ausführliche Schilderungen über Liebesabenteuer in der Literatur sind weitere wichtige Lernfaktoren zum Sexualleben, die außerhalb unserer persönlichen Erfahrung liegen. Unsere Fähigkeit, etwas über Sexualität zu lernen, wird durch unsere Unfähigkeit, darüber zu sprechen, beeinträchtigt. Wir verschlingen zwar gierig anschauliche Sex-Schilderungen in Büchern, doch auch den beredsten Zeitgenossen fehlen die Worte, wenn sie versuchen, ihr eigenes Sexualleben zu beschreiben. Andeutungen, vage Anspielungen, nervöses Lachen und Bemerkungen, wie »Na, du weißt schon, was ich meine« treten an Stelle direkter Aussagen. Es ist uns nicht nur peinlich, intime Erlebnisse mitzuteilen, wir sind auch nicht in der Lage, Worte zu finden, um unsere Gefühle und Handlungen während sexueller Betätigung zu beschreiben. Und die psychischen Aspekte der Sexualität sind sogar noch schwieriger in Worte zu fassen.

Diese Sprachhemmung in Sachen Sex beginnt bereits in der Kindheit. Kleinkinder lernen, alle Körperteile beim richtigen Namen zu nennen, nicht aber ihre Genitalien. Kleine Buben lernen, daß sie Arme, Hände, Beine, eine Nase haben und ein ›Pipi‹, einen ›Piepmatz‹ oder einen ›Pimmel‹. Viele Mädchen werden groß, ohne die richtige Bezeichnung für ihre Genitalien zu kennen. Gelegentlich wird der Begriff ›Vagina‹ angewendet, um die äußeren Sexualorgane zu bezeichnen; ›Klitoris‹ wird nur selten ausgesprochen. Manche jungen Mädchen kennen nur ›das da unten‹.

Die Unfähigkeit, Sexualorgane richtig zu benennen, trägt zur Geheimniskrämerei über sexuelle Themen bei und belegt sie zugleich mit Bedeutsamkeit und Scham. Das verstärkt sich, wenn Kinder etwas über das Sexualverhalten Erwachsener erfahren. Dieses Bewußtsein ist nicht nur beängstigend – »Meine Eltern tun so etwas nicht!« – es ist gewöhnlich auch mit Unsicherheiten und Verzerrungen über das tatsächliche Geschehen verbunden.

In der späten Adoleszenz sind zwei deutlich voneinander unterschiedene Formen des Sprachgebrauchs üblich: Im Freundeskreis sind ›schweinische Reden‹ im Schwange und im offiziellen Sprachgebrauch bedient man sich der anatomisch korrekten Bezeichnungen. »Herr Doktor, ich habe einen wunden Pimmel... äh, Penis.« Entweder man schweigt über Sexualverhalten oder man macht euphemistische oder anzügliche Bemerkungen darüber. Wir müssen einen besseren Weg finden, als einen der schönsten Genüsse unseres Lebens mit zotigen Worten zu belegen! Wir müssen bessere Wege finden, um Bezüge zu unserem Sexualleben herzustellen, als über schmutzige Witze... »Kennst du den mit der Bauerntochter...«

Dieses Sprachproblem ist nur eine von vielen Barrieren zum Verständnis und zum normalen Umgang mit unserer Sexualität und der anderer. Die sexuelle Sprachhemmung entspringt der vierten Schicht der Intimsphäre und durchdringt die tieferen psychischen Schichten. Die Sprachhemmung trägt dazu bei, die tieferen Schichten abzuschotten: Geheimnisse lassen sich leichter vor uns und anderen bewahren, wenn uns die Worte fehlen, um sie auszudrücken.

Vier sexuelle Aufgaben

In den letzten Jahrzehnten wurden eine Reihe gesellschaftlicher Tabus über Körperlichkeit und Sexualität über Bord geworfen. Unser Sexualleben hat sich von vielen negativen Einflüssen befreit, die frühere Generationen beeinträchtigten, wie zum Beispiel: eine anständige Frau hat keinen Spaß an Sex. Die Menschen der zweiten Hälfte des 20. Jahrhunderts haben eine größere Chance, sich ohne sexuelle Hemmungen zu entwickeln, als unsere Eltern und Großeltern.

Eine völlig normale sexuelle Entwicklung ist aber auch heute nur selten möglich. Seit früher Kindheit sind wir in Kämpfe verstrickt, die wir oft nur vage begreifen. Um uns ein problemfreies Sexualleben zu erschaffen und beizubehalten, müssen wir vier entwicklungsspezifische Aufgaben erfüllen:

- unser sexuelles Selbst kennenlernen und akzeptieren;
- mit sexuellen Erfahrungen angstfrei und ohne Opferhaltung oder Zerstörungswille umgehen;
- wissen, woher unsere starken sexuellen Gefühle kommen;
- uns bemühen, unsere Freude am sexuellen Erleben zu erhalten.

Psychische Nähe

Psychische Nähe umfaßt alle vier sexuellen Entwicklungsaufgaben, da sie das stärkste Aphrodisiakum, noch dazu mit Langzeitwirkung, darstellt. Sie unterscheidet sich von physischer Nähe, die ja Voraussetzung für ein gemeinsames Sexualverhalten ist; sie hat vielmehr mit seelischer Intimität ohne sexuelle oder körperliche Nähe zu tun. Diese zweite Form der Intimität ist die ideale Vorbereitung auf das partnerschaftliche Sexualverhalten. Das Verständnis psychischer Nähe kann uns helfen, die Freude an unserer Sexualität während eines Großteils unseres Lebens zu bewahren.

Intimität beginnt bei uns selbst. Sie besteht aus der Freiheit, das gesamte Spektrum unserer Gefühle und unserer Konflikte, Widersprüche und Dilemmas vollständig zu erkennen. Intimität in ihrer Grundform ist die Fähigkeit zu erkennen, was in der Privatsphäre unseres Denkens abläuft. Es ist nicht leicht, sich in dieser Form mit der eigenen Person wohl zu fühlen; niemand kann sich ständig seiner selbst bewußt sein. Wir haben nicht nur Geheimnisse vor uns selbst im Hinblick auf unsere sexuelle Privatsphäre, wir verbergen auch routinemäßig unsere nichtsexuellen Konflikte vor uns selbst. Demzufolge haben Menschen, denen ihre Gefühle extrem unangenehm sind, größere Probleme, mit anderen intime Beziehungen aufzubauen.

Doch auch wenn wir uns relativ wohl mit der eigenen Person fühlen, müssen wir deshalb noch lange nicht anderen gefühlsmäßig nahekommen können. Diese Intimität entsteht, wenn wir unsere persönlichen Gedanken, Gefühle und unser Verhalten mit jemand austauschen, der sie respektvoll als Privileg erachtet und sie vertraulich behandelt. Das Maß psychischer Intimität mit unseren Partnern richtet sich nach unserem persönlichen Bedürfnis nach Privatsphäre.

Zunächst müssen wir darauf bauen können, daß die Gespräche mit unserem Partner nicht nach außen dringen. Wir müssen die Gewißheit haben, daß uns vom anderen keine Gefahr droht. »Bist du noch bei Trost? Mit Tammy darüber zu reden? Bald pfeifen es die Spatzen von den Dächern!« »Mit Sid kann ich nicht darüber sprechen; er würde es mir beim nächsten Streit vorhalten.«

Die anfängliche Intimität zweier Menschen ebnet den Weg für spätere Zusammengehörigkeit. Die Hochstimmung, sich plötzlich jemand so nahe zu fühlen, hält so lange vor, wie wir Gemeinsamkeiten miteinander austauschen. Wenn dieser gegenseitige Fluß des Gedankenaustauschs zu einem Rinnsal versickert, entsteht Distanz. Viele Menschen fühlen sich mit dieser Distanz wohl, andere wiederum sehnen sich danach, wieder Verbindung zueinander aufzunehmen.

Psychische Nähe soll Freude bereiten, sie kann aber auch beängstigend sein. Wir fürchten, in intimen Gesprächen zu viel von uns preiszugeben. »Ich wußte nicht, was mir als nächstes über die Lippen kam. Nicht, daß sie es nicht wissen sollte – ich war nicht mal sicher, ob ich es wissen wollte.« Möglicherweise nimmt ein Partner ein intimes Thema positiv auf, ein zweites wiederum nicht. »Ich habe mit Ted all die neun Jahre über meine Beziehung zu meiner Schwester gesprochen, glaube aber immer noch, daß ich ihm nicht sagen kann, was ich über meine Mutter empfinde. Er hat eine so gute Beziehung zu seiner eigenen Mutter, daß ich fürchte, er mißbilligt meine Einstellung.«

Sich gefühlsmäßig nahezukommen kann ohne ersichtlichen Grund erotische Gefühle wecken. »Fünf Tage hintereinander klapperten wir die Gebrauchtwagenmärkte ab. Ich unterhielt mich wirklich gern mit diesem jungen Verkäufer. Und plötzlich stellte ich mir vor, wie wir beide zusammen im Bett liegen. Dabei könnte ich seine Mutter sein – und dann so was. Ich dachte: ›Was ist bloß mit mir los?‹«

Nachdem wir Intimität mit einem anderen Menschen aufgebaut haben, müssen wir uns täglich darum bemühen, sie zu erhalten. Vielfach schaffen wir es nicht, die Kluft zwischen dem, was wir von unserem Partner erwarten, und dem, was wir erhalten, mit Respekt und Gelassenheit zu überbrücken. Manche Leute lernen den Umgang im gegenseitigen Verständnis nie. »Ich kann mit Wilson nicht reden; entweder er hört mir nur mit halbem Ohr zu, oder er ärgert sich über meine Gefühle.« »Elena fragt mich, was mit mir los ist und wenn ich erzähle, was mir durch den Kopf geht, sagt sie, ich hätte unrecht. Es wird immer schwerer, mit ihr über irgendein Thema zu reden. In letzter Zeit beschränkt sich unsere Unterhaltung auf ›Reich mir die Butter‹ und ›Wann kommst du heute nach Hause?‹«

Wenn zwei Menschen ihre psychische Nähe sexualisieren, dient ihnen Sex zur Wiederherstellung von Nähe, die ursprünglich nur durch psychische Intimität entstanden war. Ist das Sexualleben zur Routine geworden, liegt das häufig nicht am Scheitern sexueller Techniken, sondern es ist das Ergebnis der Versuche, Intimität über Sex wiederherzustellen. Ein bewährtes Rezept für befriedigenderen Sex liegt im Bemühen, herauszufinden, was im Augenblick im anderen vorgeht. Zu diesem Schritt sind heute leider viele Menschen ohne Hilfe von außen nicht mehr in der Lage.

Die folgenden Kapitel veranschaulichen die Kämpfe einer Reihe von Menschen, die sich bemühen, die vier sexuellen Entwicklungsaufgaben zu erfüllen und das Erreichte zu erhalten. Ihre Kämpfe, die zwar selten vom Blickwinkel dieser Aufgaben her beleuchtet werden, sind gewiß nicht ungewöhnlich. Andere können daraus lernen, damit auch sie in Zukunft mit ihrem innersten sexuellen Selbst besser zurechtkommen.

Um zu einem problemfreien Sexualleben zu finden, müssen wir:

- unser sexuelles Selbst kennenlernen und akzeptieren;
- mit sexuellen Erfahrungen angstfrei, ohne Opferhaltung oder Zerstörungswille umgehen;
- wissen, woher unsere starken sexuellen Gefühle kommen;
- uns bemühen, unsere Freude am sexuellen Erleben zu erhalten;
- die Fähigkeit zur psychischen Nähe entwickeln.

Kapitel 2

Sexuelle Ängste ablegen

Die Aussicht auf körperliche Liebe mit einem Partner verunsichert auch einen selbstbewußten Menschen. Kommt es tatsächlich zum Liebesakt, sind beide Beteiligten nervös. Die ersten Liebesbegegnungen ähneln ein wenig einem Rennen, bei dem zwei Pferde an den Start gehen und der Favorit ›Erregung‹ den Gegner ›Angst‹ zu besiegen hat. Im positiven Fall geht Erregung klar in Führung. Beim zweiten Durchgang ist Angst bereits mehrere Längen im Rückstand und gibt das Rennen schließlich auf.

Bei vielen Menschen siegt Erregung jedoch nur um Nasenlänge und Angst bleibt als starker Gegner mit im Rennen. Bei anderen liegt die Angst eine Weile gleichauf, doch allmählich gewinnt Erregung an Boden, bis Angst schließlich schwächer und abgeschlagen aus dem Rennen genommen wird. Wieder bei anderen Menschen geht Erregung erst gar nicht an den Start.

> »Die erste Zeit unserer Flitterwochen war ein Horrortrip. Erst nach drei Tagen gestanden wir einander ein, daß es uns keinen Spaß machte. Sex war enttäuschend. Wir warteten damit, weil ich es so wollte, und als wir schließlich im Bett lagen, war ich so verkrampft, daß es mir keinen Spaß machte. In der Hochzeitsnacht hatten wir nichts miteinander wegen meiner rasenden Kopfschmerzen und weil mir vom Champagner und der ganzen Aufregung der Hochzeitsfeier schlecht war. Jeff schien es nicht übelzunehmen. In der nächsten Nacht versuchten wir es, und Jeff meinte hinterher lachend, hoffentlich wird unser Sexualleben bald aufregender. Das brachte das Eis zum Schmelzen, und wir gestanden einander schließlich, daß Sex ziemlich enttäuschend sei. Wir war-

teten ein paar Tage, bevor wir es noch mal versuchten. Das war eine weise Entscheidung, dadurch legte sich unsere Nervosität. Ich denke, wir mußten diese Erfahrungen einfach hinter uns bringen.«

Die meisten Menschen haben ähnliche Ängste oder sind zu Beginn einer neuen sexuellen Partnerschaft verkrampft. Wenn wir uns seelisch näherkommen, legt sich unsere Verkrampfung ein wenig, doch auch dann schwindet unsere Nervosität nicht völlig. Auch nach Jahren können die beiden Rennpferde Angst und Erregung wieder gemeinsam an den Start gehen.

Der fünfzigjährige Witwer Ralph: »Ich benahm mich wie ein Zwanzigjähriger. Mit meiner Frau hatte ich unzählige Male Sexualverkehr und jetzt machte ich mir Gedanken darüber, welche Figur ich abgab, was sie (die neue Freundin) von mir denkt, ob ich meine Erektion auch beibehalten würde. Lächerlich, ich weiß, ich hatte nie Potenzschwierigkeiten, aber ich machte mir einfach Sorgen. Sie war wundervoll. Ich machte meine Sache gut. Ihr schien alles zu gefallen. (Er lacht.) Wenn nicht, will ich nichts darüber hören!«

Wenn wir in diesem Kapitel einige Gründe unserer Angst aufdecken, wird uns klar, daß Sex keine einfache Sache ist. Ehe die Menschen ein erfülltes Sexualleben genießen können, müssen viele wichtige Schritte getan werden. Andernfalls wirkt Sexualität einschüchternd und ist von Ängsten überfrachtet.

Einige nichtrepräsentative Umfragen geben Aufschluß über die Häufigkeit sexueller Probleme und Unzufriedenheiten. Eine von Dr. Ellen Frank und ihren Mitarbeitern vor wenigen Jahren durchgeführte wichtige Studie belegt, daß 2 Prozent junger und älterer Paare, die unabhängig vom jeweiligen Partner aussagten, eine glückliche Ehe zu führen, nie den Versuch unternommen hatten, Sexualverkehr zu haben. Weitere 8 Prozent der Befragten hatten weniger als einmal monatlich Sexualkontakt mit dem Partner. Ein Fünftel der Frauen und ein Drittel der Männer gestanden, sexuell unbefriedigt zu sein. Untersuchungen in Nordamerkia und Europa kommen zu ähnlich lautenden Ergebnissen: ca. 40 Prozent der in jüngsten Studien erfaßten verheirateten Männer sagten aus, vorzeitige Ejakulationen zu haben und 15 Prozent bis 25 Prozent leiden unter periodisch auftretender Impotenz: etwa 15 Prozent der Frauen sind unfähig, mit einem Partner zum Orgasmus zu kommen; und einem weit höheren Anteil fällt es schwer, ein hohes Maß an Erregung während des Liebesaktes beizubehalten. Studien über langfristige Partnerbeziehungen weisen aus, daß viele Männer und Frauen dem Partner keine sexuellen Lustgefühle entgegenbringen.

Weitere Erhebungen, darunter die von Dr. Moshe Schein in Zusammenarbeit mit unserer Forschungsgruppe in Cleveland, Ohio, basierend auf der Auswertung von Fragebogen, geben Aufschluß darüber, daß auch Menschen, die als gesund gelten – glücklich Verheiratete und körperlich gesunde, junge Singles – eine Reihe sexueller Probleme aufweisen (siehe Abbildung 1). Menschen, die nie verheiratet waren, die geschieden

Abbildung 1 Häufigkeit gegenwärtiger oder kurz zurückliegender Sexualprobleme bei 212 erwachsenen Patienten eines praktischen Arztes

	Frauen (148)	Männer (64)
Sexuelle Identitätsprobleme		
Geschlechtszugehörigkeit	3%	6%
Orientierung	15%	5%
Intention	11%	9%
Sexuelle Funktionsstörungen		
Herabgesetzes Verlangen	16%	14%
Herabgesetzte Erregung	50%	27%
Vorzeitige Ejakulation	–	41%
Orgasmusunfähigkeit	18%	3%
Schmerzen während des Koitus	21%	2%
Keinerlei sexuelle Probleme	25%	26%

* Studie von Moshe Schein, Cleveland, Ohio, 1988.

oder unglücklich verheiratet oder körperlich und seelisch krank sind, haben noch größere Schwierigkeiten. Natürlich haben viele Menschen, die einer oder mehreren dieser Kategorien zuzuordnen sind, keine sexuellen Probleme, doch bei anderen setzt sich das Rennen zwischen Erregung und Angst fort, unabhängig von Ehestand und gesundheitlichem Befinden.

Woher kommt unsere Angst?

Die Angst vor körperlicher Intimität hat viele Ursachen – sie sind familiärer, kultureller und psychologischer Natur. Die Anfälligkeit für diese Ängste ist natürlich von Fall zu Fall verschieden.

Die Angst vor sexueller Intimität entsteht einmal, wenn ein Mensch für den Geschlechtsakt emotional nicht bereit ist; zum zweiten, wenn jemand sich mit seiner Sinnlichkeit nicht wohl fühlt. Sie stellt sich bei fehlendem Selbstvertrauen und fehlendem Vertrauen in den Partner ein, und sie ist eine Begleiterscheinung unserer Suche nach sexueller Identität.

Emotionales Nichtbereitsein

Der erste Geschlechtsverkehr wird als Verlust der Jungfräulichkeit bezeichnet. Sinnvoller wäre es allerdings, dieses Ereignis nicht als Verlust und Ende zu sehen, sondern als wichtigen Neuanfang. Mit diesem Schritt vollzieht sich eine enorme Veränderung. Wir erkennen, daß in uns und unserem Partner im Sexualakt starke emotionale Kräfte freigesetzt werden. Diese Kräfte versetzen uns entweder in tiefen Aufruhr oder in Hochstimmung und führen den Reifeprozeß in uns fort. Wichtig ist der richtige Umgang mit Sexualverhalten, damit uns Freude und Verständnis daraus erwachsen, nicht aber Depression, Besorgnis und Verwirrung.

> Die 23jährige Arlene erinnerte sich, daß sie in ihrer Erregung beim ersten Liebesspiel als 16jährige befürchtete, die Kontrolle zu verlieren und von dem Heulager, auf

dem sie mit ihrem Partner lag, aufsprang und ihrem verdutzten Freund in kopfloser Panik fortlief. Erst zwei Jahre später, nach endlosen Gesprächen über Männer mit ihren Freundinnen wagte sie den ersten wirklichen Liebesakt und war fähig, sich zu entspannen und ihre sexuelle Lust zu genießen, ohne Angst zu haben, die Kontrolle zu verlieren.

Manche junge Menschen lassen nach dem ersten Koitus einige Jahre verstreichen, da das Erlebnis zu enttäuschend oder zu peinlich war oder die angstbefrachteten Begleitumstände nicht lohnten, etwa die Angst, von den Eltern erwischt zu werden, die Angst vor Schwangerschaft, vor Geschlechtskrankheit. Diese jungen Menschen sind emotional noch nicht für Sex bereit und zugleich reif genug, dies auch zu erkennen. Viele Teenager haben trotzdem Sexualverkehr, ob sie emotional bereit sind oder nicht.

Sich die Sinnlichkeit versagen

Ein bedeutender Entwicklungsschritt ermöglicht uns Freude am Sex – wir müssen unseren Körper als legitime Quelle sinnlicher Freuden entdecken. Wir müssen lernen, unser sexuelles Potential zu akzeptieren, und uns sinnliche Techniken aneignen, um zu verhindern, daß wir weiterhin unsicher oder gehemmt sind. Denn auch das ist eine Form sexueller Angst. Bei der ersten körperlichen Intimität ist diese Akzeptanz meist noch nicht möglich. Es dauert seine Zeit, bevor wir uns von dem Gedanken lösen können, genitale Freuden und Sexualverhalten seien verboten.

Wir akzeptieren unsere Sinnlichkeit nicht automatisch, wenn wir heiraten oder eine langfristige Liebesbeziehung eingehen. Sie entwickelt sich vielmehr allmählich in den ersten Jahren regelmäßigen Sexualverhaltens im Rahmen einer sich vertiefenden, harmonischen Beziehung. Viele Menschen leisten diese entwicklungsspezifische Aufgabe während oder vor der Ehe. Manche schaffen es nur in einer außerehelichen Affäre. Aber viele Menschen werden alt, ohne zu lernen, sich an ihrem Körper zu erfreuen.

»Penny hat mir sehr geholfen. Sie ging während unseres Liebesaktes so unbeschwert mit ihrem Körper um. Sie streichelte sich, während ich sie streichelte. Ich fühlte mich nicht verletzt, weil sie solchen Spaß daran hatte. Das hat mich zum Nachdenken gebracht. Ich dachte, ich hätte guten Sex in meiner ersten Ehe, doch erst im Zusammensein mit Penny begriff ich, wie verkrampft ich war.

Ich beneidete Penny um die Selbstverständlichkeit, mit der sie mit sich umgeht, und um den Spaß, den sie am Sex hat. Ich mache Fortschritte. Ich kann ihre Zärtlichkeiten wesentlich besser genießen. Dennoch ist sie mir noch immer um Lichtjahre voraus.«

Sowohl Männer wie Frauen müssen diesen Lernprozeß durchschreiten. Das Klischee vom jungen erfahrenen Mann, dem sexuellen Lehrmeister seiner unerfahrenen Partnerin, ist nicht nur falsch, es ist auch gefährlich. Eine der größten Freuden – und Schwierigkeiten – junger Leute besteht darin, eine Beziehung aufzubauen, in der zwei unsichere Menschen einander vorurteilslos in ihrem sinnlichen Erwachen unterstützen. Sie lernen ihre körperlichen Freuden durch zögerndes Herantasten an das neue Gebiet des Liebesspiels zu akzeptieren. Erfahrene Partner, die ihr sinnliches Selbst bereits akzeptiert haben, mögen unerfahrenen Partnern eine große Hilfe sein; wird diese Gelassenheit jedoch nur gespielt, verliert der Sex seine Lustkomponente. Wenn sexuelle Angst verleugnet wird, kann sie ansteckend wirken.

»Wenn Bob und ich uns lieben, spüre ich seine Nervosität – sein ganzer Körper ist verkrampft und seine Zärtlichkeiten sind hölzern. Unter solchen Bedingungen kann ich mich nicht entspannen.«

Zwei nervöse Menschen können offen über ihre Verkrampfungen sprechen, nur unaufrichtige Partner machen sich etwas vor. Nervosität beim Liebesspiel ist kein Verbrechen. Aber sie muß eingestanden werden und erfordert ein aufrichtiges Gespräch. Nur so lernen die Partner, Freude an ihren sexuellen Gefühlen und ihrer Sinnlichkeit zu haben.

Fehlendes Vertrauen

Häufig sind erste sexuelle Erfahrungen irgendwie unaufrichtig. Beide Partner gestehen einander ihre wahren Motive nicht ein – er sagt: »Ich hab' dich wahnsinnig gern«, und denkt: »Warum nicht? Ich rufe sie ohnehin nicht wieder an.« Sie lächelt geschmeichelt und denkt: »Mir macht Sex Spaß, er scheint ganz nett zu sein; vielleicht klappt es.« Der zu zahlende Preis solcher Unaufrichtigkeit – er hat Schuldgefühle, weil er sie ausnutzt; sie ist deprimiert, weil er sie nicht wieder anruft – ist höher als das körperliche Vergnügen. Nach einem unbefriedigenden sexuellen Erlebnis fragt man sich: »Warum bin ich hier? Was mache ich? Bin ich ehrlich zu meinem Partner? Kann ich eigentlich gefahrlos aufrichtig zu diesem Menschen sein? Was ist, wenn ich AIDS bekomme?«

Dieser Selbstzweifel und dieser Zweifel am Partner lauern im Schatten körperlicher Intimität und erzeugen Nervosität. Zu Beginn einer Beziehung vorhanden, tauchen sie immer wieder plötzlich auf, wenn etwas geschieht, das Mißtrauen hervorruft.

Der Kampf um die sexuelle Identität

Wenn unsere sexuelle Identität sich in der Kindheit ungehindert bilden kann, und wir uns in Übereinstimmung mit den konventionellen Normen entwickeln, können wir in eine Beziehung hineinwachsen, ohne mit unserer Rolle in Konflikt zu kommen. Für eine Frau bedeuten konventionelle Normen Weiblichkeit, Heterosexualität und der Wunsch, sexuelle Lust mit einem männlichen Partner zu erleben, ohne zum Opfer gemacht zu werden oder den Partner zum Opfer zu machen. Für einen Mann bedeuten konventionelle Normen das Gefühl seiner Männlichkeit und der Wunsch nach Austausch sexueller Lust mit einer Frau ohne Opferhaltung. Wie viele Menschen haben zwiespältige Gefühle hinsichtlich ihrer sexuellen Identität, die ihre Fähigkeit, sich zu entspannen und ihre sexuelle Lust beeinträchtigen? Die Zahl liegt zwischen 5 Prozent und 20 Prozent der Bevölkerung, wobei allerdings aufgrund des heiklen Themas keine statistischen Daten vorliegen.

Sexuelle Identität ist nicht bloß eine Frage von entweder/oder. Viele Aspekte lassen sich nicht nach konventionellen Maßstäben messen. Auch Menschen mit herkömmlicher sexueller Identität erleben gelegentlich Neugier, Interessen und Lustgefühle unkonventioneller Art, die meist zu intim sind, um dem Partner eingestanden zu werden; sie können zu unerklärlicher Nervosität und Unsicherheit in Sachen Sexualität führen.

Sexuelle Identität besteht aus drei Hauptelementen – Geschlechtsidentität, Orientierung und Intention. Jedes dieser Elemente hat seine eigenen bedeutsamen verhaltensspezifischen und psychologischen Dimensionen, die alle bei körperlicher Nähe Angst hervorrufen oder zu sexueller Enthaltsamkeit führen können.

Geschlechtsidentität ist eine Kombination aus unserer Selbsteinschätzung, wo wir auf der Skala des männlich-weiblichen Spektrums (psychologisch) stehen, und aus unserer öffentlichen Rolle, die wir als Männer oder Frauen verkörpern. Dieses geschlechtsspezifische Verhalten zeigen wir anderen durch die Art, wie wir uns kleiden, bewegen, sprechen, arbeiten und uns vergnügen.

Die meisten von uns übernehmen die unserem biologischen Geschlecht angemessene Geschlechtsrolle. Manche Männer verbergen aber auch eine deutlich feminine Seite; ähnlich empfinden manche Frauen ihr wahres und bevorzugtes inneres Selbst als maskulin.

Dieser Unterschied zwischen der Darstellung der Geschlechtsrolle und solchen inneren Gefühlen zu sich selbst – Geschlechtssinn – kann körperlicher und psychischer Intimität im Wege stehen.

Wenn ein Mann bei der körperlichen Liebe das starke Verlangen hat, die Frau zu sein, seine Partnerin aber von ihm erwartet, er müsse der Mann sein, gerät er in sexuellen Konflikt. Und wenn eine Frau insgeheim der Mann sein möchte und sich durch die Erwartungshaltung des Partners in eine weibliche Rolle gedrängt fühlt, befindet auch sie sich mit ihrem Rollenverständnis in Konflikt.

Leslie suchte mich auf, um eine heikle Angelegenheit mit mir zu besprechen, die sie ihrer Meinung nach keiner Freundin anvertrauen konnte. Ihr Freund, mit dem sie seit einem Jahr zusammen war, schien nach den ersten Wochen kein sonderliches sexuelles Interesse an ihr zu haben. Sie konnte sich das nur damit erklären, daß er anscheinend kein sexuell betonter Mensch war, und das wiederum lag ihrer Ansicht nach weniger an seinem Desinteresse als an seiner Nervosität. Da seine Erektion mitunter während des Vorspiels nachließ, hatte sie sich schon gefragt, ob er impotent sei. Doch plötzlich, vor zwei Monaten zu Karneval änderte sich alles. Für einen Faschingsball kostümierte er sich als verführerischer Vamp. Als sie nach dem Fest nach Hause kamen, liebten sie sich, er immer noch im Karnevalskostüm. Seither haben sie häufig Sex miteinander, ohne das geringste Anzeichen von Impotenz, solange er ›herumalbert‹ und ihren Slip oder ihre Strumpfhosen anzieht. Er weigert sich, ein klärendes Gespräch darüber zu führen, sein einziger Kommentar ist: »Mach es nicht kaputt!«

Wenn der Partner sich nicht bereit erklärt, solchen unkonventionellen Identitätsbedürfnissen nachzugeben, führt diese Art der sexuellen Nervosität häufig zur Verweigerung körperlicher Liebe. Leslie mußte Verständnis für etwas aufbringen, was die meisten Menschen nicht einmal in Erwägung ziehen: sich als Frau zu verkleiden erhöht bei manchen Männern, die insgeheim eine feminine Identität haben, sexuelles Verlangen und Erregung. Nachdem ich Leslie darüber aufklärte, daß es nicht einfach sei, diese Form der Geschlechtsidentität eines Mannes zu ändern, reifte ihr Entschluß, sich bald von diesem Mann zu trennen.

Die Lesbierin Lorraine behauptete immer wieder in den Therapiesitzungen, sie könne nicht verstehen, warum sie so häufig Sex verweigerte. Erst nach Monaten war sie bereit, über ihre Phantasien zu sprechen, sich während des Liebesaktes in einen Mann zu verwandeln. Sie stellte sich

> nicht nur vor, daß sie während des Sexualaktes ein Mann mit einem Penis sei, sie legte ihre weibliche Identität ab. Sexuelle Aktivität gab ihr das Gefühl, nicht zu wissen, wer sie war, wohin sie gehörte. Ihre Partnerin hielt sie lediglich für launisch und unvorhersehbar.

Dies sind zwar Extrembeispiele, zeigen aber, daß Ängste über Geschlechtszugehörigkeit nur selten Sexualpartnern eingestanden werden.

Orientierung. Unsere sexuelle Orientierung ist eine Kombination aus Gedanken, Phantasien und Anreizen (Psyche) und den Menschen, mit denen wir tatsächlich sexuellen Kontakt haben (Verhalten). Ein Kind erreicht seine sexuelle Orientierung gewöhnlich im Alter von sechs Jahren. Zu diesem Zeitpunkt reagiert das Kind in seinem Denken auf Männer und Frauen unterschiedlich und wird in der Folge ausschließlich Interesse am anderen oder am gleichen Geschlecht zeigen. Wenn zukünftige soziale Situationen einen Menschen mit einem Sexualpartner des ›falschen‹ Geschlechts zusammenführen, gewinnt vermutlich die Angst die Oberhand.

> »Nein! Ich will mit Anne keinen Sex. Ich weiß, es ist grausam für sie. Sie ist meine Frau, aber es kostet mich Überwindung, sie anzufassen. Ich bin sexuell nicht an ihr interessiert. Wenn Sie die Wahrheit unbedingt wissen müssen, ich habe Angst und weiß nicht wieso. Anne ist eine sehr nette Frau. Ich liebe sie, aber ich will sie nicht berühren, und ich will nicht mit ihr schlafen. Wenn ich mit David zusammen bin, fühle ich mich normal, entspannt – bei ihm komme ich jedesmal!«

Um die sexuelle Orientierung eines Menschen kennenzulernen, geht es nicht nur um die Frage, die feminine Seite eines Mannes oder die maskuline Seite einer Frau zu ergründen. Dies sind Merkmale der Geschlechtsrollen, nicht Anzeichen der Orientierung. Die meisten homosexuellen Männer und Frauen unterscheiden sich nicht von Heterosexuellen im Erscheinungsbild und Geschlechtsrollenverhalten. Ihre homoerotischen Interessen werden geheimgehalten und sind nur wenigen Auserwählten bekannt; möglicherweise kommen sie nie ans Licht der Öffentlichkeit.

Auch Menschen mit homoerotischen Neigungen können in ihrem homosexuellen Verhalten Ängste entwickeln, wenn sie ihre Orientierung nicht akzeptiert haben. Diese Angst ist oft so groß, daß sie die Orgasmusfähigkeit eines Menschen hemmt. Die entwicklungsspezifische Aufgabe, die eigenen homoerotischen Neigungen zu akzeptieren, dauert oft viele Jahre. Manche homosexuellen Männer und Frauen schaffen diesen Schritt nie. Heterosexuelle haben keine Probleme, ihre Orientierung zu akzeptieren, da sie von der Gesellschaft als normal angesehen wird.

Intention. Die am wenigsten bekannte Komponente sexueller Identität ist die Intention, das heißt die Kombination von Gedanken und Phantasien darüber, was wir mit einem Partner tun wollen (psychologisch) und wie wir uns tatsächlich in sexuellen Situationen verhalten.

Zwischen dem, was wir unseren Partner über unsere Wünsche wissen lassen, und dem, was wir uns in erotischen Phantasien immer wieder vorstellen, kann ein großer Unterschied liegen.

Von der Norm abweichende Intentionen sind für jene Minderheiten ein bedeutender Angstfaktor, die unfähig sind, sexuelle Freuden mit Erwachsenen zu teilen. Ihre geheimen Wünsche drehen sich um Erniedrigung, Strafmaßnahmen, Grausamkeiten gegen andere, andere heimlich beim Entkleiden oder beim Sex beobachten, Fremde mit obszönen Anrufen belästigen, andere mit seiner Erektion erschrecken, bis hin zu sexueller Gewalt gegen Kinder.

Sie weichen deshalb von der Norm ab, weil ihre Absichten anderen Schaden zufügen und ihre erotische Welt von Wut, Schmerz und Abartigkeit getragen ist. Menschen mit normalen Absichten hingegen wünschen sich harmonisches Miteinander – dem Partner körperliche Lust zu geben und sie von ihm zu erhalten.

Abbildung 2 Drei Elemente der sexuellen Identität

	Subjektiv	Objektiv
Geschlecht	Geschlechtsidentität	Geschlechtsrolle
Orientierung	Erotische Orientierung	Sexuelle Orientierung
Intention	Erotische Intention	Sexuelle Intention

Abbildung 2 faßt die drei Grundelemente sexueller Identität zusammen und nennt die Begriffe, die im Verlauf dieses Buches immer wieder auftauchen, wenn von der Psyche oder dem Verhalten der Menschen die Rede ist. Es ist sinnvoll, auf diese Tabelle in den folgenden Kapiteln zurückzugreifen.

Sexualfunktion als Barometer

Lust, Erregung, Orgasmus und emotionale Zufriedenheit sind Sexualfunktionen, die den Gesundheitszustand von Körper, Geist und Beziehungen widerspiegeln. Probleme in einem dieser Bereiche können rasch die Qualität unseres Sexuallebens verschlechtern oder unser Sexualverhalten ganz zum Erliegen bringen. Ein verbesserter Gesundheitszustand kann unsere sexuellen Freuden erhöhen.

Manchmal funktioniert unsere körperliche Sexualität problemlos. Der Zyklus beginnt mit Lustgefühlen, wir bleiben stark erregt und entladen uns in einem intensiven Orgasmus, um uns hinterher emotional und physisch befriedigt zu fühlen. Gemeinsame und gegenseitige sexuelle Befriedigung ist ein wunderschönes Erlebnis. Es klingt so einfach, ist aber ein kompliziertes Zusammenspiel fein abgestimmter Koordination des Nervensystems zweier Menschen und ihrer persönlichen und zwischenmenschlichen Bedürfnisse.

Wie wir gesehen haben, kann sexuelle Nervosität gesunde Sinnesfreuden beeinträchtigen. Eine weitere Beeinträchtigung ist Apathie, auch bekannt als Verweigerung, Desinteresse, geringes Lustempfinden, Mangel an sexueller Energie oder

Schwäche. Wie die Etikettierung auch lauten mag, Apathie und Langeweile sind ausgesprochene Feinde sexueller Vitalität. Apathie ist oft das Ergebnis von Nervosität, die nie überwunden wurde. Sie hat noch andere Ursachen, wie unterdrückte Wut, Mangel an Respekt für den Partner, Zuneigung zu einem anderen Menschen. Apathie ist eine häufige Erscheinung in sexuellen Beziehungen. Obwohl der Begriff Sex in aller Munde ist, reduziert sich das Sexualleben vieler Menschen auf ein Minimum an Vorspiel, dürftige und verkrampfte Erregung, flaue Orgasmen und mangelnde emotionale Befriedigung.

Wenn sexuelle Apathie sich in unser Leben einschleicht, sollten wir uns folgende Fragen stellen: Ist mit mir körperlich etwas nicht in Ordnung? Mißachte ich etwas in mir, dem ich größere Aufmerksamkeit schenken sollte? Bin ich wütend oder von meinem Partner enttäuscht? Die Ursache der meisten Sexualstörungen liegt in den Antworten auf diese Fragen.

Sex, eine simple Sache

Bevor wir uns den Problemen und Störungen zuwenden, wollen wir zunächst von gesundem Sexualverhalten sprechen. Ein junges Paar kommt sich einige Wochen lang mit zunehmender Offenheit und Zuneigung im Gespräch näher. Die beiden finden sichtlich Gefallen aneinander. Vertrauen und Zuneigung wachsen. Sie tauschen Zärtlichkeiten aus und küssen sich – für beide wichtige Ereignisse, aufregend, aber auch angsteinflößend. Später erzählen sie einander von Zukunftsplänen, die sie noch keinem anderen Menschen anvertraut haben. Sie gestehen einander auch beschämende Vorkommnisse in ihrer Familie, können jedoch damit humorvoll umgehen, da sie wissen, daß man sie mit ihrer Familie nicht gleichsetzen kann. Sie schmusen mit wachsender Erregung und auch dies ist ein wichtiges Ereignis. Irgendwann kommt es zum Koitus, beide stellen sich ein wenig linkisch an und kichern viel dabei. Beide sind nervös, wollen es aber endlich wissen. Nachdem schließlich alle Reißverschlüsse, Häkchen und Knöpfe geöffnet sind, kommt es zur angenehmen sexuellen Vereinigung. Sie fühlen sich befreit und sind erleichtert, es getan zu haben, und freuen sich auf das nächste Mal.

Während ihres Liebesaktes geben sie sich keinen Phantasien hin. Die zwar umständliche und linkische Wirklichkeit ist schöner, als die beiden sie sich beim Masturbieren und in Tagträumen vorgestellt hatten. Es ist wunderschön, vom anderen berührt zu werden; unvergleichlich viel schöner, als sich selbst zu berühren und sich vorzustellen, berührt zu werden.

Das ist unkomplizierter Sex. Diese beiden kann man nur beglückwünschen! Sie haben einen glänzenden Anfang gemacht. Bei ihnen liegt Erregung weit in Führung vor Angst.

Wege zu einem problemfreien Sexualleben

Um unsere Ängste, Unsicherheiten und Apathie im Sexualverhalten mit einem Partner zu reduzieren, müssen wir:

- emotional für genitale Intimität bereit sein;
- unsere Sinnlichkeit akzeptieren in der Überzeugung, daß wir ein Recht auf Sexualverhalten und seine Freuden haben;
- unseren Motiven für den Liebesakt und der Zuverlässigkeit unseres Partners Glauben schenken;
- mit jedem Element unserer sexuellen Identität konfliktfrei wachsen – Geschlechtsidentität, Orientierung und Intention;
- lernen, unser sexuelles Verlangen, unsere Erregung, unseren Orgasmus und unsere emotionale Befriedigung als Barometer unserer körperlichen Gesundheit, unserer Gefühle über uns selbst und unsere Einstellung zum Partner zu lesen;
- wenn wir an Sex nicht interessiert sind, uns fragen, ob wir krank, wütend oder von unserem Partner enttäuscht sind.

Kapitel 3

Wie wird man zum guten Liebespartner

Edie: Bill war fantastisch im Bett, der beste Sexpartner, den ich je hatte!

Doktor: Was machte ihn so fantastisch?

Edie: Wir verbrachten den ganzen Tag im Bett. Er liebte meinen Körper – alles daran. Er interessierte sich für meine Lust. Er war nicht verkrampft. Er war so locker. Er zeigte mir, daß ich bei oralem Sex kommen konnte und zwar mehrmals hintereinander. Mit ihm im Bett vergaß ich alles. Es war eine andere Welt...

Doktor: Warum reden Sie nicht weiter?

Edie: Ich denke gerade daran, wie unwirklich alles war. Ich wußte, daß ich zu Jack zurückkehren mußte. Ich durfte meine Kinder nicht im Stich lassen. Jack brach jedesmal zusammen, wenn ich keine Zeit für ihn hatte. Und mit Bill konnte ich kein Leben aufbauen. Er wollte den ganzen Tag im Bett verbringen, weil er nichts zu tun hatte. Ich bin nicht von gestern. Ich war nicht seine einzige Sexgespielin. Aber es machte mir nichts aus, weil er mir das gab, was ich brauchte und wollte... das Gegenteil von Jack. Jack ist so nervös, hat ständig Angst, seine Erektion zu verlieren. Er macht *mich* damit nervös. Ich bin wütend auf ihn, weil er so passiv ist, ständig muß ich die Initiative ergreifen. Ich fühle mich nicht weiblich. Das ist es – bei Bill fühlte ich mich als Frau!

Bills Sinnlichkeit und sein hungriges Interesse an Edies Lustgewinn wirkte sich sehr positiv auf ihre Erregung aus. Er gab ihr die Möglichkeit, ihre sexuellen Fähigkeiten zu entdecken, die ihre Zweifel an ihrer Geschlechtsidentität ausräumten. Bei Bill durfte sie die Frau sein, die sie sein wollte, eine Frau, die sich gern mit und von einem starken Mann zum Höhepunkt bringen ließ. Wenn Edie Bill als großen Liebhaber bezeichnete, meinte sie damit, daß ihre Erlebnisse mit ihm sie sowohl in höchste Gefühlssphären entführten und sie sich gleichzeitig bei ihm sicher fühlte. Das Wort ›fantastisch‹ war nicht übertrieben. Fast ein Jahr war sie nicht imstande, diesen glückseligen Nachmittagen ein Ende zu setzen, obgleich sie sich wegen ihres Ehemannes und ihrer Töchter in großen Gewissensnöten befand.

Liebhaber wie Bill befriedigen tiefe psychologische Bedürfnisse ihrer Partner und ihre Fähigkeit, tiefe Befriedigung zu erlangen, veranlaßt die Partner, ihre Schwächen zu übersehen. Weniger gute Liebhaber werden zwar gleichfalls geschätzt, erfüllen aber die psychologischen Bedürfnisse ihrer Partner nicht in gleicher Weise. Was macht nun einen guten Liebhaber aus?

Merkmale eines guten Liebespartners

Von den vier Hauptmerkmalen, die einen guten Liebhaber auszeichnen, ist das wichtigste das Selbstverständnis im Umgang mit seinem Körper und dem seiner Partnerin. Er kennt außerdem die körperlichen Funktionen, hat ein gutes Zeitgefühl für Art und Dauer der Stimulierung und hält Mißstimmungen und Alltagssorgen aus dem Schlafzimmer fern.

Sinnlichkeit

Edies Liebhaber Bill verfügte über das zentrale Merkmal eines guten Liebhabers: durch sein Verhalten konnte sie sich entspannen und sich ihren Empfindungen überlassen. Wie andere gute Liebhaber fühlte Bill sich mit seiner Körperlichkeit und seinen starken Empfindungen wohl.

Dieser natürliche Umgang mit der eigenen Sinnlichkeit erspart den Menschen Enttäuschungen in der körperlichen Liebe, von denen viele Paare betroffen sind, die sich ihrer Lustgefühle schämen. Diese Enttäuschungen sind oft der Grund für folgende Klagen in der Liebe:

Mein Partner will nicht das tun, was ich gern tue. Diese Beschwerde bezieht sich häufig auf oral-genitale Stimulation, aber auch auf andere Verhaltensformen – z. B. Küssen, Streicheln der Brüste, genitale Berührung, Rückenkraulen, anale Berührung, Rektalverkehr.

Mein Partner macht Vorschriften. Mein Partner verlangt absolute Sauberkeit – der Liebesakt wird nur vollzogen, wenn er und ich frisch geduscht sind. Das Zimmer muß abgedunkelt sein.

Mein Partner hat das Bedürfnis, sich sofort nach dem Orgasmus zu waschen.

Sex findet nur in der gewohnten Umgebung statt – immer im Bett. Wir haben nie Sex, wenn Übernachtungsbesuch da ist.

Mein Partner vollzieht den Koitus absolut stumm. Er gibt keinen Laut von sich, kein Stöhnen, kein schnelleres Atmen, keinen Laut, keinen Lustschrei. Mein Partner ist stumm wie ein Fisch. Meist spüre ich gar nicht, wenn er zum Orgasmus kommt.

Mein Partner ist zu vorhersehbar. Sex läuft immer nach dem gleichen Schema ab, immer zur gleichen Tageszeit und dauert immer gleich lang.

Mein Partner hat wenig sexuelles Interesse. Ich fühle mich nicht begehrt, ich fühle mich nicht von der Leidenschaft meines Partners entfacht oder entfesselt.

Mein Partner will nie, wann ich will. Ich bin ein Morgenmensch; mein Partner ist ein Nachtmensch.

Werden diese Aussagen unter positivem Vorzeichen wiederholt, sehen wir die angenehmen Seiten der Sinnlichkeit. Gute Liebespartner lieben die Abwechslung im Sexualverhalten, machen wenig Vorschriften, können sich während des Liebesaktes emotional ausdrücken, sind spontan in ihren Aktionen, sind oft stark erregt und am sexuellen Interesse ihres Partners interessiert.

Zwischenmenschliche Querelen vermeiden

Ein weiteres bedeutsames Merkmal guter Liebhaber ist ihre Fähigkeit, zwischenmenschlichen Querelen den Zugang zum Schlafzimmer zu verwehren, die Sinnlichkeit und Lustgefühle so schwierig gestalten. Sie achten darauf, negative Einstellungen und Verhaltensweisen zu vermeiden. Sie erkennen Probleme und wissen damit umzugehen. Anders der Mann im folgenden Beispiel, der nicht begriff, was mit seinem Sexualleben nicht in Ordnung war.

Gary: Das Frustrierende daran ist, daß Chris wundervoll im Bett sein kann! Aber die meiste Zeit ist sie nicht da. Sie ist so passiv, daß mich ihr schöner Körper gar nicht erregt. Sie sollte zu Ihnen kommen, Doktor.

Doktor: Was ist denn anders, wenn sie wunderbar ist?

Gary: Kann ich nicht beschreiben, außer daß sie mich will und Spaß an mir hat. Es macht mich richtig heiß, wenn ich sie so erregt sehe. Dann küßt sie meine Ohren und meinen Hals. Es gefällt ihr. Die übrige Zeit – also meistens – muß ich ihr eigentlich sagen, was sie tun soll. Und wenn ich um etwas bitten muß, vergeht mir der Spaß daran.

Doktor: Warum ist Chris Ihrer Meinung nach so, wie sie ist?

Gary: Wenn ich das bloß wüßte! Ich bin immer gleich im Bett. Ich liebe Sex. Zum Teufel, Sex macht Spaß, das ist doch normal. Ich glaube nicht, daß ich Probleme habe. Ich mach' eigentlich alles gern – verstehen Sie mich bitte nicht falsch, ich bin nicht pervers. Sie sagt, das Problem sei, weil ich sie anschreie. Aber das war dann meist am Tag zuvor und ich habe es bereits vergessen. Sie hat eine Menge Vorurteile. Bevor sie mich kannte, hatte sie keinen oralen Sex.

Doktor: Erzählen Sie mir etwas über Ihr Temperament.

Gary hielt sich für einen ausgezeichneten Liebhaber. Er wollte nicht einsehen, daß seine Wutanfälle seine Frau einschüchterten. Sie frustrierte ihn total. Ihre Schönheit erregte ihn. Aber ihre Hemmungen stellten seine Geduld auf eine harte Probe. Sein sexuelles Erleben mit ihr war gewöhnlich so fade, daß er Sex bereits ›wunderbar‹ fand, wenn er ihr einreden konnte, sie habe Spaß daran. Ihre gelegentliche Erregung und ihre häufigere vorgetäuschte Erregung stärkten sein Selbstwertgefühl und halfen ihm zu verdrängen, welche Rolle seine Wutausbrüche spielten. ›Wunderbar‹ bedeutete, daß sie ihm seine zerstörerischen Schimpfworte verzieh und ihm garantierte, daß seine Ehe noch eine Weile länger anhielt. Sex wurde so häufig als Akt der ›Wiedergutmachung‹ eingesetzt, daß er seinen Spaß verlor.

Die sexuellen Erlebnisse von Gary und Chris waren eintönig, unspontan und unharmonisch, sie waren zwar nicht unangenehm, aber nur gelegentlich befriedigend. Beide fühlten sich durch ihr Sexualleben gelangweilt, aber keiner wollte es eingestehen. Als sie schließlich darüber sprachen, gaben sie sich gegenseitig die Schuld und belasteten ihre Liebesfähigkeit noch mehr.

Gary und Chris fanden beide eine Erklärung für die sexuellen Probleme des Partners. Er machte den Einfluß der nervösen Mutter seiner Frau und ihre strenge religiöse Erziehung verantwortlich. Sie führte das Bedürfnis ihres Mannes, sich im Bett zu bestätigen, auf sein unstabiles Männlichkeitsbild zurück und hielt ihn für latent homosexuell. Beide sahen sich als Opfer ihrer Ehe.

Eine alternative Erklärung, eine Erklärung, die gute Liebespartner intuitiv finden, kam ihnen nicht in den Sinn: Es gehören zwei Menschen dazu, um sexuelles Chaos anzurichten. Sie erkannten nicht, daß die Fehler, die sie im anderen sahen, auf die eigene Person zutrafen. Gary behauptete, seine Frau sei im Bett und auch sonst grausam; Chris glaubte, er täusche sein sexuelles Interesse nur vor. Es dauerte viele Monate, bis sie einsahen, daß er sie der Grausamkeit beschuldigte, die sein schlimmster Charakterzug war, und daß ihre gespielte sexuelle Erregung zerstörerisch wirkte. Als sie anfingen, zu begreifen, daß sie beide gleichermaßen für ihre unglückliche sexuelle Beziehung verantwortlich waren, gelang ihnen ein wichtiger Schritt in die richtige Richtung, nämlich dahin, gute Liebespartner zu werden. Männer und Frauen wie dieses Paar gibt es millionenfach.

> Tom beklagte sich darüber, daß seine Frau ›ein Reinfall‹ sei. Er habe, so sagte er, eine Stange Geld ausgegeben, um ihre neurotischen Bedürfnisse zu befriedigen, mit den Maiers von nebenan Schritt zu halten, er habe dafür aber wenig Gegenleistung von ihr erhalten. Sex zwischen ihnen war selten, ohne Gefühlsäußerungen, eine lästige Pflicht. Er war der Meinung, sie bringe seiner harten Arbeit zu wenig Anerkennung entgegen und interessiere sich nicht dafür, daß er am Feierabend seine Ruhe brauche. Er ärgerte sich über ihre Kritik vor dem Sohn und nahm ihr übel, daß sie ihn ständig als ›Trottel und gesellschaftliche Niete‹ hinstellte. Er war davon überzeugt, daß es *ihr* Problem sei, da seine Schwiegermutter ihren Ehemann ebenfalls als Null bezeichnete, der ihr nichts zu bieten hatte. In keinem Gespräch erkannte Tom, daß seine Schimpfworte und herabsetzenden Bezeichnungen ›dumm‹, ›Niete‹, ›untüchtig‹, etc. eine Rolle dabei spielten, daß seine Frau die Achtung vor ihm verlor und kein Interesse an sexueller Experimentierfreude aufbrachte. Ebensowenig wollte er lange Zeit einsehen, daß er weit mehr Geld für gebrauchte Motorboote, Sportwagen und seine Garderobe ausgab, als seine Frau für ihre Belange. Als Tom mit diesen Fakten konfrontiert wurde, sagte er mit Nachdruck, es sei schließlich sein Geld.

Vor der Ehe hatten Tom zwei Frauen bestätigt, er sei fabelhaft im Bett, und mit dieser Überzeugung trat er in die Ehe. Wenn Menschen, die im Grund liebesfähig sind, in komplizierte Beziehungen geraten, verlieren sie ihre Fähigkeit, sich auf Empfindungen während des Liebesspiels zu konzentrieren und sind statt dessen vollauf mit ihren Wutgefühlen und ihrer Enttäuschung beschäftigt. Bei den beiden oben beschriebenen Männern Gary und Tom handelte es sich um potentiell gute Liebhaber, die durch ihre schwelenden zwischenmenschlichen Unstimmigkeiten darin gehindert wurden, Spaß mit ihren Partnerinnen zu haben.

Seinen Körper kennen

Gute Liebespartner kennen ihren Körper und wissen, was sie beim Liebesspiel zu tun haben. Das lernen sie in erster Linie durch persönliche sexuelle Erfahrungen, aber auch Bücher und Filme dienen ihnen als Unterrichtsmaterial. Sicherlich gab es vor der Ära sexueller Aufklärungsliteratur und -filme ebenfalls liebesfähige Menschen. Vermutlich liegt die Zahl der Menschen, die etwas von körperlicher Liebe verstehen, wesentlich höher als je zuvor, da der Zugang zu sexueller Information leichter ist, und die Gesellschaft diesem faszinierenden Lebensaspekt weit mehr Toleranz entgegenbringt.

Unsere Kultur verdankt den Sexualforschern William Masters und Virginia Johnson einen Großteil der modernen Information über menschliches Sexualverhalten. Ihr gemeinsames, 1966 veröffentlichtes Buch ›Die sexuelle Reaktion‹ zog eine Flut weiterer Veröffentlichungen nach sich mit Ratschlägen zur Lösung sexueller Probleme. Diese Informationswelle ist ein Beweis der Vielschichtigkeit sexueller Aufklärung und wie wenig die Menschen über dieses Thema wußten. Fachjournalisten wie Ann Landers und Abigail Van Buren versorgten die Öffentlichkeit über 30 Jahre lang mit entsprechenden Informationen. Das Thema Sex wird heutzutage offen diskutiert. Sogar öffentliche Bibliotheken bieten sexuelle Aufklärungsliteratur an. Kirchen veranstalten Eheberatungsprogramme. Bildliche Darstellungen über Sexualität werden nicht länger verschämt in der Schublade versteckt. Und die Bedrohung durch AIDS hat die Aufklärungsarbeit an den Schulen vertieft.

Aufklärung allein ist jedoch nicht ausreichend, um den Menschen sexuelle Hemmungen zu nehmen. Therapeuten stellen immer wieder fest, daß Schulungstechniken noch keine liebesfähigen Menschen hervorbringen. Eine gute Note in menschlicher Anatomie ist für ein leidenschaftliches und erfülltes Sexualleben nicht unbedingt erforderlich. Eine solche Schulung ist für Menschen ohne ernsthafte Probleme sinnvoller, da sie emotional freier sind, dieses Wissen einzusetzen, um ihren Erfahrungsschatz zu bereichern.

Versierte Liebespartner haben zumindest Grundkenntnisse über Anatomie und die Stimulation weiblicher und männlicher Geschlechtsorgane. Das Wissen, wo sich in etwa Klitoris, Harnröhre, Schamlippen, Vagina und Rektum befinden, sowie die Bedeutung der Klitoris für die Erregung der Frau, ist ein wichtiger Schritt zur Verbesserung der Liebestechniken. Von der Klitoris ist nur der kleine Hügel sichtbar, der seine Größe und Empfindlichkeit mit zunehmender Erregung verändert. Wird der Höhepunkt erreicht, zieht die Klitoris sich in manchen Fällen tiefer in den Körper zurück und verschwindet bisweilen ganz. Im Zustand der Erregung kann sich die Berührungsempfindlichkeit der Klitoris bis zur Schmerzgrenze steigern, was die Erregungsphase herabsetzt. Die Klitoris ist also kein magischer Knopf, den man nur zu drücken braucht. Wenn die klitorale Stimulation vor dem Orgasmus unangenehm wird, kann die Stimulation der Umgebung angenehm sein. Nach Erreichen des Orgasmus wird die Klitoris vielfach erneut überempfindlich, so daß die direkte Berührung vorübergehend unerträglich ist.

Viele Frauen ohne Orgasmusschwierigkeiten lieben die direkte manuelle oder orale Stimulierung durch den Partner, um dem Orgasmus vor dem tatsächlichen Koitus nahezukommen oder dadurch zum Orgasmus zu kommen. Die Klitoris ist ein hochempfindliches Organ, dessen einzig bekannte Funktion die sexuelle Erregung ist. Eine Frau sollte ihren Partner wissen lassen, daß ihre Klitoris für ihr Lustempfinden ebenso wichtig ist wie der Penis für seines.

Andere Teile der Vagina sind in ihrer Sensibilität unterschiedlich. Die Öffnung ist der berührungsempfindlichste Bereich. Die meisten Frauen lieben zwar Geschlechtsverkehr, doch die innere Höhlung der Vagina ist relativ unempfindlich, was Hin- und Herbewegungen angeht. Leichter Druck gegen die Seitenwände der Vagina führt zu starken Empfindungen, die sich mit der Stelle der Druckberührung verändern. Die Vagina wird auch durch verschiedene Stellungen beim Koitus stimuliert, sowie durch manuelle oder mechanische Stimulierung.

Versierte Liebhaber sollten wissen, daß Erektionen weder für das Liebesspiel oder die Ejakulation, noch für den Orgasmus beider Partner nötig sind; Erektion ist nur für die Penetration beim Koitus nötig. Diese Erkenntnis ist besonders für die zweite Lebenshälfte wichtig, wenn Erektionen schwieriger zu erreichen und beizubehalten sind. Es ist auch wichtig zu wissen, daß Stimulation entlang des Wulstes des Samenstrangs, der sich über die Länge des Penis hinzieht, dort wo sich bei Beschnittenen die Reste der Vorhaut befinden, größere Wirkung zeigt als an den gegenüberliegenden Längsseiten. Sie ist die empfindlichste Zone des Penis. Die Eichel des Penis reagiert relativ unempfindlich auf Stimulierung, weit stärkere Lustgefühle werden durch das Streicheln des Hodensackes hervorgerufen.

Körperliche Liebe ist keine einfach erlernbare Kunst. Zur körperlichen Liebe bedarf es mehr als genitaler Stimulation; manchmal ist der ganze Körper beider Partner mit einbezogen. Zeitgefühl ist für die Technik des Liebesspiels wichtiger als verschiedene Positionen beim Sexualakt. Der Unterschied zwischen einem erfüllten und einem faden Sexualleben liegt oft im Timing der Abläufe im Liebesgeschehen.

Wie können wir unser Sexualleben verbessern? In meiner langjährigen Praxis als Psychiater und Sexualtherapeut habe ich einige Grundprinzipien herausgefunden, die ich zur sogenannten ›Technik des roten Bildschirms‹ zusammengefaßt habe.

Die Technik des roten Bildschirms

Stellen Sie sich Ihren Körper als Projektion auf einem Bildschirm vor. Signalisiert ein Körperteil die Bereitschaft, auf eine zärtliche Berührung oder einen Kuß mit steigender Erregung zu reagieren, leuchtet der jeweilige Bereich auf dem Bildschirm rot auf. Je nach Intensität der Erregung werden verschiedene Rottöne auf dem Schirm sichtbar, die anzeigen, wie empfindsam und erregt der Körper reagiert. Eine solche imaginäre Bildschirmprojektion kann anzeigen, welche Stelle als nächste zärtlich berührt werden will, um die Lust des Partners zu steigern. Die Körperregion, die nicht auf Stimulation reagiert, bleibt auf dem Bildschirm fleischfarben. Diese Region kann also solange unberücksichtigt bleiben, bis auch sie sich rot zu färben beginnt.

Mit diesem Bildschirm vor Augen oder – genau so gut – mit dieser Lektion im Kopf könnte man eine zu rasche oder falsche Stimulation ausschalten und Probleme vermeiden, die die partnerschaftliche Harmonie stören.

Der rote Bildschirm veranschaulicht folgende Prinzipien der Liebestechniken:

- Die roten Zonen sind fast nie dieselben. Bei einer Frau kann sich der Bereich des Busens unmittelbar nach dem Küssen rot färben; beim nächsten Mal verändert sich die Farbe der Brust bei der gleichen Stimulierung überhaupt nicht.
- Die roten erogenen Zonen sind bei jedem Menschen völlig verschieden. Bei manchen Frauen verändern die intensivsten Stimulationsbemühungen die Farbe des Brustbereichs nicht. Bei anderen wieder gerät diese Zone fast immer in den roten Bereich. Die Stimulierung der Brustwarzen ruft bei vielen Männern nur leichte Rotfärbung hervor. Bei manchen färbt die Zone sich rasch tiefrot.
- Das Liebesspiel kann ein Abenteuer sein, bei dem es darum geht, die roten Zonen zu erforschen. Den Beteiligten steht natürlich in Wirklichkeit kein Bildschirm zur Verfügung, sondern lediglich einige äußere Anzeichen, wie beschleunigter Atem, Veränderung der Körperposition, oder Luststöhnen. Verbale Anweisungen lassen den gesamten Bildschirm häufig zur Fleischfarbe verblassen. Am besten lernt man die roten erogenen Zonen kennen, wenn man die Reaktionen des Partners studiert.
- Das Abenteuer des Liebesspiels erreicht seinen Höhepunkt, wenn der gesamte Bildschirm sich rot färbt. In diesem Stadium ist die Stimulation jeder Körperpartie

stark erregend; im Orgasmus entlädt sich die Spannung wie in einer heftigen Explosion.

- Sexpartner sind oft der Ansicht, sie könnten das Muster der roten Zonen vorausahnen. Das trifft jedoch nur in einem beschränkten Maß zu. Das vorhersehbare Muster besteht meist aus Rückenstreicheln, Zungenküssen, Bruststimulation, genitaler Stimulation und Koitus. Dieses eingespielte Muster läßt jedoch die meisten übrigen Körperregionen außer acht. Der Wechsel der Röte von Beinen, Armen, Rücken, Gesäß, Achselhöhlen und Fingern wird meist weder erkannt noch ausgeschöpft.
- Viele Männer gehen davon aus oder glauben, daß die Partnerin von ihnen erwartet, der Großteil der Stimulation müsse von ihm ausgehen. Der landläufigen Meinung zufolge bleibt der ›männliche Bildschirm‹, abgesehen von den Genitalien, überwiegend fleischfarben. Das ist ein Irrtum – sie müssen lediglich lernen, ihren gesamten Körper zur Steigerung ihrer Lust einzusetzen.
- Veränderliche psychologische und biologische Faktoren beeinflussen die roten erogenen Zonen. Die Wechselwirkung dieser Faktoren macht das Liebesspiel so unvorhersehbar. Auch ein Mensch, der glaubt, sein oder ihr Bildschirm bleibe hoffnungslos fleischfarben, stellt fest, daß er bei richtiger Stimulierung sich binnen weniger Minuten tiefrot färbt.

Niemand ist immer zu größter Liebesfähigkeit imstande, da das sexuelle Verlangen von Mal zu Mal verschieden ist. Auch bei gleichbleibender Zärtlichkeit des Liebesspiels kann man mal heftiger und mal weniger heftig auf die Stimulierung reagieren. Außerdem ist das Interesse, Körperempfindungen zu geben und zu erhalten, starken Fluktuationen unterworfen. Zu gewissen Phasen des Liebesspiels möchte ein Beteiligter ausschließlich nehmen; in anderen Phasen ist er oder sie mehr daran interessiert, dem Partner Lustgefühle zu verschaffen. Liebesfähige Menschen spüren diese Veränderungen bei sich selbst und ihrem Partner und geben ihnen nach, statt sich dagegen zu wehren.

Der ideale Zeitpunkt, sinnliche Erfahrungen zu machen und die Metapher des roten Bildschirms zu erforschen, ist das junge Erwachsenenalter.

Bedauerlicherweise sind viele Menschen in dieser Phase nur an sexueller Leistung interessiert – sprich Koitus und Orgasmus. Die Sexualorgane sind voll entwickelt und funktionsfähig und man will Ergebnisse sehen. Sie erkennen nicht, wie wertvoll Geben und Nehmen sind, haben keine Ahnung von Sinnlichkeit und wissen nicht, wie sie die Reaktion des Partners studieren sollen.

Mit zunehmendem Alter fällt es ihnen zunehmend schwerer, ihre Denkweisen zu verändern. Wenn Erektionsprobleme auftauchen, endet ihr Sexualleben häufig, weil ihre leistungsorientierte Mentalität es ihnen nahezu unmöglich macht, sich ein Liebesleben ohne Koitus vorzustellen. Diese Haltung ist jedoch nicht nur bei Männern verbreitet. Manche Frauen denken: »Was geht es mich an?«, wenn ihr Partner impotent wird.

> Clifford und Thelma hatten 42 Jahre lang ein erfülltes, regelmäßiges Sexualleben, bis Clifford im Alter von 73 Jahren Medikamente einnehmen mußte, die seine Erektionsfähigkeit herabsetzten. Auch nachdem das Medikament abgesetzt wurde, blieb Clifford impotent. Schließlich entschloß das Paar sich, einen Therapeuten aufzusuchen, der ihnen den Rat gab, sich einmal in der Woche ohne Koitus zu lieben. Schockiert nahmen sie zur Kenntnis, daß andere Menschen, besonders Leute in ihrem Alter, so etwas praktizierten. Beide gingen davon aus, daß Liebesspiele ohne Geschlechtsverkehr keinen Sinn machten. Sie befolgten jedoch die Ratschläge ihres Therapeuten und entdeckten bald darauf eine Sinneswelt, die ihnen bislang verschlossen geblieben war. Clifford erlangte seine Potenz innerhalb eines Monats wieder, dennoch blieb der Koitus der unwichtigste Teil ihres Liebesspiels, was bis dato nicht der Fall war.

Auch wenn wir wissen, welche Möglichkeiten uns für ein erfülltes Sexualleben offen stehen, ist das ständige und gleichbleibend großartige Sexualerlebnis kaum möglich. Viele Menschen sind die überwiegende Zeit ihres Lebens gute Liebestechniker, aber man findet wohl selten einen Liebespartner, der bei jeder sexuellen Begegnung Großartiges vollbringt. Sexueller Erfüllung stellen sich eine Menge Hindernisse in den Weg. Der normale Alltag – Müdigkeit, Sorgen um ein Kind, der bevorstehende Besuch der Schwiegereltern, ein Motorschaden am Wagen – hemmt unsere Fähigkeit zu entspannen und uns den Empfindungen beim Sex ganz hinzugeben.

Wir sollten uns nicht bei jeder sexuellen Begegnung die Leistungsprinzipien eines guten Liebespartners vor Augen halten. Manche verfolgen ihr Ziel mit übertriebenem Ernst, und ihre Verbissenheit, sinnliche Techniken anzuwenden, verdirbt ihnen den Spaß am Sex. Die Normvorstellungen eines guten Liebespartners sind teilweise zutreffend, teilweise aber auch eine Illusion; das Ziel ist erreichbar, wenn auch flüchtig. Dazu gehört Ernsthaftigkeit und zugleich Verspieltheit – vor allem Freude am Spiel.

Liebesfähige Menschen fühlen sich mit ihrer Sinnlichkeit wohl, finden es lohnend, Freude zu geben und zu bekommen, und haben keine Hemmungen, dies ihren Partner wissen zu lassen.

Gute Liebespartner suchen Abwechslung im Sexualverhalten und haben keine Angst vor unerwarteter Heftigkeit der Gefühle.

Gute Liebespartner vermeiden Wortwechsel und respektieren die sexuellen Grenzen des anderen. Gute Liebespartner wissen intuitiv über die erogenen Zonen des ›roten Bildschirms‹ Bescheid.

Sie sind an der sexuellen Lust des Partners interessiert, der wiederum die ihm entgegengebrachte Achtung spürt, wodurch sich das gegenseitige Vertrauen erhöht und beide sich ihrer Sinnlichkeit unbeschwerter hingeben können. Niemand kann ohne den anderen ein guter Liebespartner sein. Beide müssen aufeinander eingespielt sein, das macht sie zu wirklich guten Liebespartnern.

Wege zu einem problemfreien Sexualleben

Um gute Liebespartner zu werden und zu bleiben, müssen wir:

- o uns mit unserem Körper und seinen Empfindungen in Einklang befinden;
- o die Anatomie unserer Genitalien und die Methoden zu ihrer Stimulierung kennen;
- o das Prinzip der erogenen Zonen des ›roten Bildschirms‹ verstehen;
- o auf die Reaktionen unseres Partners eingehen;
- o in nichtsexuellen Bereichen verständnisvoll mit unserem Partner umgehen.

Kapitel 4

Das sexuelle Gleichgewicht

Das Sexualverhalten eines Menschen und die Reaktionen des Partners bilden zusammen eine empfindsame Balance, das sogenannte ›sexuelle Gleichgewicht‹. Dieses Gleichgewicht befindet sich sowohl in jedem einzelnen, als auch zwischen den Partnern. Jeder bringt sein individuelles sexuelles Verhalten ins Schlafzimmer ein – sein Verlangen, seine Erregungsfähigkeit, seine jeweilige Art, zum Orgasmus zu kommen. Der Partner nimmt die Merkmale des anderen auf seine Weise wahr und reagiert darauf; diese Reaktion fördert oder hemmt die sexuelle Befindlichkeit eines Menschen.

Jede intime Beziehung hat ein sexuelles Gleichgewicht. Es ist der wohl am meisten mißverstandene Aspekt psychologischer Einflüsse auf unser Sexualleben. Ein gesundes sexuelles Gleichgewicht ist für die Dauerhaftigkeit der Sexualfunktion und Genußfähigkeit von äußerster Wichtigkeit. Ein gestörtes sexuelles Gleichgewicht neutralisiert Beziehungen, führt zu ihrem Zusammenbruch und zu Untreue. Die meisten Menschen unterstellen, die Qualität ihrer sexuellen Beziehung sei von der Qualität ihrer nichtsexuellen Beziehung bestimmt. Das trifft nur zum Teil zu.

> Louis war 40 Jahre lang ein treuer Ehemann in einer relativ harmonischen Ehe. Bis zu seiner Herzoperation vor vier Jahren gab es zwar gewisse sexuelle Unzufriedenheiten, da seine Frau sich weigerte, ihn abgesehen vom Koitus sexuell zu stimulieren. Er hatte es vor langer Zeit aufgegeben, seine Enttäuschung darüber zu äußern, da seine Kritik sie verwirrte, ohne sie aus ihrer Passivität zu locken. In jeder anderen Hinsicht war die Ehe jedoch glücklich. Bereits einige Jahre vor seiner Herzoperation, mit Anfang 60, ließ sein Sexualdrang in Häufigkeit und Erektionsfähigkeit nach.

Nach der Operation bemühte er sich mit Zustimmung seines Arztes, sein Geschlechtsleben wieder normal zu gestalten, obgleich er Bedenken hatte, sein Herz damit zu überlasten. Als er im ersten Jahr nach dem chirurgischen Eingriff zu keiner Erektion fähig war, glaubten er und seine Frau, er leide an altersbedingter Impotenz. Er hatte zwar nach wie vor den Wunsch, seine Frau körperlich zu lieben, doch seine Bemühungen wurden immer seltener. Auch sie wäre gern sexuell aktiv geblieben, drängte ihn aber zu nichts.

Im vierten Jahr seiner Impotenz lernte Louis Rita kennen, die deutliches Interesse an ihm zeigte. Seine scherzhaften Bemerkungen, er sei bereits ein alter Mann, obendrein noch impotent, entmutigten sie nicht und er nahm schließlich ihre Einladung zum Mittagessen in ihrer Wohnung an. Dem Lunch folgten intime Zärtlichkeiten. Louis schaffte zwar keine starke Erektion, doch Rita wollte nicht daran glauben, daß er zum alten Eisen gehöre und jede Mühe bei ihm vergebens sei. Sie stimulierte ihn in einer Art und Weise, von der er bislang nur geträumt hatte. Nach mehreren Begegnungen mit Rita war er zu seinem ersten Orgasmus ohne Erektion seit seiner Herzoperation fähig. Beide waren begeistert. Im Verlauf ihrer Beziehung wurde Louis von Mal zu Mal entspannter. Nach vier Monaten, in denen sie sich einmal pro Woche trafen, erlangte er seine Potenz wieder. Nach einem weiteren Monat verschwanden auch seine plötzlichen Erektionsverluste beim Koitus. Mit seiner Frau blieb Louis jedoch weiterhin sexuell inaktiv.

Der Balance-Akt

Unser sexuelles Erleben beruht auf dem Zusammenspiel dreier sich überschneidender psychologischer Systeme. Das erste ist unser psychisches Selbst. Das zweite, das sexuelle Gleichgewicht, ist die Reaktion auf die Sexualität des anderen. Das dritte ist die Qualität unserer nichtsexuellen Beziehungen. Diese

Systeme beeinflussen sich wechselseitig. Wir verstehen unser Sexualleben dann am besten, wenn wir dieses Zusammenwirken begreifen. Ansichten über Sex, die sich nur auf eines dieser drei Systeme beziehen, wären zu vereinfacht. Tabelle 3 veranschaulicht das Zusammenspiel der drei Systeme.

Abbildung 3 Drei Zusammenhänge zum besseren Verständnis der Sexualität. Kulturelle Einflüsse sind hier nicht berücksichtigt.

Louis hatte es mit zwei völlig verschiedenen sexuellen Beziehungen zu tun. In seinem ehelichen Gleichgewicht waren sein sexueller Drang und seine Erektionsfähigkeit herabgesetzt und er befand sich auf dem besten Wege, ein ›alter Mann‹ zu werden. In seinem neuen sexuellen Gleichgewicht mit einer weitaus attraktiveren und sinnlicheren Partnerin hörte er auf, sich zum alten Eisen gehörig zu fühlen.

Das sexuelle Gleichgewicht ist deshalb kompliziert, da beide

Partner wechselseitig auf die Eigenheiten des anderen reagieren. Es ist ein fein ausbalanciertes, leicht veränderbares System. Das sexuelle Gleichgewicht ist bei jedem Paar einzigartig, da die Sexualität des einzelnen bei jedem Liebesakt etwas verschieden ist und keine zwei Menschen in gleicher Weise miteinander agieren.

> Louis gab an, das Sexualverhalten seiner Frau sei nicht immer vorhersehbar gewesen. Die meiste Zeit lag sie zwar ›einfach da‹ und erwartete, daß er die Initiative ergriff. Manchmal schien sie sich gegen ihre Erregung zu wehren und er erreichte nichts bei ihr, so sehr er sich bemühte. Bei solchen Gelegenheiten kam er sich sexuell alleingelassen und eigensüchtig vor. Wenn sie sich allerdings aktiv beteiligte, was selten genug der Fall war, veränderte sich seine Lust und seine Erregung entsprechend. Seine Frau berichtete über ihre Vorstellung, wie Frauen sich im Bett zu verhalten hätten. Es war ihr zwar nicht verborgen gelieben, daß sein Interesse für sie sich mit ihrer Erregung steigerte, ihre Hemmungen hinderten sie jedoch daran, eine leidenschaftliche Liebespartnerin zu sein.

Bei der Entstehung einer sexuellen Partnerschaft beeinflussen, interagieren und stellen sich die Partner in ihren sexuellen Vorstellungen aufeinander ein (Abbildung 4). Das Ergebnis dieses Zusammenwirkens nennen wir das sexuelle Gleichgewicht.

Dieses Sich-aufeinander-Einstimmen geschieht unmittelbar – alle Sinne sind daran beteiligt, beide Partner reagieren aufeinander. Die Art und Weise, wie jeder die Reaktion des anderen wahrnimmt, führt entweder zu erhöhten Liebesfreuden oder zu destruktiven Selbstzweifeln. Ersteres ist die Vorstufe zur sexuellen Erfüllung; im zweiten Fall treten schwerwiegende Probleme auf.

Unser Sexualleben ist zum Teil deshalb so schwer zu verstehen, weil uns die richtigen Worte fehlen. Ohne das geeignete Vokabular fehlt unserem Verständnis zwangsläufig eine wichtige

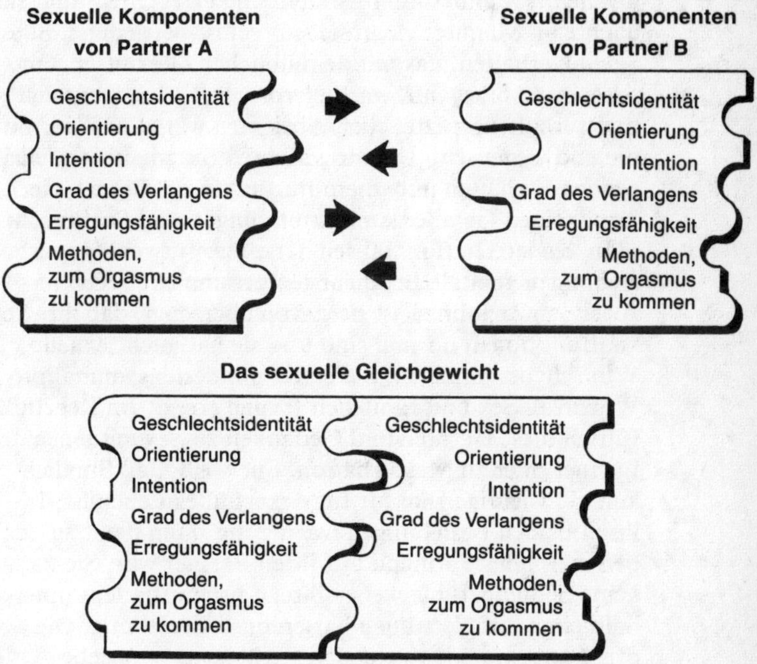

Abbildung 4 Die Ursprünge des sexuellen Gleichgewichts.

Komponente. Um die Vorgänge im Schlafzimmer zu erfassen, müssen wir die Eigenheiten unseres jeweiligen Partners kennen und seine Interaktionen richtig deuten. Viele Menschen weisen zum Beispiel die Merkmale der im folgenden Beispiel geschilderten psychisch gesunden, jungen Frau auf:

Im Alter von fünfzehn hatte Sue ihre sexuelle Identität endgültig gefunden. Sie entsprach der Norm, war also ›normal‹; ihr Rollenverhalten und ihre Geschlechtsidentität waren weiblich. Sie war heterosexuell orientiert – das heißt, Männer interessierten und erregten sie und sie dachte an Männer, wenn sie sich selbst befriedigte. Sues Sexualverhalten, das mit dem üblichen Geknutsche im Alter von 16 begann, war heterosexuell. Ihre mentalen und verhaltensspezifischen Absichten waren auf Harmonie und Gegenseitigkeit ausgerichtet. Sie zog nie erniedrigendes Verhalten mit einem Partner in Erwägung; sie fand keinen Gefallen an Demütigungen und Schikanen.

In den letzten fünf Jahren hatte Sue in zwei Männerbeziehungen genitale Erfahrungen gesammelt. Jetzt, im Alter von 25 Jahren, ist sie davon überzeugt, daß ihre Sexualfunktionen normal sind und sie hat auch sexuelle Wunschvorstellungen. Sie denkt mindestens einmal pro Woche an Sex und fühlt sich sexuell erregt. Im Regelfall führen diese Gefühle und Gedanken zu Sex mit einem Partner oder zu Masturbation. Sue weiß, daß Sinnlichkeit ein wichtiger Faktor für ein erfülltes Leben ist. In ihren beiden Beziehungen war sie nur dann nicht zu Sex bereit, wenn sie wütend auf ihren Partner war. Sie hat keine Schuldgefühle wegen ihres Lustempfindens innerhalb einer auf Vertrauen basierenden Beziehung. Die drei Elemente ihres sexuellen Verlangens – Trieb, Wunsch und Motiv – sind harmonisch aufeinander abgestimmt.

Sue war in beiden Beziehungen orgasmusfreudig und leicht zu erregen. Sie erinnert sich an Gelegenheiten, als ihr ganzer Körper eine einzige erogene Zone war. Sie kommt durch manuelle und orale klitorale Stimulation zum Orgasmus, zieht allerdings Orgasmus durch Koitus vor und kommt in sitzender Position auf dem Partner regelmäßig zum Orgasmus. Sie hatte Orgasmen auch in anderen Positionen, wenn sie oder ihr Partner gleichzeitige klitorale Stimulation ausübten. Ihr Sexualverhalten war nur dann nicht emotional befriedigend, wenn eine Beziehung dem Ende zuging.

Sues sexuelles Verlangen, ihre Erregungs- und Orgasmusfähigkeit, sowie ihre emotionale Befriedigung haben sich konfliktfrei entwickelt und sie freut sich auf eine sexuell erfüllte Ehe. Eine Garantie dafür hat sie allerdings nicht: der Schlüssel liegt im sexuellen Gleichgewicht zwischen ihr und dem Mann, den sie einmal heiraten wird.

Wenn Sues Ehemann ähnliche Merkmale wie sie aufweist, nimmt ihr Sexualleben innerhalb der Ehe vermutlich einen positiven Anfang und wird sich im Lauf der Zeit verbessern. Sollte ihr Ehemann allerdings nach den Flitterwochen nur einmal im Monat sexuelle Lustgefühle verspüren oder sollte er aus etwaigen Schuldgefühlen wegen seiner sexuellen Lust Abwehrhaltungen entwickeln oder sich nicht mehr völlig entspannen können, geht sie möglicherweise einer bitteren Enttäuschung entgegen. Wenn seine schnelle Erregung und sein Orgasmus in ihrer Vagina sie frustriert und demoralisiert, wird sie die Motivation verlieren, mit ihm Sexualverkehr zu haben. Wenn er andererseits darauf besteht, täglich Sex mit ihr zu haben, auch wenn sie nicht dafür bereit ist, wird ihr Wunsch versiegen, ihm sexuelle Lust zu verschaffen. Sie stellt vielleicht sogar fest, daß ihr einst starker Sexualtrieb schwächer geworden ist. Wenn er Probleme hat, zum Orgasmus zu kommen, wird Sue aufgrund ihrer Frustration vielleicht jegliches Interesse an Sexualverhalten innerhalb dieses Gleichgewichts verlieren.

Es gibt keine allgemein gültige Erklärung, warum manche intimen Interaktionen funktionieren und andere nicht. Es wird nicht immer klar, warum manche Menschen zum Beispiel ohne weiteres einen Partner mit einem schwach ausgeprägten Sexualtrieb dulden, andere darin aber eine tiefe Kränkung ihrer Geschlechtsidentität und Selbstachtung sehen. Tatsache ist, daß es große Reaktionsunterschiede in unserem sexuellen Verhalten gibt; diese Unterschiede spielen eine wichtige Rolle für unser sexuelles Schicksal.

Diesen Zusammenhang veranschaulicht uns deutlich die sogenannte vorzeitige Ejakulation. Häufig sind es junge Männer, die in der Vagina verfrüht zur Ejakulation kommen. Manche Frauen lernen, sich darauf einzustellen, und reagieren auf den Orgasmus ihres Partners mit einem Anstieg ihrer Erregung, so daß sie ihren Orgasmus kurz nach ihm erreichen. Sie freut sich, eine so starke Erregung bei ihm hervorzurufen, und ihre Lust besänftigt seine Sorge darüber, wie lange er in ihrer Vagina bleiben kann. Ohne Leistungsdruck erlangt er die Fähigkeit, seine Erregung im Lauf der Zeit immer besser zu kontrollieren.

Eine andere Frau reagiert möglicherweise auf die begrenzte Zeitdauer des Koitus mit Verärgerung und Frustration. Sie fühlt sich als Opfer der Unzulänglichkeit ihres Partners. Das spürt der Mann, fühlt sich seinerseits hilflos und unsicher und kann seine Ejakulation zunehmend weniger kontrollieren. Vorzeitige Ejakulation des Mannes in der Vagina gibt es in glücklichen und unglücklichen sexuellen Beziehungen.

Nicht selten glaubt ein Mann, es sei seine Aufgabe, seiner Partnerin zum Orgasmus zu ›verhelfen‹. Er ist häufig sogar der Meinung, die Frau müsse während des Koitus durch seine Stöße zum Orgasmus kommen. Wird dieses sexuelle Ziel nicht erreicht, hält er es für ein Zeichen seiner Unzulänglichkeit. Er macht sich Gedanken, wie: »Mein Penis ist zu klein«, »Ich bin kein richtiger Mann – ich bin eine Niete«, »Sie liebt mich nicht.« Solche zerstörerischen Gedanken können große Spannungen zwischen dem verunsicherten Mann und seiner Partnerin hervorrufen.

Ein informierter Mann reagiert realistisch auf die Orgasmusmuster seiner Partnerin. Er weiß, daß die Frau selbst die Verantwortung für ihren Orgasmus hat. Er erkennt, daß seine männlichen Fähigkeiten von persönlichen Faktoren abhängen, die nichts mit ihrem Orgasmusmuster zu tun haben. Er geht auch davon aus, daß er ihr nicht zum Orgasmus ›verhilft‹, sondern lediglich teilnimmt an der Erschaffung eines sexuellen Gleichgewichts, das orgasmusförderlich oder -hinderlich wirkt.

Falls eine Frau die Ansicht ihres Partners teilt, ihre orgasmische Reaktion sei unzulänglich, überträgt sich dieses Gefühl der Unzulänglichkeit auf beide. Falls sie anderer Meinung ist, bleibt die Spannung zwischen ihnen weiterhin bestehen, bis das Thema besprochen und gelöst ist. Unstimmigkeiten, die nicht zum Ausdruck gebracht und nicht gelöst werden, erhöhen den Druck und die Spannungen und machen allmählich emotionale Zufriedenheit unmöglich. Wenn beide ihr Orgasmusmuster als richtig akzeptieren, erhöhen sie Freude und Lustgewinn in ihrem Sexualleben.

Veränderungen im sexuellen Gleichgewicht

Jedes langfristige sexuelle Gleichgewicht ist Veränderungen unterworfen, in dem Maß wie Häufigkeit, Verhaltensweisen und eine Vielzahl anderer Komponenten eines gesunden Sexuallebens sich entwickeln. Gesunde Gleichgewichte bringen bei jedem Erlebnis andere Erfahrungen mit sich. Langjährige Paare, die ihr Sexualleben als durchweg gut bezeichnen, sprechen meist von gemeinsamen Freuden. Die Umstände, die diese Freuden auslösen, verändern sich im Lauf der Jahre unmerklich.

Langfristige sexuelle Beziehungen sind verschiedenen Einflüssen unterworfen: tägliche Schwankungen sexueller Lust und Erregbarkeit je nach Stimmung, Wohlbefinden und Energie; Unterschiede in der Beschaffenheit der nichtsexuellen Beziehung; psychologische und biologische Reifeprozesse, die jeder einzelne durchmacht. Diesen Einflüssen kann sich niemand entziehen.

Sex ist nicht immer wunderbar, ist nicht immer furchtbar, ist nicht immer bloß okay. Die Motive, die jeder Partner ins Schlafzimmer mitbringt, sind bei jeder Begegnung ein wenig anders.

Jede Begegnung bringt graduelle Unterschiede in Verlangen, Erregung, Empfänglichkeit und Reaktion. Diese Feinheiten machen das Sexualverhalten zum Abenteuer. Gesundes Sexualverhalten ist nicht vorhersehbar.

Doktor: Können Sie mir etwas über Ihr Sexualleben sagen?

Chuck: Was soll ich sagen? Ich finde, es ist okay. Es klappt prima zwischen uns, an manchen Tagen ist es besonders schön. Manchmal lieben wir uns und manchmal haben wir nur Sex miteinander.

Anita: Bei uns gibt es zwei Arten von Sex: die schnelle Nummer, wenn einer von uns – meist ich – zu müde ist, und das Wahre, wenn wir beide dazu in Stimmung sind. Beides macht Spaß, aber das Wahre ist mir lieber. Ein paar Mal im Jahr – meist wenn die Kinder nicht da sind und wir Urlaub haben – ist es wahnsinnig schön; wir nehmen uns wirklich Zeit und tun Dinge, die wir sonst nicht tun.

Doktor: Was zum Beispiel?

Chuck: Wir tun alles, wozu wir gerade Lust haben: wir lieben uns auf dem Fußboden, im Stehen, im Sitzen. Wir haben mehrmals am Nachmittag Sex und lieben uns bis zur Erschöpfung. Dafür sind die Ferien doch schließlich da, oder? Aber zu Hause tun wir so was nie.

Warum lieben wir, wenn wir uns lieben?

Warum sind sexuelle Erlebnisse so unterschiedlich? Warum zum Beispiel haben Paare viele Jahre Spaß an gemeinsamer körperlicher Liebe? Die Antwort liegt in der Beständigkeit ihres sexuellen Gleichgewichts über viele Jahre hinweg trotz zahlreicher Veränderungen.

Drei Schritte müssen immer wieder getan werden, um die sexuelle Anziehungskraft eines Paares zu erhalten. Erstens muß einer der Partner zum Liebesakt motiviert sein. Zweitens muß der andere mitspielen. Und drittens müssen Motivation und Kooperation in gegenseitiger sexueller Erregung münden.

Motivation zum Liebesakt

Oberflächlich betrachtet scheint das Motiv zum Liebesakt eine simple Sache zu sein, auch das ist ein Trugschluß. Die Motive zum Liebesakt sind oft kompliziert, irreführend und bleiben vielfach unserem Bewußtsein verborgen. Meist ist uns einfach danach, Liebe zu machen – wir wollen gar nicht wissen, wieso oder ob unser Partner daran interessiert ist.

Die Motivation zur körperlichen Liebe ist dann am höchsten, wenn ein Paar verliebt ist. In dieser zeitlich befristeten Phase können viele Paare die Finger nicht voneinander lassen. Sie können nicht genug kriegen von der wunderbaren sexuellen Intimität, die ihre bereits bestehende psychische Nähe zueinander vertieft. Die Motive zu sexuellem Verlangen reduzieren sich meist, wenn eine Liebesbindung vertieft ist. Wenn ein Mensch den passenden Partner gefunden hat, den er lieben kann und von dem er wiedergeliebt wird, wendet sich das Paar anderen Bereichen des Lebens zu.

> Mir war klar, daß die Flitterwochen nicht ewig dauern konnten. Die ersten drei Monate liebten Karl und ich uns drei- bis viermal in der Woche. Es gab nichts Schöneres, nichts Wichtigeres für uns. Wir liebten uns sogar, wenn ich meine Tage hatte. Dann kam eine Zeit, in der ich beruflich mehr gefordert wurde, Karl fing als Lehrer an und wir liebten uns nur noch am Wochenende. Offen gestanden, stört mich das nicht. Ich denke nur manchmal, als junges Ehepaar sollten wir uns öfter lieben.

Sobald eine Beziehung gefestigt ist, ist meist nicht mehr spontane Leidenschaft der Grund für Zärtlichkeiten. Leidenschaft ist nun eine Folge der körperlichen Liebe; sie entsteht durch eine tiefe Liebeserfahrung nichtsexueller Intimität oder dient zur Beilegung von Unstimmigkeiten. Durch die Trennung im Alltagsleben schleicht sich unweigerlich emotionale Distanz ein. Nicht jeder kann emotionale Distanz gleich gut ertragen, deshalb will mancher körperliche Liebe, um die Gemeinsamkeit wieder zu spüren – man will die Bindung durch gemeinsames Sexualverhalten bekräftigen. Nachdem dieser Wunsch erfüllt ist, können die Partner ihr gewohntes Leben wieder aufnehmen. Allmählich entsteht ein Muster von abwechselnder Nähe und Distanz. Durch den Liebesakt wird vorübergehend die Distanz unterbrochen.

Sexuelles Verlangen – das heißt spontane Erregung oder das im Genitalbereich spürbare Verlangen nach körperlicher Liebe – löst die Motivation zur körperlichen Liebe aus. Die Häufigkeit des Sexualverhaltens eines Paares hängt von der Stärke des Sexualtriebs jedes einzelnen ab. Bei manchen Paaren bestimmt der Partner mit dem stärkeren Sexualtrieb die Häufigkeit körperlicher Liebe; bei anderen liegt die Entscheidung beim Partner mit dem geringeren Sexualtrieb. Es kommt selten vor, daß Paare zur selben Zeit körperliches Verlangen spüren und viele Partner verschweigen sogar ihre flüchtige Lust.

Sexuelle Erregung und Orgasmus sind lustvoll und die meisten Menschen lieben sich immer wieder, einfach weil Sex Spaß macht. Doch gesellschaftliche Erwartungshaltung und Tabus komplizieren die Sache. Viele Menschen haben feste Vorstellungen, wie oft ein Liebesakt zu vollziehen sei: »Ich finde, wir sollten es mindestens zweimal in der Woche tun.« Das ist eine persönliche Norm über die Häufigkeit sexueller Begegnungen. Manche Menschen sind bestrebt, größere Abstände zu verringern, nur um ›normal‹ zu erscheinen. »Meine Frau sagt oft, diese Woche haben wir uns nur einmal geliebt. Manchmal habe ich den Eindruck, sie führt darüber Buch und will Sex nicht, weil sie Lust dazu hat, sondern um eine Norm zu erfüllen.«

Sexuelle Aktivität ist eine wunderbare Methode, um Worte zu ersetzen. Vielen Menschen fällt es leichter, ihre Zuneigung und Liebe durch Sex auszudrücken, als zu sagen: »Ich liebe dich.« Ein angenehmes sexuelles Erlebnis kann die psychologische Intimität und das Gefühl der Zusammengehörigkeit vertiefen. Sex wird von Paaren häufig dazu benutzt, um nach einer Trennung sagen zu können: »Du hast mir gefehlt.« Sex bekräftigt auch ohne Worte die Freude an ihrer Beziehung, ihrer Gemeinsamkeit.

Sex ist außerdem ein bewährtes Mittel, um kleine Ärgernisse,

Irritationen und Wut auszuräumen. Sex läßt Unangenehmes verschwinden und gibt den Partnern Gelegenheit, die Integrität ihrer Beziehung zu bestätigen. »Wir sind immer noch ein Paar!«

Liebe und Nähe sind nicht die einzigen Motive für Sex. Die Menschen haben das Bedürfnis, damit ihre Unsicherheiten, Sorgen, Schlaflosigkeit, Wut und Enttäuschung zu vertreiben. Sie haben den Wunsch, sich sexuell zu betätigen, weil sie unter Spannung stehen oder nicht einschlafen können. Sex dient zur Ablenkung von Alltagsstreß und Sorgen. »Komm, du bist so angespannt – machen wir eine schnelle Nummer, dann geht es dir wieder besser.«

Sexuelle Erregung ist eine Begleiterscheinung sexueller Betätigung, deren Ursprung nicht immer geklärt ist. Gelegentlich äußert sexuelles Verlangen sich durch spontane genitale Erregung, sexuelle Phantasien und die verwirrende Anziehungskraft eines Menschen. Manchmal stellt sich sexuelle Lust beim Betrachten von Pornos, bei der Lektüre, bei heimlichem Belauschen und Beobachten sexueller Betätigung anderer ein. Diese voyeuristische Form der Lust wird oft vor dem Partner geheimgehalten. Noch seltener erfahren Partner von der Erregung, die sich durch anhaltenden Augenkontakt, Gespräche, Flirt oder unmißverständlich erotischer Interaktionen mit dritten Personen einstellt.

> Ein junger Mann hatte an einem entscheidenden Wendepunkt seiner Ehe Schwierigkeiten mit der ehelichen Treue. Er hatte seiner Frau nichts vorzuwerfen – aber es gab eine attraktive Kollegin im Büro, mit der er gerne zusammenarbeitete. In letzter Zeit nahmen ihre scherzhaften Flirts ernsthaftere Formen an und er hatte erotische Phantasien über sie. Die gemeinsamen Mittagessen zogen sich länger hin, man kam sich näher. Gleichzeitig hatte er häufiger Sex mit seiner Frau und dachte dabei an die Kollegin. Auf die Frage seiner Frau, warum sie sich in letzter Zeit häufiger liebten, meinte er: »Keine Ahnung. Ich bin im Moment nur geil.« Irgendwann traf er die Entscheidung, sein Leben nicht zu komplizieren. Die Mittagessen

zu zweit wurden wieder im größeren Kollegenkreis eingenommen und bald liebten er und seine Frau sich wieder wie üblich zweimal in der Woche.

Unsere Motive zur körperlichen Liebe sind oft sehr unterschiedlicher Natur und werden gelegentlich in unserem sexuellen Gleichgewicht geheimgehalten.

Sich die Mitarbeit des Partners sichern

Der zweite Schritt zur Aufrechterhaltung sexueller Aktivität besteht darin, sich die Mitarbeit des Partners zu sichern. Ähnlich wie bei der Motivation ist das weniger einfach, als es den Anschein hat. Zunächst muß eine Person das Interesse an Sex signalisieren und dann müssen beide zu einer Übereinstimmung gelangen. Signalisieren und Verhandeln finden oft ohne Worte statt. Ein Partner sendet durch sein oder ihr Verhalten eine Botschaft aus – »Anscheinend ist sie heute abend an Sex interessiert, sie hat sich parfümiert.« Ein Partner unterstellt die Zustimmung des anderen, weil dieser selten die Zustimmung verweigert – »Er gibt mir nie einen Korb.« Das Einverständnis des Partners wird aufgrund sozialer Interaktionen vorausgesetzt – »Wir verbrachten den Abend gemeinsam, gingen Essen und ins Kino und ich wußte, daß es dazu kommt.«

Signalisieren und Verhandeln kann für schüchterne Menschen, die ihr Interesse an sexueller Betätigung nicht zu äußern wagen, schwierig sein. Wieviel leichter ist es doch, sich selbst zu befriedigen oder enthaltsam zu sein, als jemand zu fragen und abgewiesen zu werden. Sie denken, sie hätten ein Signal gegeben, doch die Botschaft wird nicht verstanden. Es kommt zu keiner Verhandlung, da der schüchterne Partner dem anderen mit einer Botschaft sein sexuelles Verlangen nicht deutlich machen kann. Ein Ehepaar, das 42 Jahre nicht sonderlich häufig und nicht sonderlich befriedigenden Sex hatte, berichtete, wie sie einander ihr Verlangen zum Ausdruck brachten. Der Ehemann berichtete, es sei nicht sein Stil, plump danach zu fragen. Er ziehe es vor, ausgiebig zu duschen, sich das Haar zu kämmen, einen frischen Pyjama anzuziehen und seiner Frau einen Gute-Nacht-Kuß zu geben. Wenn sie an Sex interessiert wäre, würde sie ihm nicht nur einen Schmatz auf die Wange drücken, sondern seinen Kuß erwidern. Oft ging er enttäuscht zu Bett, weil sie auf seine Angebote nicht einging. Sie war erschrocken, als sie davon hörte. »Mein Gott, das waren deine Einladungen, mit dir zu schlafen? Was sind wir bloß für ein trauriges Paar!«

Ich fragte sie, wie sie ihm ihr Interesse signalisierte. Nach einer langatmigen Erläuterung, daß Frauen ihrer Generation dazu erzogen worden seien, derartige Wünsche niemals direkt auszusprechen, kicherte sie verschämt und erklärte, daß sie die kleine Lampe auf ihrem Nachttisch nur dann anknipste, wenn sie an Sex interessiert war. Jetzt war er an der Reihe, erschrokken zu reagieren.

Ein Partner will Sex und gibt das klar zu erkennen. Der andere ist nicht in Stimmung. Unter welchen Bedingungen wird das Desinteresse sich in Zusammenspiel verwandeln? Romantische Stimmung? Nörgeln? Schmeicheleien? Ein wehmütiger Blick? Küsse? Das Versprechen auf Fellatio? Eine leise Drohung? Solche Situationen muß jedes Paar meistern; manche haben große Schwierigkeiten, damit klarzukommen.

Gegenseitige sexuelle Erregung

Der letzte Schritt zu langfristiger sexueller Aktivität in der Partnerschaft ist die Erhaltung der Erregungs- und Orgasmusfähigkeit beider Partner. Beide müssen mehr tun, als nur kooperieren – sie müssen emotional am Liebesakt beteiligt sein.

Um das zu erreichen, müssen beide ihre Gedanken von anderen Belangen freimachen und sich ihren Empfindungen hingeben. Das Liebesspiel verschafft ihnen Eingang in das Reich der Sinne und Gelegenheit, die normale Alltagshetze hinter sich zu lassen.

Das Liebesspiel findet in Gefühlsbereichen statt, nicht in Denkbereichen. Im Vorspiel nehmen die Partner die Verwandlung vom Denken zum Fühlen vor, was leider nicht bei jeder sexuellen Begegnung gelingt. Das sexuelle Erlebnis gestaltet sich dann angenehm, wenn beide Partner sich ganz ihren Empfindungen hingeben können. Nach erfüllten Sinnesfreuden sind viele Menschen beim Blick auf die Uhr oft erstaunt, wie schnell die Zeit verronnen ist.

Bedeutung des sexuellen Gleichgewichts

Die Beschaffenheit gesunder sexueller Erlebnisse ist ständig im Wandel begriffen, da sexuelle Motivation, Bereitschaft beider Partner und sinnliche Hingabe sich immer anders gestalten. Das sexuelle Gleichgewicht entsteht aus den Komponenten, die jeder Partner in die Beziehung einbringt – Geschlechtsidentität, Orientierung, Intention, Verlangen, Erregung, Orgasmus und emotionale Befriedigung. Die fein ausbalancierte, sich ständig entwickelnde Interaktion dieser Faktoren bestimmen das sexuelle Gleichgewicht. Es ist der Schmelztiegel, in dem das Sexualleben sich gestaltet. Wenn uns diese Zusammenhänge klar sind, vertieft sich unsere Erkenntnis über sexuelle Erfüllung oder Enttäuschung.

Wege zu einem problemfreien Sexualleben

Unser Leben funktioniert besser, wenn wir es so akzeptieren, wie es ist. Wichtig ist, daß wir die Vielschichtigkeit unseres Sexuallebens begreifen. Wir müssen uns folgende Zusammenhänge bewußt machen:

- Drei wichtige Kräfte sind ausschlaggebend für unser sexuelles Erleben – unsere Psyche, die Qualität unserer nichtsexuellen Beziehung und unser sexuelles Gleichgewicht.
- Unser Sexualleben hat die naturgegebene Fähigkeit, sich von einer Episode zur nächsten und über lange Zeiträume hinweg zu verändern.
- Die Interaktion der Partner formt unser Sexualleben, nicht nur die Wesenszüge eines Menschen.
- Die Mitarbeit unseres Partners ist unumgänglich und will sorgsam gehegt und gepflegt werden.

Kapitel 5

Der Verlust des sexuellen Gleichgewichts

Wie wir gesehen haben, findet unser Sexualleben in einem sich ständig verändernden Gleichgewicht statt, das unsere sexuelle Erlebnisfähigkeit hemmen oder fördern kann. Dieses Gleichgewicht kann aber auch verlorengehen, selbst wenn die Partner zu sexueller Erregung fähig sind. Gerät das sexuelle Gleichgewicht ernsthaft in Gefahr, läßt die sexuelle Aktivität nach, da die körperlichen Empfindungen der Erregung und des Orgasmus nicht stark genug sind, um Aufruhr, Enttäuschungen und Schmerz zu überwiegen. In einem solchen Fall stehen die Partner häufig vor dem sexuellen Aus. Das wird oft nicht eingestanden und bleibt ein wohlgehütetes Geheimnis.

> »Ich bin 43 Jahre alt und ich weiß nicht, wie lange ich noch sexuell aktiv sein werde. Meine Erektion läßt bereits nach und ich habe oft keine sexuelle Lust. Abgesehen vom Sex führen wir eine glückliche Ehe. Wir beide haben schöne Berufe, sind gesund, unsere zwei Kinder sind wohlgeraten und wir haben genug Geld. Ich weiß, wo das Problem liegt, ich weiß, woher es kommt, aber ich kann nichts dagegen tun. Jane ist schroff; sie wird wütend auf mich im Bett. Sie ist irritiert von mir. Entweder ich halte es nicht lange genug aus oder mein Penis ist nicht hart genug oder ich berühre sie nicht an der richtigen Stelle – immer ist irgendwas. Wenn wir mitten drin sind und ich denke, alles ist in Ordnung, dann höre ich plötzlich: ›Warum machst du es nicht so?‹ Ich habe aufgehört, sie zu bitten, mich nicht anzuschreien, weil sie nur noch schriller wird und keift: ›Ich schrei' doch gar nicht!‹ Aber ich weiß doch, wann ich angeschrien werde. Es ist eine Komödie, ohne komisch zu sein. In Janes Familie wird ständig geschrien. Früher hatte ich bei jedem

Besuch Kopfschmerzen von all den Sticheleien und Attacken. Ihre Mutter nörgelte ständig an ihrem Vater herum, dem bedauernswerten Kerl, und ihre Schwestern kriegten bei jeder Kleinigkeit einen hysterischen Anfall. Ihre Eltern sind mittlerweile tot und ich muß diese Besuche Gott sei Dank nicht mehr ertragen.«

»Michael ist sexuell unmöglich. Er ist ständig nervös. Ich weiß nie, wann er einen Ständer hat oder nicht oder sonst irgendwas. Das war von Anfang an so. Mit vierundzwanzig war er noch unberührt. Sein Sexualtrieb ist nicht sonderlich ausgeprägt. Er braucht Sex nicht in dem Maß wie ich, aber das ist ihm egal. Er ist auch zu sensibel – wenn ich beim Sex mal seufze, meint er, ich hab' was gegen ihn. Ich werde wütend, weil er nicht das tut, worum ich ihn bitte, und wenn er es tut, hat er es beim nächsten Mal vergessen und macht es wie eh und je. Er hat ziemliche Probleme mit der Sexualität. Ansonsten ist er ein toller Typ und ich liebe ihn.«

»Jane hat nie an etwas schuld: Immer bin ich es oder es sind die Kinder oder es ist der Kellner, irgendwer – ganz ehrlich Jane, du könntest mir vieles erleichtern, wenn du einen netteren Ton anschlagen würdest. Warum kannst du nicht sagen: ›Hier ist es schöner für mich.‹ Nein bei dir heißt es: ›Was ist los mit dir?!‹ oder ›Wie oft soll ich es dir noch sagen!‹ Vielleicht ist mir die Lust an Sex vergangen, weil ich nicht weiß, was mir beim nächsten Mal an den Kopf geworfen wird. Jane, dazu habe ich keine Lust.«

Michael und Jane suchten beide kurzfristig Zuflucht in außerehelichen Affären. Michael hatte mit der anderen Frau keine Probleme mit seiner Erektion und fühlte sich bestätigt. Jane war glücklich, mit einem Mann zusammenzusein, der nicht gehemmt war und sich Zeit für sie nahm. Etwa einen Monat waren beide glücklich mit ihren neuen Partnern. Dennoch gaben beide die Affären auf, da die damit verbundenen Schmerzen größer waren als der Schmerz, den ihr eheliches Sexualleben hervorrief. Als die schulischen Leistungen ihres jüngsten Kindes in neun Wochen drastisch abfielen, wußten sie, daß es Zeit war, die Affären zu beenden.

Michaels und Janes unbefriedigendes Sexualverhalten dauerte viele Jahre an. Sie hofften immer noch auf Besserung, doch beide masturbierten häufiger, als sie gemeinsam Sex hatten. Andere Paare geben eine derartig unbefriedigende Beziehung auf; ihr sexuelles Gleichgewicht ist unwiederbringlich verlorengegangen. Michael fürchtete, tatsächlich auf dem Weg ins sexuelle Aus zu sein.

Die Fakten sind ziemlich klar: Geht ein sexuelles Gleichgewicht vorzeitig verloren, stirbt das Sexualleben eines Paares. Therapeuten verbringen einen Großteil ihrer Zeit damit, um Einzelpersonen und Paaren in ähnlichen Situationen zu helfen. Und zweifellos haben viele Menschen sich von Sex abgewendet, ohne um Hilfe zu bitten.

Die Wahrheit über unser Sexualleben ist ein beinahe so wohlgehütetes Geheimnis wie unsere Finanzlage. Wissenschaftler, die Sexualverhalten untersuchen, stoßen auf viele Hindernisse: Sex ist ein zu intimes Thema, um darüber zu sprechen. Den meisten fehlt der Wortschatz, viele lügen im Hinblick auf ihr Sexualleben und viele spielen die Ernsthaftigkeit ihrer Probleme herunter. Um die Dinge noch komplizierter zu machen, sind Eheleute sich keineswegs über die Vorgänge in ihrem Schlafzimmer einig. So gibt beispielsweise ein Mann an, er sei impotent; seine Frau hingegen meint, das sei nicht der Fall. Ein anderer Mann sagt, seine Frau habe nie einen Orgasmus; sie ist verblüfft über seine Falschaussage. Eine Frau sagt, ihr Mann komme zu früh zur Ejakulation; er ist völlig anderer Ansicht. Eine Frau berichtet, daß sie in der letzten Woche dreimal Sexualverkehr mit ihrem Mann hatte; ihr Partner widerspricht und sagt, es sei nur zweimal gewesen.

In der Studie von Moshe Schein aus dem Jahre 1988, die in Kapitel 2 angesprochen wurde, füllten mehrere hundert Erwachsene einen Fragebogen im Wartezimmer eines praktischen Arztes aus. Wir stellten fest, daß 25 Prozent dieser Männer und Frauen aller Altersgruppen der Überzeugung waren, deutliche sexuelle Probleme zu haben. Weiterhin gaben die Hälfte der Befragten an, sexuelle Schwierigkeiten zu haben, die sie nicht als ernsthaft einstuften. Nur ein Viertel der Befragten gab an, ihr Sexleben weise keinerlei Schwierigkeiten auf.

Ein sexuelles Gleichgewicht hört dann auf, aktiv zu sein, wenn zumindest einer der Partner sich ohne sexuelle Aktivität wohler fühlt. Der andere Partner erkennt das möglicherweise nicht, doch die Motivation zur körperlichen Liebe, die zu Beginn der Beziehung vorherrschte, kann in totale Vermeidungshaltung gegen körperliche Liebe umschlagen. Menschen in diesen Situationen sagen, sie würden sich gerne sexuell betätigen; doch in Wahrheit sind sie nicht gewillt, sich ihren Partnern sexuell zu nähern. Sie können vielleicht keine Gründe dafür nennen, wissen nur, daß sie keine Bereitschaft haben. Ein solches asexuelles Gleichgewicht kann jederzeit entstehen, ob ein Paar jung ist oder die Beziehung bereits viele Jahre andauert.

Warum körperliche Liebe erlischt

Die Gründe, warum das sexuelle Gleichgewicht zum Stillstand kommt, sind zwar bei jedem Paar verschieden, einige allgemein gültige Punkte tauchen jedoch immer wieder auf. Bei Jungverheirateten kann das Sexualleben zum Erliegen kommen, wenn ein Partner die Erkenntnis gewonnen hat, die Entscheidung, den anderen zu heiraten, sei ein schwerer Fehler gewesen. Bevor er oder sie zu dieser Überzeugung gelangt, hat sich das Liebesleben der beiden auf unerklärliche Weise abgeschwächt. Ein häufiger Grund für das Absinken der Häufigkeit sexueller Betätigung liegt jedoch in der Anspannung innerhalb des sexuellen Gleichgewichts. Anhaltende Nervosität macht es den Partnern unmöglich, sich körperlichen Empfindungen hinzugeben. Manche Menschen glauben, sie seien aufgrund von Problemen wie Impotenz, vorzeitiger Ejakulation oder Kontraktion der Vagina nicht liebesfähig. Der tiefere Grund liegt jedoch in ihrer Angst vor Sinnlichkeit, die sie für derartige sexuelle Probleme anfällig macht. Andere Menschen mit den gleichen Problemen sind trotz ihrer Schwierigkeiten weiterhin sexuell aktiv.

Paare in mittleren Jahren hören oft wegen ihrer Unstimmigkeiten in anderen Lebensbereichen auf, sich sexuell zu betätigen. Wenn sie sich selten entspannen und ihr sexuelles Gleichgewicht genießen konnten, vermischen sich oft Probleme innerhalb und außerhalb des Schlafzimmers und das Sexualleben kommt noch schneller zum Erliegen. Das war bei Michael und Jane der Fall. Ältere Menschen mit einem dauerhaften, gesunden sexuellen Gleichgewicht stellen ihre sexuelle Betätigung oft wegen körperlicher Krankheit, medikamentöser Behandlung oder altersbedingtem Absinken des männlichen Sexualtriebs und dem Verlust der Erektionsfähigkeit ein.

Das Schlüsselelement aller Altersgruppen ist die Abwehrhaltung gegen körperliche Liebe. Liegt bei einem Partner ein ausgeprägtes Vermeidungsmotiv vor, schwindet die Lust des anderen während des Liebesaktes. Somit wird Sex zum bloßen mechanischen Akt und lohnt bald nicht mehr die Mühe. »Lieber befriedige ich mich selbst oder laß es ganz bleiben!« Manche Menschen nahmen sexuelle Enttäuschungen nur kurze Zeit hin, ehe sie sexuelle Betätigung völlig vermeiden.

Gemeinsame Motivation

Die meisten Paare, die ihre körperliche Liebe einstellen, sagen einander, es sei eine vorübergehende Lösung. Mit überzeugenden Argumenten kommen sie überein, körperliche Liebe zu vermeiden; dies ist der Anfang vom Ende. Die Situation setzt gewöhnlich ein, wenn ein bestimmtes Problem innerhalb des sexuellen Gleichgewichts auftritt, etwa reduziertes Verlangen, Angst vor Penetration, Unfähigkeit, Erregung zu ertragen, oder Impotenz. Solche Konflikte wirken innerhalb weniger Monate demoralisierend.

Erhofft sich ein Paar mit solchen Konflikten dennoch sexuellen Kontakt, fühlt sich einer oder beide verunsichert, verlegen, peinlich berührt, frustriert oder wütend. Der konfliktfreie Partner fühlt sich unattraktiv, ungeliebt, benachteiligt, verärgert und gedemütigt. Der Problemträger ist durch das anhaltende Problem verwirrt, aber hilflos. »Ich habe es satt, meiner Frau zu sagen, wie leid es mir tut, impotent zu sein.« Sex wird zum Angsterlebnis, weil beide auf unangenehme Gefühle empfindlich reagieren. Da beide Partner sich nach einer guten sexuellen Beziehung sehnen, fällt es ihnen schwer, sich ihre sexuelle Verweigerungshaltung als Selbstschutz einzugestehen.

Das Paar trifft stillschweigend die Absprache, Sex zu vermeiden. Man ist zu beschäftigt, zu müde, krank, abgelenkt, oder anderweitig nicht in Stimmung. Zieht der andere sich deshalb zurück, kann der Problemträger die wahren Gründe seiner Abwehr gegen Sexualverhalten verdrängen. Jeder Partner schiebt dem anderen die Schuld an der Verweigerungshaltung zu. Es wird nicht darüber gesprochen, sie versuchen nicht, das Problem anzugehen oder zu lösen, dadurch kommt es immer seltener zu sexueller Betätigung und wird bald vollständig abgestellt.

Es scheint logisch, den Grund für das Einstellen sexueller Betätigung im auslösenden Problem – unterdrückte Wut, Schuldgefühle wegen eines Seitensprungs, Depressionen – zu suchen. Diese Erklärung ist jedoch nicht vollständig. Es ist die nicht ausgesprochene Entscheidung, das Unangenehme am Sex zu vermeiden, die zum Einstellen aller Zärtlichkeiten führt – nicht das auslösende Problem. Viele Paare betätigen sich weiterhin sexuell, ungeachtet von Schwierigkeiten in bezug auf Lust, Erregung, Orgasmus oder Penetration; manche Paare haben weiterhin Sex, trotz ungelöster Wut, einer Affäre oder einer Depression.

Ein einmal eingestelltes Sexualverhalten kann unter besonderen Umständen wieder aufgenommen werden – im Urlaub, nach einem alkoholisierten Abend, einer Gehaltserhöhung, um das Ende eines großen Streits zu besiegeln, nach dem Tod eines Elternteils. Die meisten Paare werden jedoch rasch ihre Verweigerungshaltung wieder einnehmen, wenn sie das Problem ihres Gleichgewichts nicht erkennen und nicht versuchen, es zu verstehen.

Jeder Partner in einem asexuellen Gleichgewicht kann unvermutet sexuelles Interesse an Außenstehenden haben. Phantasien steigern sich; gelegentlich sucht einer oder beide neue Partner, um seine Sexualität nicht auf Eis zu legen. Die unausgesprochene Botschaft lautet: »Ich möchte mit dir oder ohne dich meine Sexualität leben. Ich lasse nicht zu, daß ich sexuell verkümmere!« Wenn moralische Beweggründe dagegen sprechen, sich einem anderen Partner zuzuwenden, begnügen die Betroffenen sich mit Phantasien. Sie vermeiden sexuell stimulierende Interaktionen und Erfahrungen, da sie ihnen zu lustbetont, zu schuldauslösend und zu gefährlich sind. Andere, die sich in einem asexuellen Gleichgewicht befinden, gehen Affären ein, obgleich sie bestrebt sind, ihren Moralbegriffen treu zu bleiben, weil sie ein Leben ohne sexuelle Nähe als belastend empfinden.

> Zehn Jahre hatte die fünfzigjährige Marie ihren Mann gedrängt, therapeutische Hilfe zu suchen, bis sie ihn endlich davon überzeugen konnte, sie mache ihre Drohung war, ihn zu verlassen, falls er weiterhin Hilfe verweigere. Er kam wegen seines fehlenden sexuellen Interesses zu mir. Ein ganzes Therapiejahr mit beiden Beteiligten brachte lediglich das Ergebnis, daß Sex bei ihm Angst erzeuge, was für sie verletzend war. Nach Abschluß der Therapie veränderte sich die emotionale Situation beider: sie hatte das Interesse an ihrem Mann als Sexualpartner verloren und ging mit Bedacht daran, sich ein Sexualleben außerhalb der Ehe aufzubauen. Ohne je darüber zu reden, traf das Paar ein neues Arrangement. Sie wahrte seine soziale Rolle als Ehemann und er wollte nichts über die Abende wissen, die sie außer Haus, angeblich mit Freundinnen, verbrachte.

Einseitige Motivation

Wenn die sexuelle Verweigerung eines Partners das Sexualleben des Paares beendet, wird der andere zum Opfer dieser Verweigerung. Ein Mann hörte nach drei aufeinanderfolgenden Fehlschlägen auf, mit seiner Frau zur Erektion zu kommen. Anfänglich bewahrte seine Frau darüber Stillschweigen, da sie seine Gefühle nicht verletzen wollte. Ihr Sexualleben kam zum Erliegen und es verstrichen sechs Jahre, ohne ein Gespräch über ihre Situation.

Einseitige Motivation wird nicht ausschließlich von Sexualproblemen ausgelöst. Häufig liegt ein Respektverlust für den Partner zugrunde. »Als er wieder mal sein ganzes Geld beim Pferderennen verspielte, hatte ich jeglichen Respekt für ihn verloren.« »Als sie unseren Sohn so ungerecht bestrafte, konnte ich sie nicht mehr anfassen.« Eine Frau verweigerte ihrem Mann, den sie nicht nur im Bett als ›unsensibel‹ bezeichnete, zwei Jahre lang Sex. Schließlich lehnte sie ihn völlig ab. Er machte noch gelegentliche Annäherungsversuche, gab aber nach Monaten negativer Reaktionen auf.

Ernsthafte Erkrankung, ob körperlicher oder seelischer Natur, liefert ein weiteres einseitiges psychologisches Motiv zur Vermeidung von Sexualverhalten. Das Motiv kann vom gesunden oder vom kranken Partner ausgehen.

> Nach Jahren regelmäßigen und beiderseitig befriedigenden Sexes war ein pensionierter Arzt durch einen Schlaganfall halbseitig gelähmt. Er hatte Schwierigkeiten, sich selbst anzuziehen, zu schreiben, Emotionen zu kontrollieren und er konnte nicht ohne Hilfe gehen. Er war zwar potent, medizinisch stabil, von Medikamenten abgesetzt und geistig nicht behindert, dennoch verweigerte seine Frau sich ihm plötzlich sexuell. »Er ist nicht mehr der Mann, der er einmal war. Man muß ihm beim Anziehen helfen. Er ist nicht gesund!«

> Einer 57jährigen Frau, die lange Zeit unter chronischem Husten litt, wurde die Diagnose gestellt, sie habe Lungenkrebs. Ihr Gesundheitszustand war noch sieben Monate gut und verschlechterte sich sechs Wochen vor ihrem Tod rapide. Vor der Diagnose hatte sie mindestens einmal in der Woche Sex mit ihrem Mann, doch nach der Diagnose rührte er sie nicht mehr an. Sie hatte den Wunsch, so lange wie möglich sexuell aktiv zu bleiben, doch ihrem Ehemann schien das unangemessen. Er wußte, daß sie bald sterben würde. Er trauerte bereits zu Lebzeiten um sie und konnte mit ihr nicht mehr so zusammensein wie früher. Er fürchtete, beim Sex mit ihr an ihren Tod denken zu müssen. Keiner der beiden war be-

reit, über ihre Krankheit zu reden. Sein sexuelles Verlangen verschwand. Sein Leben bestand aus Arbeit und den gemeinsamen Abendstunden mit seiner sterbenden Frau.

In anderen Fällen, in denen ein Ehepartner an einer tödlichen Krankheit leidet, setzen die Paare ihre sexuelle Aktivität so lange wie möglich fort.

> Ein Mann mit Magenkrebs hatte Metastasen im Gehirn, die zu gelegentlichen Ausfällen während der letzten vier Wochen seines Lebens führten. Bei seinem letzten Aufenthalt zu Hause wachte er mit einer Erektion auf und er und seine Frau liebten sich. Im Krankenhaus, kurz bevor er in das finale Koma fiel, bat er seine Frau, seinen Penis zu streicheln. Sie erfüllte ihm diesen Wunsch gern.

Die sexuelle Verweigerung kann aber auch vom kranken Partner ausgehen. Obgleich ihr Ehemann weiterhin Interesse an ihr zeigte, und sie sich rasch von ihrer Brustamputation erholte, war eine Frau so entsetzt von ihrer Krankheit, daß sie über ein Jahr jeglichen Sexualkontakt mit ihrem Ehemann vermied. Bevor sie sich mit ihm befassen konnte, mußte sie mit den emotionalen Folgen des chirurgischen Eingriffs fertig werden.

Jeder Mensch reagiert unterschiedlich auf eine ernste Krankheit, Entstellungen und bevorstehenden Tod. Trotz Schwäche, Gewichtsverlust oder den negativen Wirkungen von Medikamenten auf Erektionen oder Orgasmusfähigkeiten setzen manche Paare ihre sexuellen Beziehungen bis zum Ende fort. Sex ist für sie ein Trost, ein Zeichen ihrer Liebe, eine Ablenkung von ihrem Leiden, eine Form, ihre Selbstachtung aufrechtzuerhalten und die Bestätigung ihrer Zusammengehörigkeit.

Langfristige sexuelle Verweigerung

In der Kindheit und Jugend entwickelt sich unter anderem die Fähigkeit eines Menschen, als Erwachsener ein erfülltes Sexualleben zu haben. Diese Entwicklung umfaßt sexuelle Neugier,

Masturbation als Weg, um sich selbst kennenzulernen und durch wachsendes intimes Sexualverhalten mit einem Partner sexuelle Erfüllung zu finden. Eine wichtige entwicklungsspezifische Aufgabe besteht darin, daß Jugendliche ihren Körper und seine Freuden als wertvoll ansehen. Dabei müssen junge Menschen erkennen, daß Sex ihr Leben bereichert, aber auch negativ beeinflussen kann.

Die meisten Menschen nähern sich diesen Zielen während der Adoleszenz und erreichen sie im Alter von Mitte Zwanzig. Jugendliche, die diese Ziele nicht erreichen, entwickeln eine Vermeidungshaltung gegen Sexualität. Ihre große Unsicherheit bei körperlicher Intimität, auch mit Menschen, denen sie vertrauen, nimmt ihrem neu entstehenden sexuellen Gleichgewicht die Heilkraft. Manche sexuell unsicheren Erwachsenen haben eine problematische psychische Entwicklung hinter sich. Sie erinnern sich häufig nicht daran, sexuelle Neugier oder Lustgefühle empfunden zu haben, sie erinnern sich nicht an Masturbationspraktiken oder an ihr Interesse für körperliche Intimität. Meist kommt ihr fehlendes Verlangen jedoch aus einer langfristigen Unfähigkeit, sich sexuellem Unbehagen zu stellen. Sie haben mit dem Verstand ihr sexuelles Verlangen abgeblockt, um Unsicherheiten zu vermeiden.

> Tony und Myrna waren während ihrer zwei Jahre dauernden Ehe nicht zum Koitus fähig. Er behauptete, er sei nie an Sex interessiert gewesen, habe nie masturbiert und habe auch keine anderweitigen sexuellen Erfahrungen. Nachdem er mehrere Wochen die Ratschläge seines Therapeuten befolgte, intime Berührungsversuche zu wagen, fielen sie ihm nicht mehr schwer. Doch seine anfängliche Freude an harmlosen Körperberührungen verwandelte sich in unüberwindliche Angst, als er aufgefordert wurde, den Geschlechtsbereich seiner Frau zu berühren. Erst jetzt erkannte er, daß sein Desinteresse seine Angst überlagerte und ihn schützte. Schließlich kam zutage, daß eine der Ursachen seiner Angst in den wiederholten Sexspielen lag, zu denen seine Babysitterin ihn in seinem zweiten Grundschuljahr verführt hatte. Sie spielte mit

seinen Genitalien und brachte ihm bei, das gleiche bei ihr zu tun. Nachdem er in mehreren Sitzungen darüber sprechen konnte, war er fähig, seine Frau unbeschwerter und mit größerem Interesse zu berühren.

Die Neigung, dem Partner für ein Problem innerhalb des sexuellen Gleichgewichts Schuld zuzuweisen, statt einzugestehen, daß man selbst dazu beigetragen hat, ist ein Vorläufer asexuellen Verhaltens. Diese Tendenz ist bei Menschen häufiger anzutreffen, die sich vor sexueller Intimität ängstigen. Ob ihnen dieses Muster nicht bewußt ist, oder ob sie sich darüber klar sind und nichts dagegen unternehmen, die Wirkung ist gleichermaßen zerstörerisch.

Konsequenzen aus Sexualstörungen

Schuldzuweisung führt zu Wut und Verwirrung darüber, wer welchen Beitrag zur Verletzung beider leistet. Michael und Jane machten keinen Fortschritt und ruinierten fast ihre gute nichtsexuelle Beziehung, da sie nicht offen über ihr jeweiliges Verhalten reden konnten – bei jeder Diskussion zählten sie die Fehler des anderen auf. Ihre Unzufriedenheit in den Anfangsphasen ihrer Beziehung war nicht ungewöhnlich, doch sie gingen sehr zerstörerisch damit um. Paare wie Michael und Jane gibt es tausendfach, Menschen, die nicht wissen, auf welche Weise sie dem anderen eine Situation erleichtern können. Nervosität in sexuellen Belangen muß aber nicht zwangsläufig zu einem solchen Ergebnis führen. In vielen Fällen funktioniert das sexuelle Gleichgewicht.

Eine überschlanke Frau, an chronischem Husten leidend, außerdem an Verformungen von Brust, Fingern und Zehen, hatte sich zeit ihres Lebens Gedanken über ihre ›Häßlichkeit‹ gemacht. In ihrer Jugend flößten ihr sexuelle Gedanken Angst ein und wurden von ihrer Überzeugung, häßlich zu sein, vertrieben. »Mich will doch keiner!« Mit zweiundzwanzig verlobte sie sich mit einem Mann, der ihre Freundlichkeit, ihr Einfühlungsvermögen und ihren Sinn für Humor unwiderstehlich fand. Nach sechs Monaten Ehe hatte sie keine sexuellen Probleme mehr und keine Zeit, sich über ihr Aussehen Gedanken zu machen. Auf die Frage nach der drastischen Veränderung von ihren anfänglichen Schuldgefühlen über gelegentliche Selbstbefriedigung und ihren Zweifeln, ob körperliche Lust mit religiösen Grundsätzen vereinbar sei, sagte sie: »Für ihn bin ich genau die Richtige!«

Das Erreichen eines gegenseitig befriedigenden sexuellen Gleichgewichts ist ein wichtiger Entwicklungsschritt im Erwachsenenleben. Sexualverhalten führt zu einer bedeutenden emotionalen Bereicherung – es lohnt sich, unser sexuelles Gleichgewicht zu schützen. Langfristige Sexualprobleme stellen eine Bedrohung der Selbstachtung dar und führen zu einer ungesunden emotionalen Distanzierung vom anderen. Sexualprobleme haben Konsequenzen. Eine der schwerwiegendsten Konsequenzen ist, wie wir gesehen haben, der vorzeitige Stillstand sexueller Aktivität.

Wege zu einem problemfreien Sexualleben

Um eine einigermaßen regelmäßige sexuelle Aktivität innerhalb einer Beziehung aufrechtzuhalten, müssen wir:

- ein gesundes Interesse an körperlicher Liebe haben;
- imstande sein, mit sexueller Nervosität, Enttäuschung und Wut im Dialog umzugehen; wir dürfen uns nicht in Vermeidung flüchten;
- erkennen, daß wir Gefahr laufen, unsere Selbstachtung, unser Gefühl der Zusammengehörigkeit als Paar, unseren Selbstwert, unsere Attraktivität und unsere Treue aufs Spiel zu setzen, wenn wir sexuelle Betätigung verweigern;
- fähig sein, unseren Anteil an einem Problem einzugestehen, statt eilig eine Liste von Fehlverhalten unseres Partners aufzustellen;
- erkennen, daß unsere Meinung über unseren Partner den Ausschlag darüber gibt, in welchem Maß er oder sie sich sexuell mit uns wohl fühlt.

Kapitel 6

Die Schönheit sexuellen Verlangens

Sexuelles Verlangen scheint oberflächlich betrachtet eine periodisch wiederkehrende körperliche Empfindung zu sein, vergleichbar etwa dem Hunger, ist in Wahrheit aber wesentlich mehr. Es ist eine Kraft, die uns zu manchen Menschen hinzieht und uns andere auf Distanz hält. Eine Kraft, die unser geheimstes Interesse spiegelt und Veränderungen in uns signalisiert. Unser sexuelles Verlangen ist der Spiegel eines Großteil unseres Wesens. Wer wir sind, welchen Wert wir uns beimessen, welche Wünsche wir an unseren Partner haben und wie gut wir sexuell funktionieren, all diese Komponenten sind kunstvoll miteinander verwoben.

Alle Welt scheint zwar zu wissen, was sexuelles Verlangen ist, dennoch sahen Wissenschaftler bis in unsere Tage keine Möglichkeit, es zu messen. Viele Komponenten des sexuellen Verlangens sind bekannt – wie unser Hirn diese Komponenten integriert, bleibt jedoch nach wie vor ein tiefes Geheimnis. Die Theorie Sigmund Freuds, wonach sexuelles Begehren, die sogenannte ›Libido‹, das Ergebnis einer triebhaften Begierde ist, beherrschte die überwiegende Mehrheit der Lehrmeinungen unseres Jahrhunderts. Da sexuelle Gefühle ein universeller Bestandteil psychischer Erfahrung sind, wurde die Libido zur allgemein gültigen Erklärung für sexuelle und nichtsexuelle Zusammenhänge. Der Sexualtrieb wurde sublimiert, ersetzt, ausgedrückt, unterdrückt, gehemmt und ins Unbewußte verdrängt. Das daraus resultierende Sexualverhalten wurde als obsessiv, zwanghaft, invertiert, pervertiert, verzerrt, rückläufig, ausagiert und gelegentlich auch als normal bezeichnet. Bis in jüngste Zeit bildeten Erklärungen dieser Art die vorherrschende Anschauung über Sexualität und psychische Entwicklung. Erst heute wissen wir, daß diese Erklärungen zu einfach sind.

Was ist sexuelles Verlangen?

Sexuelles Verlangen ist nicht nur ein animalischer Trieb, sondern ein komplexes Bedürfnis, das in seiner Intensität variiert. Es ist eine mentale Kraft, eine Energie, die vor Beginn des Liebesspiels eintritt und die sexuelle Erregung begleitet. Sexuelles Verlangen erklärt nur die Neigung zu einem Verhalten, nicht das tatsächliche Verhalten.

Diese Überzeugung gewann ich aus meinen jahrelangen therapeutischen Beobachtungen an Menschen, die wegen ihrer Sexualmuster bei mir Hilfe suchen. In der Mehrzahl der Fälle handelt es sich um zu geringes sexuelles Verlangen; andere leiden unter einem zu stark ausgeprägten Verlangen und wieder andere sind verzweifelt über unvorhersehbares Auftreten und Abflauen ihres sexuellen Begehrens. Ich habe viel von Patienten gelernt, die frei über ihre Erfahrungen gesprochen haben und die heute wissen, daß sexuelles Verlangen die psychische Energie ist, die der Erregung vorangeht, sie begleitet und die verantwortlich ist für unsere Neigungen im Sexualverhalten.

Diese Energie ist zwar oft verblüffend; ihr Auftreten und ihre Intensität sind nicht immer vorhersehbar, aber sie weist ein wohlbekanntes Grundmuster auf. Gesundheit, Wohlbefinden, Glück und innere Zufriedenheit erhöhen unsere Neigung, uns unserer Sexualität zuzuwenden. Verlangen wird stimuliert durch Freude, Hochstimmung und Erfolgserlebnisse und es wird erstickt durch Krankheit, Unglück, Enttäuschung, Depression und dem Gefühl, ein Versager zu sein.

Elemente sexuellen Verlangens

Sexuelles Verlangen ist nicht nur ein biologisches Bedürfnis. Es ist eine Interaktion dreier Komponenten – Trieb, Wunsch und Motiv (siehe Abbildung 5). Der Verstand integriert diese Elemente und bringt etwas hervor, das wir sexuelles Verlangen nennen. Es ist ein weitverbreiteter Fehler, die drei Elemente mit sexuellem Verlangen selbst gleichzusetzen. In den folgenden Beispielen werden die Unterschiede zwischen Trieb, Wunsch und Motiv hervorgehoben, obgleich sie sich tatsächlich miteinander vermischen.

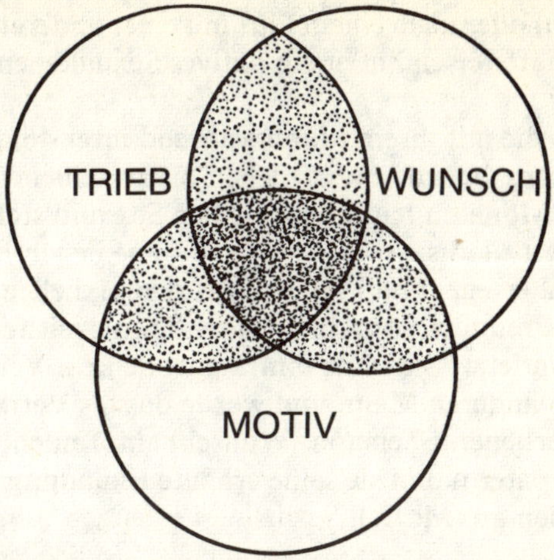

Abbildung 5 Drei Elemente sexuellen Verlangens.

Elisabeth war über die sexuelle Gleichgültigkeit ihres Mannes enttäuscht. Als sie ihn vor zwei Jahren geheiratet hatte, war er wundervoll. Bloß zeigte er es ihr zu selten – sie schliefen nur alle drei bis vier Wochen miteinander. Ihr Ehemann behauptet, er verspüre nicht öfter Lust. Mit zwanzig begann er zu masturbieren und das nicht öfter als sechsmal im Jahr (Trieb). Sie sagte mir, sie erwarte in den ersten Ehejahren (Wunsch) mindestens so häufig Sex mit dem Partner, wie sie vor der Ehe masturbiert hatte. Sie wünscht sich aber auch gelegentlich täglich Sex mit ihm, da sie ihn so sehr liebt (Motiv). Sie fühlt sich zwei- bis dreimal in der Woche erregt (Trieb). In letzter Zeit habe sie jedoch gar keine Lust mehr, mit ihm zusammenzusein, weil sie wütend auf ihn sei, da er auf ihre Angebote nicht reagiert (Motiv).

Allan weigert sich seit Jahren, mit seiner Frau zu schlafen. Er behauptet, er möchte das ändern, und sagt ihr häufig, er wolle mit ihr schlafen (Wunsch), habe aber kein sexuelles Verlangen nach ihr (Motiv). Er masturbiert circa einmal wöchentlich, wenn er sich spontan erregt fühlt (Trieb) oder nach einem Flirt mit einer anderen Frau. Auf Geschäftsreisen hat er ein aktives Sexualleben (Motiv).

Rose, die mit ihrem Mann während ihrer 46jährigen Ehe ein befriedigendes Sexualleben bis zu seinem Tod vor sechs Monaten hatte, träumt von Sex und stellt gelegentlich fest, daß sie sich kurzfristig ohne ersichtlichen Grund erregt fühlt (Trieb). Auf den sexuellen Antrag eines Freundes vor Ablauf ihrer Trauerzeit reagierte sie sehr verletzt. Sie sagte ihm, sie wolle kein Verhältnis mit einem anderen Mann und würde das als Verrat an ihrem verstorbenen Ehemann (Wunsch) empfinden. Zwei Monate später nahm sie seine erneute Einladung jedoch mit Freuden an (Motiv).

Sexualtrieb

Die meisten Jugendlichen sind in gewissen Abständen ohne ersichtlichen Grund sexuell erregt. Sie spüren einen genitalen Reiz, fühlen sich zu bestimmten Menschen hingezogen, haben erotische Phantasien oder Träume, masturbieren oder betätigen sich mit anderen sexuell. Plötzliche sexuelle Gedanken können ihnen den Verstand rauben und die Konzentration und andere Lebensbereiche stören.

»Ich bereitete mich auf mein Mathe-Examen vor und plötzlich mußte ich an Brad denken. Brads Lächeln, Brads Schultern, Brad in Badehosen. Ich konnte an nichts anderes mehr denken. Mir wurde ganz heiß. Und meinen Freundinnen sagte ich, ich müsse mich kurz aufs Ohr legen. Mann, ich werde von einer Sekunde auf die andere geil!«

Bei manchen treten solche plötzlichen Erregungszustände regelmäßig auf – täglich, wöchentlich oder zweimal pro Woche.

Andere können nicht vorhersagen, wann ihr Sexualtrieb sich meldet.

Da junge Menschen auch leicht durch visuelle und zwischenmenschliche Eindrücke zu erregen sind, gibt ihnen die sexuelle Stimulation von innen und von außen das Gefühl, keine Kontrolle über sich zu haben.

Als Freud im Jahre 1905 zum ersten Mal vom Sexualtrieb sprach, wurde sein Ursprung nicht verstanden. Heute wissen wir, daß das Hormon Testosteron den Sexualtrieb bei Männern und Frauen in Gang setzt. Es ist erwiesen, daß das Zentrum des Sexualtriebs sich in einem winzigen Bereich des Gehirns befindet.

Es ist auch erwiesen, daß eine Reihe von Medikamenten auf dieses Zentrum einwirken. Heute wird übermäßig stark ausgeprägter Sexualtrieb medikamentös behandelt; möglicherweise gibt es auch bald ein Medikament, um den Sexualtrieb anzuregen.

Der Sexualtrieb setzt bei beiden Geschlechtern in der späten Adoleszenz und im jungen Erwachsenenleben mit großer Heftigkeit ein, die Häufigkeit und Intensität von plötzlichem genitalen Kitzel, Sexualphantasien, Sensibilität auf erotische Reize der Umgebung, von Masturbation und erotisch aufreizendem Verhalten bei der Partnersuche nimmt allmählich ab, bis sie im hohen Alter völlig abklingt. Auch die sexuelle Erregbarkeit wird herabgesetzt, schwindet aber nicht vollständig. Die Ursache für diese Veränderungen ist nicht bekannt, ist aber möglicherweise auf einen Zellenschwund im Zentrum des Sexualtriebes zurückzuführen und auf die verringerte Produktion des Hormons Testosteron.

Wann und in welchem Ausmaß der Sexualtrieb nachläßt, ist bei jedem ganz verschieden. Ungeachtet der Abschwächung des Sexualtriebs, bleibt Sexualverhalten bestehen und wird bei einigen Menschen sogar im Verlauf des Erwachsenenlebens häufiger, da andere Elemente, nämlich Wunsch und Motiv, zum Sexualverhalten beitragen.

Der Sexualtrieb ist nur das biologische Element unseres sexuellen Verlangens; er ist nicht das wichtigste der drei Elemente.

Sexueller Wunsch

Der sexuelle Wunsch ist der soziale Aspekt des sexuellen Verlangens. Viele ältere Menschen, deren Sexualtrieb sich nur selten meldet und nur schwach ausgeprägt ist, haben nach wie vor den starken Wunsch nach sexueller Betätigung. Dieser Wunsch leitet ihr Sexualverhalten ein. Die zahlreichen Gründe für diesen Wunsch haben sich in den frühen Erwachsenenjahren manifestiert:

- Er erhöht das körperliche Wohlgefühl.
- Er gibt jungen Menschen das Gefühl, geliebt, geschätzt und wichtig zu sein.
- Er macht sie vital oder energiegeladen.
- Er gibt ihnen das Gefühl ihrer Männlichkeit bzw. Weiblichkeit.
- Er gibt ihnen das Gefühl, normal und nützlich zu sein.
- Es gibt ihnen das Gefühl der Zugehörigkeit und verringert ihr Alleinsein.
- Er gibt ihnen das Gefühl, dem Partner Freude zu bereiten.

Junge Menschen, die häufig, stark und unerwartet erregt sind, haben aber auch oft den *Wunsch*, sich nicht sexuell zu betätigen. Dieser Wunsch, beruhend auf Gedanken, Ideen und Werten, bewirkt, daß sie ihre sexuellen Gefühle nicht oder nur ungern zum Ausdruck bringen. Wer erinnert sich nicht an peinliche Situationen in jungen Jahren, da wir nichts anderes im Kopf hatten als Sex, ohne zu wissen, wohin damit? Junge Menschen haben viele Gründe, Sex zu vermeiden:

- Sie fühlen sich emotional nicht bereit.
- Sie wissen nicht genau, wie sie es anstellen sollen.
- Sie haben Angst, heftige Erregung zu erleben.
- Sie fühlen sich keinem Partner ausreichend nah.
- Sie fürchten sich vor Schwangerschaft.
- Sie fürchten, sich mit AIDS oder anderen Geschlechtskrankheiten anzustecken.
- Sie haben feste moralische Grundsätze.
- Sie wollen die Verbote ihrer Eltern nicht übertreten.

Sexuelle Motivation

Der Sexualtrieb ist ein körperliches Phänomen, während sexuelle Wünsche in der Gedankenwelt beheimatet sind. »Ich will Sex!« kann entweder vom Körper oder vom Verstand ausgehen. Sexuelles Verlangen ist aber nicht nur eine Interaktion zwischen Denkvorgang und biologischem Trieb. Sein wichtigstes Element, zumal im Erwachsenenleben, ist die Motivation. Lautet die Motivation »Ich will Sex«, ist der Betreffende emotional bereit, ihren oder seinen Körper in das sexuelle Erleben einzubringen.

Bei gut funktionierendem Sexualleben gehen Triebe, Wünsche und Motivation in eine Richtung. Ein erregter Teenager, der in der Masturbation ein legitimes Mittel sieht, sich sexuell Erleichterung zu verschaffen, findet damit seinen Seelenfrieden und kann sich anderen Aktivitäten widmen. Sexualverhalten ist jedoch nicht immer das Produkt der drei wechselseitig wirksamen Elemente. Im Falle des Teenagers, der in der Masturbation eine Todsünde sieht, die furchtbare Strafen nach sich zieht, geht der Trieb in eine Richtung, Wunsch und Motiv jedoch in eine andere. Die Masturbation hilft ihm zwar, sexuelle Spannungen abzubauen, zieht aber den Druck der Schuld nach sich. Seine Seele findet durch das Erlebnis keine Ruhe.

Kein Mensch hat ständig das Bedürfnis nach körperlicher Liebe. Die Energie des sexuellen Verlangens schwankt zwischen den Extremen absoluter Sexualdrang und der Rückweisung jeglichen sexuellen Verhaltens. Im allgemeinen verbringen die meisten Menschen ihr Leben allerdings in gedämpftem Interesse oder mal mehr oder weniger gleichgültig. Den größten Einfluß auf das sexuelle Verlangen übt das emotionale Element aus – die Motivation, und nicht Trieb oder Wunsch.

Im Kapitel über das sexuelle Gleichgewicht sprachen wir über das Motiv zur körperlichen Liebe in Begriffen von erbrachter Leistung bei körperlicher Liebe. Jetzt steht eine tiefergreifende Frage nach der Motivation im Vordergrund: Warum haben manche Menschen seltener sexuelle Kontakte als andere?

Solche Menschen mit normalem Sexualtrieb und dem theoretischen Wunsch nach körperlicher Liebe scheinen dem Wunsch nicht nachgeben zu wollen. Sie lassen lange Zeiten verstreichen, ohne sexuell tätig zu werden, selbst wenn der Partner Bereitschaft zeigt. Andere Menschen wieder lassen wenig Zeit ohne körperliche Liebe verstreichen. Sexuelle Aktivität scheint für sie ein Hauptvergnügen des Erwachsenenlebens zu sein; ihnen erscheint ein Dasein ohne häufige sexuelle Aktivität undenkbar. Diese Menschen haben nicht zwangsläufig einen stark ausgeprägten Sexualtrieb. Sie messen dem sexuellen Erleben einen hohen Stellenwert bei und stellen ihr Privatleben darauf ein.

Der Grund, ob jemand bereitwillig oder nicht bereitwillig an sexuellen Aktivitäten teilnimmt, liegt in der Persönlichkeitsstruktur des einzelnen. Wir wissen nicht genau, woraus dieser Aspekt unseres Wesens besteht. Mindestens ein biologischer und vier psychologische Faktoren beeinflussen die Bereitwilligkeit – Trieb, Geschlechtsidentität, frühere Beziehungen, die gegenwärtige nichtsexuelle Beziehung und die Muster der Selbstregelung. Diese Faktoren sind untrennbar miteinander verbunden.

Abstufungen des Sexualtriebes. Grob gesprochen lassen Menschen sich in Gruppierungen mit geringem, normalem und starkem Sexualtrieb einteilen. Personen mit stark ausgeprägtem Sexualtrieb beginnen sich früher in ihrem Leben für sexuelle Aktivitäten zu interessieren und sind länger sexuell aktiv als Menschen mit geringerem Trieb. Das sexuelle Triebzentrum ist vermutlich bei jedem Menschen anders eingestellt, vergleichbar etwa einem Thermostat. Das sexuelle Triebzentrum läßt sich aber nicht auf ein erwünschtes Maß einer Skala einstellen, wie das beim Thermostat der Fall ist. Wenn wir über eine zehn- bis zwanzigjährige Zeitspanne nachdenken, können wir die Aktivität des sexuellen Triebzentrums messen an der Zeit zwischen einem Orgasmus und dem Zeitpunkt, an dem der Körper nach einem nächsten verlangt. Das körperliche Verlangen meldet sich einmal im Monat oder seltener (gering), oder ein- bis zweimal wöchentlich (mittel), oder jeden zweiten Tag oder öfter (hoch).

Die Häufigkeit und Intensität des Sexualtriebs in der Adoleszenz und im Erwachsenenleben wirkt sich auf das sexuelle Wohlbefinden aus. Menschen mit erhöhtem Sexualtrieb haben weit mehr Gelegenheiten, mit ihrer Sexualität ins reine zu kommen, als solche, bei denen sich sexuelles Verlangen selten einstellt. Das kann ein Segen oder ein Fluch sein, je nachdem ob die in der Entwicklung begriffene Persönlichkeit fähig ist, mit der häufigen körperlichen Forderung nach Entladung sexueller Spannung umzugehen. Ein Fünfzehnjähriger mit starkem Sexualdrang, der konfliktfrei sein heterosexuelles Selbst entwikkelt, masturbiert vier- oder fünfmal pro Woche ohne Schuldgefühle, um sich Erleichterung zu verschaffen. Ein Gleichaltriger mit ebenso stark ausgeprägtem Sexualtrieb, aber homoerotischen Neigungen, der Probleme hat, mit seinem Gefühl der Andersartigkeit zurechtzukommen, ist darüber unglücklich, da seine sexuellen Gefühle ihm seine Andersartigkeit vor Augen führen.

Sexuelle Identität. Niemand kann sexuelle Gefühle empfinden, ohne sich seiner Geschlechtsidentität, Orientierung und Intention bewußt zu sein. Das sexuelle Erlebnis ist eine Konfrontation mit dem Ich, in dem unsere Sehnsucht nach einer bestimmten Betätigung (Intention), nach einer bestimmten Person (Orientierung) oder nach einer eigenen Erfahrung (Geschlechtsidentität) zum Vorschein kommt. In der Erregung wünscht der transsexuelle Mann sich nichts sehnlicher, als eine Frau zu sein. Die homoerotische Frau sehnt sich nach einer anderen Frau. Der erregte Masochist sehnt sich in seinen sexuellen Phantasien danach, geschlagen und erniedrigt zu werden.

Menschen mit unkonventionellen sexuellen Identitäten befinden sich in einer Zwangslage – sie müssen sich akzeptieren, so wie sie sind. Entweder sie fühlen sich mit ihren Sehnsüchten und Erlebnissen wohl oder werden durch sie belastet und konfliktbeladen. Menschen, die sich nicht selbst akzeptieren können, sind oft nicht bereit, ihren Körper in die sexuelle Erfahrung einzubringen.

Der 36jährige Joseph mit homoerotischen Neigungen, der in seiner Familie und im Freundeskreis offen als schwul galt, hatte in seinem Leben nur zwei kurze, nichtssagende sexuelle Begegnungen. Er war bestürzt über seine Unfähigkeit zu ejakulieren, doch seine Abwehrhaltung gegen Sex erschien ihm noch rätselhafter. Er masturbierte selten, da er Schuldgefühle hatte, seinen Vater zu enttäuschen, weil er dabei an Männer dachte. Bei seinen beiden Partnererlebnissen fühlte er sich ›unendlich beschämt‹.

Auch Menschen mit konventionellen sexuellen Identitäten müssen akzeptieren, daß sie sexuelle Wesen sind. Dies kann für Heterosexuelle eine schwierige Aufgabe sein, da viele junge Menschen nicht sicher sind, ob sexuelles Verlangen korrekt ist – sie haben ihre Sexualität noch nicht akzeptiert.

Das aus dem Nichtakzeptieren entstehende Unbehagen läßt in manchem Menschen vielleicht den Entschluß reifen, seine sexuellen Phantasien und Aktivitäten zu unterdrücken. Vielleicht vergißt er bald, diesen Entschluß gefaßt zu haben, und wundert sich über seine Indifferenz sexuellen Aktivitäten gegenüber. Irgendwann werden Partner wahrnehmen, daß beim anderen sexuelle Hemmungen oder das Motiv, sich asexuell zu verhalten, vorliegen.

Ein vierzigjähriger, seit kurzem verheirateter Mann suchte Hilfe, weil seine Frau sehr unter seinem sexuellen Desinteresse litt. »Sam hat immer irgendwelche Projekte, aber ich gehöre nie dazu.« In der Therapie konnte Sam sich schließlich daran erinnern, daß er im Alter von etwa zwanzig fremde Frauen anrief, sie zu einem Gespräch animierte, während er masturbierte. Das geschah viermal und war ihm äußerst unangenehm. »Mit Hilfe von Gebeten und meinem Hobby, der Elektronik, konnte ich diese Anrufe abstellen. Gott sei Dank kam mir so etwas nie wieder in den Sinn. Ich habe seit Jahren nicht daran gedacht.«

Einfluß früherer Beziehungen. Beziehungen aus der Vergangenheit beeinflussen unsere Motivation zu Sexualverhalten erheblich. Erinnerungen an schöne und unschöne frühere Erlebnisse müssen beachtet werden. Kinder, die in einem psychologisch glücklichen Umfeld, im Schutz liebevoller Eltern, die ihre kindliche Individualität respektierten, aufwachsen durften, sind als Erwachsene fähig, Intimitäten auszutauschen, da sie ganz selbstverständlich erwarten, vom Partner gut behandelt zu werden. Erwachsene, die sich aus einer zerstörerischen Ehe lösen, fürchten oft, der neue, freundliche Partner könne sich als Monster entpuppen. Wir nehmen unsere Geliebten unter dem Einfluß unserer früheren Erlebnisse wahr. Vergangene Beziehungen rufen Vertrauen oder Mißtrauen, Wärme oder Abwehr hervor. Es ist leicht vorstellbar, daß eine junge Frau, die als kleines Mädchen von ihrem Stiefvater sexuell mißbraucht wurde, im Alter von zwanzig ›irrationale‹ Ängste entwickelt, sich mit einem normalen, netten jungen Mann sexuell einzulassen, obgleich sie keine bewußte Erinnerung daran hat, was ihr im Alter von vier angetan wurde.

Qualität der nichtsexuellen Beziehung. Unsere sexuelle Bereitschaft hängt mit den augenblicklichen Gefühlen zusammen, die wir dem Partner entgegenbringen. Die Haltung, die wir einem sexuellen Erlebnis gegenüber einnehmen, ist beträchtlichen Schwankungen unterworfen, da unsere Einstellung zum Partner sich oft unmerklich verändert. Eine Frau, die der Anschauung ist, der Partner sei ›immer‹ egoistisch und emotional nicht zugänglich, wird allmählich die Bereitschaft zu sexueller Aktivität mit diesem Mann verlieren. Viele Menschen haben aufgehört, ihre Partner zu respektieren und zu lieben. Wenn Liebe und Achtung verschwunden sind, versiegt auch das sexuelle Interesse an diesem Menschen.

> Ein Ehepaar, Ende Zwanzig, war sich nicht klar darüber, ob es die Ehe fortsetzen sollte. Laura hielt ihren Ehemann für oberflächlich: »Er ist ein richtiger Angeber – ein Politiker.« Sie fand, sie könne mit einem Mann, dessen Temperament und Vorstellungen von Lebensqualität sich so sehr von ihrem weniger äußerlichen, eher kontemplativen Lebensstil unterschieden, nicht zusammenleben.

Ihr war nicht klar, wieso ihre anfängliche Intimität verschwunden war. Peter hatte den Eindruck, all seine Bemühungen, sie für sich zu gewinnen, seien vergeblich. Er hatte die Hoffnung aufgegeben, sie könne ihn je so lieben, wie er es verdiente, und zog sich allmählich zurück. Je mehr er sich zurückzog, desto mehr festigte sich ihre Überzeugung von seinem oberflächlichen Charakter. Je mehr sie Kritik übte an seiner Persönlichkeit, desto tiefer sank seine Hoffnung, von ihr geliebt zu werden. Beide behaupteten zwar, sexuelles Verlangen zu spüren und den Wunsch zu haben, sich sexuell zu betätigen. Sie brachten es aber nur ein- oder zweimal im Jahr zustande, miteinander zu schlafen, und das über einen Zeitraum von fünf Jahren.

Muster der Selbst- und Partnerregulierung. Ein weiterer Faktor zur Erklärung unserer sexuellen Motive ist unsere sexuelle Selbstregulierung. Ein erregter Mensch hat mehrere Möglichkeiten, mit seiner Erregung umzugehen: abwarten, bis die Gefühle und Gedanken vorübergehen, sich zwingen, sich mit anderen Gedanken und Tätigkeiten zu beschäftigen, masturbieren oder Sex mit einem Partner haben. Die letzten beiden Möglichkeiten bauen Spannungen ab und stellen die innere Ruhe wieder her. Sexuelles Verhalten ist eine Methode zur Selbstregulierung.

Der Orgasmus ist außerdem eine sinnvolle Methode, um mit nichtsexuellen Erschütterungen des seelischen Gleichgewichts fertig zu werden. Man kann sich damit von Niedergeschlagenheit und Wut ablenken, er wirkt schlaffördernd, baut Ängste ab und löst prämenstruelle Spannungen. Eine generelle Bereitschaft zu Sexualverhalten – das heißt Freude an Sex – verschafft angenehme Gefühle in anderen Lebensbereichen.

In den Jahren, in denen man allein lebt, lernt man, eine Reihe von Gefühlszuständen durch Selbstbefriedigung zu regulieren. Wenn zwei Menschen zu einer Partnerschaft zusammenfinden, stehen jedem mehrere Möglichkeiten offen. Beide lernen, ihr Ich durch den anderen zu regulieren und mit dem Partner im Sinne seiner oder ihrer Selbstregulierung zusammenzuarbeiten. Ein Mensch ohne Masturbationserfahrung, der nicht gelernt hat, sein Selbst durch sexuelles Verhalten zu regulieren, hat Probleme in der Zusammenarbeit mit einem Partner, der sein Sexualverhalten zur Selbstregulierung einsetzen möchte. Da ein erheblicher Anteil von Frauen sich nicht an Masturbation in der Jugend erinnert (dies ist in vielen Untersuchungen belegt), können viele junge Frauen nicht begreifen, warum ihre Partner sich so häufig sexuell betätigen wollen. Sie begreifen nicht intuitiv, daß ihre Partner Sex zur Regulierung ihrer Emotionen einsetzen. Manche Männer setzen ihr Sexualverhalten und ihre rasche Erregungsfähigkeit dafür ein, um sich von Trauer, Sorgen und Frustrationen abzulenken.

Zwei Menschen, die sich zu gemeinsamer sexueller Betätigung entschließen, können völlig verschiedene Gründe dafür haben. Menschen, die sich der Illusion hingeben, ihr Sexualverhalten sei eine Reaktion auf romantische sexuelle Gefühle, fühlen sich betrogen, wenn sie die wahren Motive ihres Partners erfahren. Hier z. B. einige Motive, die in einer festen sexuellen Beziehung auftreten können. Manche dienen der Selbstregulierung:

- um die insgeheimen Ängste vor der morgigen Geschäftsreise abzubauen;
- um die Erregung loszuwerden, die im Büro ausgelöst wurde;
- statt durch Worte die Freude des Wiedersehens zum Ausdruck zu bringen.

Andere Motive dienen zur Regulierung des Partners:

- weil der Partner Sex wünscht;
- weil der Partner heute verletzt oder enttäuscht wurde;
- um den Partner wissen zu lassen, daß man ihn / sie noch immer liebt – trotz Schlaganfall oder Brustamputation.

Wieder andere Motive beruhen auf Gegenseitigkeit:

- weil beide in möglichst vielen Städten, die sie besuchen, Sex haben wollen;
- weil beide sich lieben und gerne haben.

Manche sind allerdings rein manipulativer Natur:

- um jeden Verdacht einer Affäre auszuräumen;
- um wieder eine Eroberung zu machen.

Ein Mensch mit der generellen Bereitschaft, sich sexuell zu verhalten, kennt viele gute Gründe, warum Sex in Ordnung ist. Häufiges Sexualverhalten innerhalb eines festen sexuellen Gleichgewichts spiegelt den Gedanken, daß Partner einander zur Selbstregulierung benutzen, auch wenn ihnen nicht bewußt ist, daß dies der Fall ist. Dieser Gedanke ist nicht für alle Menschen akzeptierbar.

Zyklus der Partnerschaft

Jede Kultur sucht nach Zaubertränken, um die sexuelle Begierde und damit die sexuelle Aktivität zu steigern. Es rankt sich zwar so manche Mär um Aphrodisiaka, doch bislang gelang es der Wissenschaft nicht, eine Substanz mit der ersehnten Zauberwirkung zu entdecken. Die wirksamste Methode, sexuelles Interesse zu steigern, liegt im Eingehen und Beibehalten von Beziehungen.

Jede neue intime Beziehung, die wir in unserem Leben eingehen, ruft sexuelles Verlangen hervor. Bei neuen Intimitäten stellt sich die jeweilige Identität des Liebenden auf die des anderen ein. Eine Person ist kein bloßes Einzelwesen mehr; das Selbst wird durch ein Gefühl der Gemeinsamkeit mit dem anderen ersetzt. »Es war sehr spannend – wir entdeckten so viele Gemeinsamkeiten, so vieles sprach dafür, daß wir zusammenpaßten.«

Ein gewisses Maß emotionaler Distanz zwischen dem Paar ruft Verlangen hervor. Das Einssein ist kein völlig stabiles Gefühl; zwei Menschen müssen ihre Bindung pflegen, um das Gefühl des Einsseins beizubehalten. Intime Gespräche, gemeinsam verbrachte Zeit, intuitives gegenseitiges Verständnis und sexuelle Beziehungen zueinander erhöhen das Gefühl des Einsseins. Fehlen diese Faktoren, wächst die Distanz zwischen den Partnern und löst bei einem Partner sexuelles Verlangen aus.

Das ist eine heikle Angelegenheit, da zu Beginn der emotionalen Distanz das Motiv und der Wunsch nach Sex groß sein kann, hält die Distanz aber zu lange an, ist der daraus entstehende Zorn größer als das Verlangen. »Es lief alles wunderbar zwischen uns, doch dann nahm sein Beruf ihn so stark in Anspruch, daß wir den Kontakt zueinander verloren. Als er mich schließlich auf seiner Prioritätenliste wieder weiter nach oben rückte, war er auf meiner ziemlich weit nach unten gerutscht.« Manche Paare schwanken zwischen zu großer Distanz und zu großer Intimität. Zu große Distanz, Unabhängigkeit oder zu viel Alleinsein ruft sexuelles Verlangen hervor... bestärkt das Gefühl des Einsseins... läßt größere Distanz zu... ruft das Bedürfnis hervor, kurzfristig mehr Nähe zu suchen. In Kapitel vier wurde dieses Muster von Nähe und Distanz als Beispiel erläutert, warum ein Mensch den Wunsch verspürt, mit einem anderen Sex zu haben.

Sexuelle Lust und Erregung

In welcher Beziehung stehen sexuelle Lust und Erregung? Zunächst wollen wir uns noch einmal das vor Augen führen, was wir über das Wesen der sexuellen Lust wissen. Sie ist die psycho-biologische Energie, die der sexuellen Erregung vorangeht, sie begleitet und für das Maß sexuellen Verhaltens verantwortlich ist. Die Energie der Lust schwankt, da ihre drei Komponenten – Trieb, Wunsch und Motiv – veränderlich sind (siehe Abbildung 6). Diese biologischen, sozialen und psychologischen Elemente wirken aufeinander ein, um Lust zu erzeugen. Sie werden verstärkt durch unsere sexuelle Identität, unsere Wahrnehmungen im Hinblick auf das Maß unserer Liebe und unseres Vertrauens in den Partner, durch die Achtung oder Bewunderung unseres Partners, unsere Fähigkeit der Selbst- und Partnerregulierung und durch Einfluß früherer Beziehungen auf die Gegenwart.

Sexuelle Erregung ist eine Emotion, die sowohl in der Psyche als auch in der körperlichen Erfahrung beheimatet ist. Zwischen sexueller Lust und sexueller Erregung besteht eine kom-

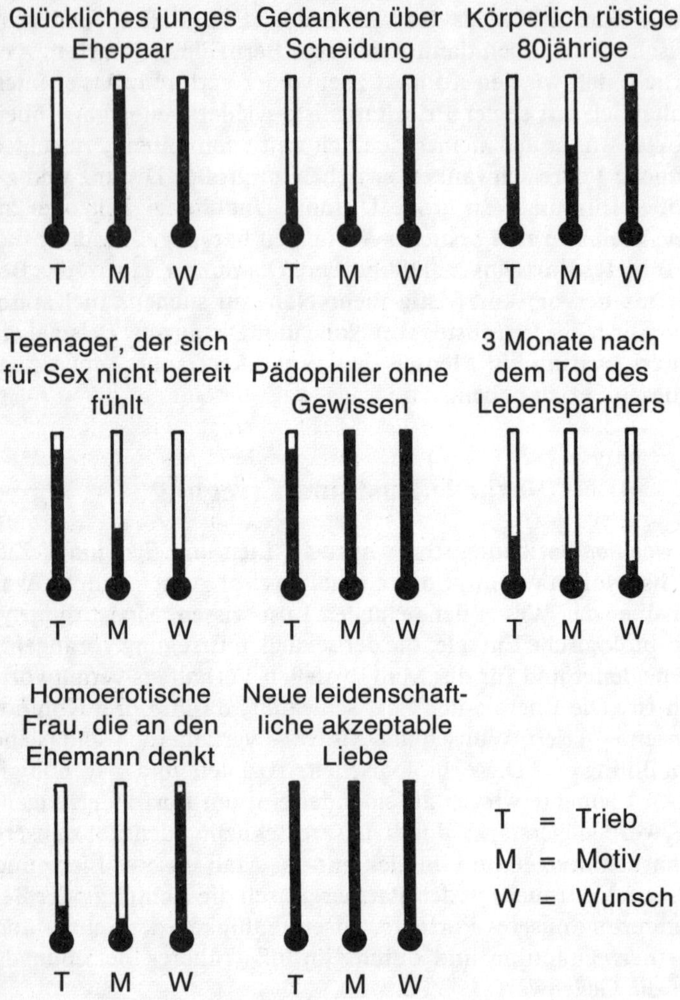

Abbildung 6
Verschiedene Kombinationen der Elemente der Lust

plexe, wechselseitig wirksame Beziehung. Auf den ersten Blick führt die Lust schlicht und einfach zur Erregung, doch damit ist nicht der gesamte Ablauf geschildert. Was uns auch erregen mag – der Körper des Partners, andere beim Liebesspiel beobachten, die Zärtlichkeiten des Partners – die Erregung verstärkt unser Motiv, uns sexuell zu betätigen. Das erhöhte Motiv nach Sex gerät in Wechselwirkung mit den Fragen: »Will ich? Bin ich bereit? Fühle ich mich damit wohl?« Je nachdem, wie die Antworten ausfallen, steigt die Erregung an oder flaut wieder ab. Wenn Wunsch und Motiv zusammenwirken, erhöht sich die Erregung, Hemmungen werden abgebaut und schließlich tritt der Orgasmus ein. Wenn Wunsch und Motiv einander entgegenwirken, flaut die Erregung ab.

Woher die Erregung auch kommt, sie ruft zumindest kurzfristig Lustgefühle hervor.

Lust, woher sie auch kommen mag, beschleunigt und intensiviert die Erregung. Sexuelle Lust ist anfänglich für sexuelle Erregung nicht notwendig. Die Zärtlichkeit des Vorspiels, der Geschlechtsakt oder eine bestimmte Phantasie können die Erregung eines Menschen zum Orgasmus steigern, der zu Beginn der sexuellen Betätigung wenig oder kein sexuelles Lustgefühl hatte.

Sexuelles Verlangen ist nicht dasselbe wie Erregung, doch ein hohes Maß an sexuellem Verlangen ist das Ergebnis einer frühen Form der Erregung. Erregung und Verlangen stimulieren einander und häufig in einem so raschen Tempo, daß es den Anschein hat, sie seien ein und derselbe Vorgang.

Wege zu einem problemfreien Sexualleben

Wir müssen die Grundgedanken über sexuelles Verlangen verstehen, um uns und unseren Partner besser verstehen zu können:

- Sexuelles Verlangen ist kein unteilbares mentales oder physisches Phänomen.
- Es besteht aus drei wechselwirksamen Grundelementen, die manchmal miteinander und manchmal gegeneinander arbeiten.

- Wenn Trieb, Wunsch und Motiv übereinstimmend zusammenwirken, steht einer konfliktfreien Intensität der Erregung nichts im Wege.
- Ein Großteil des Sexuallebens wird von Konflikten zwischen diesen drei Elementen bestimmt.
- Es ist bislang nicht gelungen, eine zufriedenstellende Methode zur Messung sexueller Lust zu entwickeln und niemand kann ihre Mechanismen völlig verstehen. Soviel steht allerdings fest, ohne Glücklichsein, Zufriedenheit und Vertrauen geht es nicht.

Kapitel 7

Die Bedeutung der Masturbation

Das erste äußere Anzeichen sexueller Lust im Leben der meisten Menschen ist der Akt der Masturbation. Um 1900 schockierte Sigmund Freud die Welt mit seiner Beobachtung, daß bereits Kinder sexuelle Gefühle, Interessen und Verhaltensweisen haben. Seine Anschauungen verwarfen die damals herrschende Überzeugung, sexuelle Gedanken entstehen erst im Kopf von Jugendlichen. Freuds Forschungen ergaben eindeutig, daß sexuelle Lust zum Persönlichkeitsbild eines Menschen gehört. Die Forschungstätigkeit seiner Tochter Anna Freud bestätigte, daß kleine Kinder sexuelle Erregung empfinden und daß sexuelle Lust ein wichtiger Bestandteil ihrer Persönlichkeitsentwicklung ist. Sie und eine Reihe anderer Wissenschaftler sind der Überzeugung, das Sexualverhalten Erwachsener könne direkt davon beeinflußt sein, wie sie als Kinder mit sexuellen Reizen umgegangen sind. Vor einem Jahrhundert hätte es für folgendes Fallbeispiel keine Erklärung gegeben:

> Der an Impotenz leidende 22jährige Brian gab an, mit 16 begonnen zu haben, mehrmals im Jahr zu masturbieren. In der Therapie erinnerte er sich an ein angenehmes Einschlafritual. Als Sechsjähriger machte er sich große Sorgen über das mögliche Scheitern der Ehe seiner Eltern und er fürchtete, sein Vater könne ihn für immer verlassen. Er erinnerte sich, daß seine Mutter ihm oft beruhigend den Rücken streichelte, worauf seine besorgten Gedanken verflogen. Dieses Rückenstreicheln übte, wenn er weniger unglücklich war, genitalen Reiz auf ihn aus und führte zu Erektionen. Das ängstigte ihn und rief Schuldgefühle bei ihm hervor. Das Bild seiner Mutter, die ihm den Rücken streichelte, verfolgte Brian jahrelang während seiner jugendlichen Masturbationstätigkeit und

brachte ihn zur Überzeugung, Sex sei gefährlich und besser zu vermeiden. Als Erwachsener glaubte er, sein Sexualtrieb sei biologisch unterentwickelt. Nachdem er sich an seine kindlichen Erregungen erinnert hatte, begann er diese Theorie zu bezweifeln.

Da alle Kinder die Fähigkeit besitzen, durch Masturbation Gefühle der Erregung hervorzurufen, stellt sich die Frage, warum tun es manche und andere nicht?

Im neunzehnten Jahrhundert herrschte in Amerika und Europa eine entschieden negative Haltung in bezug auf Masturbation. Selbstbefriedigung galt als Todsünde und Ursache vieler körperlicher Krankheiten. Selbst Ärzte waren der Ansicht, sie könne Warzen und Akne hervorrufen, ebenso Tuberkulose, Migräne, Anämie, Sterilität und Impotenz. Mitglieder der Ärztekammer ermahnten die Eltern, ihre Kinder davon abzuhalten, ihre körperliche und emotionale Gesundheit zu gefährden. In Amerika reisten Gesundheitsapostel durchs Land und warnten Jugendliche und Erwachsene vor sündhaften Praktiken wie Ausschweifung und Selbstbefleckung. Selbsternannte Experten empfahlen Hüftgürtel, die den Zugang zum Genitalbereich verwehrten, und fanatische Ärzte entfernten vielfach sogar die weibliche Klitoris, um dem sündigen Tun ein Ende zu bereiten.

In unserem Jahrhundert verstummten allmählich die Stimmen, die Masturbation so schrecklich verteufelten. Heute gilt Masturbation als völlig normal und man hält es eher für bedenklich, wenn ein Jugendlicher nicht masturbiert, wie man es vor achtzig Jahren bedenklich fand, wenn ein Jugendlicher masturbierte. Gesellschaftliche und elterliche Aufklärung vermochten allerdings nicht, Schuldgefühle auszuschalten. Jedes Kind durchlebt zumindest einen kurzen Kampf mit seinen körperlichen Reizen, nicht nur wegen veralteter Denkweisen aus dem neunzehnten Jahrhundert, die bei vielen Eltern noch zu finden sind, sondern auch wegen der sozial verbotenen Wünsche, die die Erregung begleiten.

Masturbation kann bereits im ersten Lebensjahr auftreten und setzt sich während des ganzen Lebens fort. Natürlich masturbiert ein Mensch im Alter von achtzehn Monaten, achtzehn Jahren und achtzig Jahren nicht auf die gleiche Weise. Allerdings weisen alle Masturbationspraktiken Gemeinsamkeiten auf, rhythmische Selbststimulation bestimmter Körperregionen, Aufbau und Lösen von Spannungen, starke Konzentration und Genuß.

Die stimulierte Körperregion variiert mit Alter und persönlichen Neigungen.

Der Säugling beginnt mit rhythmischer Stimulierung des Mundes, später folgen Genitalbereich, wobei selten Rektum, Nabel oder auch Ohren einbezogen werden. Frühkindliche Masturbation führt nicht zum Orgasmus, wie bei Jugendlichen oder Erwachsenen. Mädchen kommen oft in einer früheren Entwicklungsphase zum Orgasmus als Buben, die erst in der Pubertät ejakulationsfähig sind.

Rollen der Masturbation

Masturbation spielt zwar in verschiedenen Lebensabschnitten eine andere Rolle, jede dieser Rollen dient unseren Unabhängigkeitsbestrebungen. Masturbation ist Autonomie. Aladin aus *Tausend-und-einer-Nacht* besaß eine Wunderlampe. Wenn er an ihr rieb, erschien eine Zauerfee, die ihm alle Wünsche erfüllte. Die psychoanalytische Interpretation von Marcus und Frances dieses Märchens besagt, mit der Wunderlampe sei nichts anderes gemeint als Penis und Klitoris. Durch das Reiben an der Lampe – der physische Aspekt der Masturbation – lösen sich körperliche und emotionale Spannungen und die Phantasie, die Zauberfee, erfüllt alle Wünsche. Jede Realität läßt sich temporär durch Phantasie verändern – Hunger wird gestillt, Opfer befreien sich aus ihrer Erniedrigung, verschmähte Liebe wird erwidert, der Kleine wird groß, das Häßliche wird schön. Der Rückzug durch Masturbation in die wunscherfüllende Irrealität hilft uns zu einem besseren Umgang mit der Außenwelt.

Die frühe Kindheit

Die erste Rolle, die Masturbation im Leben spielt, ist Schmerzlinderung. Säuglinge gehen völlig natürlich mit Hunger, Unbehagen und Angst um, indem sie Lippen und Mundhöhle mit Schnuller, Zahnringen, Rasseln, Schmusedecken oder anderen erreichbaren Dingen stimulieren, bis der Schmerz nachläßt oder sie einschlafen. Dies ist ein Reflexverhalten und hat nichts mit Denkvorgängen zu tun. Den meisten von uns gefällt die Vorstellung nicht, das heftige Nuckeln von Säuglingen und Kleinkindern habe etwas mit Selbstbefriedigung zu tun. Dieses Verhalten ist jedoch zumindest ein Vorläufer der Masturbation. Wenn die Nerven in den Genitalien im Alter von etwa neun Monaten weiter entwickelt sind, konzentriert sich die gleiche intensive, anhaltende, rhythmische Stimulation auf Klitoris oder Penis. In den ersten Monaten des zweiten Lebensjahres hat das Kind gewöhnlich mehrere Körperstellen zur körperlichen Stimulierung – der immer zugängliche Mund und Daumen und die weniger zugänglichen Genitalien.

Das Kind verschafft sich durch Stimulation eines bestimmten Körperteils Trost und Erleichterung. Diese Stimulation läßt es seine totale Abhängigkeit von seinen Betreuern vergessen und gibt ihm erste Unabhängigkeitsgefühle. Viele Eltern sind froh darüber, daß ihr Kind sich kurzzeitig selbst durch Daumenlutschen beruhigen kann, wenn die Mutter die Flasche holt, das Telefon klingelt, oder sie noch rasch etwas anderes zu tun hat.

Selbstbefriedigung spielt auch eine Rolle in der Entwicklung des positiven Selbstbildes eines Kleinkindes. Der Lernprozeß der Eigenliebe und des Selbstschutzes setzt frühzeitig im Leben ein und ist für die Entwicklung einer stabilen psychischen Gesundheit wichtig. Die Fähigkeit, uns selbst körperlichen Genuß zu verschaffen, ist Bestandteil dieses Prozesses. Körperliche Freuden dienen dem Erschaffen unseres Körperbildes – die rhythmische Stimulation ist eine Methode, wie ein Kind seine physischen Grenzen entdeckt. Die Erforschung von Fingern, Zehen, Genitalien, von Rasseln, der Mutterbrust und Vaters Brille helfen dem Säugling im Erkenntnisprozeß, daß er sich von anderen unterscheidet und er lernt dadurch, den Unterschied zwischen sich und leblosen Dingen festzustellen.

Selbsttröstung, Freude an sich selbst und das Erforschen seiner Umgebung führen im Idealfall dazu, daß ein Kind mit sich zufrieden ist. Darf ein Kind körperlichen Genuß ungehindert erleben, wenn ihm danach zumute ist, wird es von sich denken: »Ich bin gut.« Wird ein kleiner Junge aber jedesmal mit einem Klaps auf die Finger bestraft, wenn er seine Genitalien berührt, denkt er: »Ich bin schlecht.«

Im Verlauf des zweiten Lebensjahres setzen spontane, lokale genitale Gefühle ein, die zuvor von außen über die kindliche Erforschung des eigenen Körpers, beim Windelwechseln und Baden stimuliert wurden. Das Kind stellt fest, daß seine Genitalien sich angenehm anfühlen. Eltern sollten ihrem Kind Bestätigung geben, daß es gut ist, seine Genitalien zu berühren, solange es in der Abgeschiedenheit geschieht.

Es kann Jahre dauern, um wirklich spontane genitale Empfindungen – sexuelle Triebmanifestationen – von solchen zu unterscheiden, die als Reaktion auf Interaktionen mit anderen auftreten, doch beide Ursachen bringen dem Kind sexuelle Erregung nahe. Masturbation, die anfänglich dazu diente, Schmerzen zu lindern, geschieht jetzt als Folge spontaner sexueller Empfindungen.

Niemand weiß, woran Säugling, Kleinkind oder älteres Kind beim Daumenlutschen oder genitaler Stimulation denken. Die ersten Erlebnisse dieser Art sind wohl kaum von bestimmten Gedanken begleitet. Frühe Bilder mögen die eines tröstenden Elternteils sein, wenn das Kind Schmerzen hat, die Mutterbrust oder die Flasche, wenn es Hunger hat, oder eine warme Decke, wenn es friert. Aus diesen unbestimmten kindlichen Anfängen entwickeln sich Assoziationen zwischen genitalen Empfindungen und wunscherfüllenden Bildern. Kinder setzen Phantasien ein, um sich Wünsche zu erfüllen. Sie sind oft grandios in ihren Wünschen und äußerst kreativ. Durch Phantasie lernen Kinder, Probleme zu lösen und Kompromisse einzugehen.

> Ein Junge, der seiner Mutter mit großem Ernst sagt, er werde sie heiraten, wenn er erwachsen ist, erlebt ein

böses Erwachen. Seine Mutter fühlt sich zwar geschmeichelt von seinem glühenden Antrag und versichert ihm, daß auch sie ihn sehr lieb habe, bringt ihm aber behutsam bei, wie die Dinge liegen. Trotzdem ist der Junge enttäuscht. Schließlich wurde ihm soeben eröffnet, daß seine Mutter bereits vergeben ist. Bevor er der Mutter seine Pläne mitteilte, beschäftigte er sich in der Phantasie wohl damit, mit ihr ›Vati‹ zu spielen. Nach der Abfuhr der Mutter erhält dieses Spiel lange Zeit eine andere Bedeutung. Schließlich wird er seine Verletzung in der Phantasie verarbeiten, seine verletzten Gefühle durch Daumenlutschen oder Spielen mit seinen Geschlechtsteilen trösten. Bald begreift er, wie abwegig seine Vorstellung ist, die eigene Mutter zu heiraten. Und in ein paar Jahren lacht er seinen kleinen Bruder aus, der seiner Mutter sagt, er werde sie heiraten, wenn er einmal groß ist.

Die Ausflüge in die Welt der Phantasie reduzieren sich mit dem Heranwachsen drastisch, dennoch bleibt die Phantasie zeit unseres Lebens ein integraler Teil unseres Sexualverhaltens. Sexuelle Lust hat immer einen Bezug zu kreativer Imagination und persönlicher Problemlösung

Spätere Kindheit und Adoleszenz

Die Kombination von Imagination und sexueller Erregung bringt das Kind schließlich seiner sexuellen Identität näher. Die Dimensionen sexueller Identität – Geschlechtsidentität, Orientierung und Intention – kommen in Tag- und Nachtträumen, Phantasien und sexuellen Bildern zum Ausdruck. Die deutlichsten Offenbarungen zu sexueller Identität treten in der jugendlichen genitalen Masturbation auf, können aber während des ganzen Lebens beibehalten werden. Auch wenn ein junger Mensch Schuldgefühle hat, bei sich körperliche Lustgefühle zu wecken, liefern ihm konventionelle Sexualphantasien zumindest den Beweis, ›wer ich bin‹. Wenn bei der Masturbation Bilder von Gleichgeschlechtlichen auftauchen oder der Betreffende sich in der Phantasie in eine andersgeschlechtliche Person verkleidet, er also homoerotische Wunschvorstellungen hat, oder sado-masochistische Phantasien, anderen wehzutun oder von anderen verletzt zu werden, kann der Betroffene nicht davon ausgehen, normal zu sein. Atypische sexuelle Identitätsphantasien können für ein kleines Kind verwirrend sein, ihre Bedeutung wird ihm meist in der Adoleszenz völlig klar.

Durch Masturbation können Jugendliche ihre innere Ruhe wiederfinden und ein Gefühl der Selbstkontrolle aufbauen, wenn plötzliche Erregung und starke sexuelle Empfindungen sie zu überwältigen drohen. Jugendliche entdecken bald, daß diese beruhigende Wirkung sich auch auf andere Gefühle übertragen läßt. Durch Masturbation kann man Zorn, Trauer und Sorgen erleichtern, eine Entdeckung, von der viele glauben, außer ihnen würde sie kein anderer Mensch machen.

Wann die Menschen mit Masturbation beginnen, aufhören, wieder beginnen und sie schließlich völlig einstellen, ist von Fall zu Fall verschieden. Die vermehrte Heftigkeit und Häufigkeit der Masturbation in der Jugend wird dem in der Pubertät ansteigenden Sexualtrieb zugeschrieben. Doch nicht jeder beginnt in dieser Phase seines Lebens zu masturbieren. Laut Erhebungen von Forschern wie M. Hunt und R. Clifford masturbieren in manchen Kulturgruppen die Hälfte aller Mädchen nicht, obgleich die meisten von ihnen bereits ihren Sexualtrieb spüren, dagegen masturbieren fast alle Buben in der Adoleszenz. Bei jungen Mädchen erhöhte sich die Zahl der Masturbierenden seit dem Zweiten Weltkrieg von etwa 40 Prozent auf etwa 70 Prozent Mitte der siebziger Jahre. Es herrscht weitgehend Übereinstimmung darin, daß größere Freizügigkeiten in der westlichen Gesamtgesellschaft für dieses Phänomen verantwortlich ist. Es ist allerdings schwierig, fundierte Schlüsse zu ziehen, da Fragen nach Masturbationspraktiken häufig nicht aufrichtig oder verzerrt beantwortet werden.

Das Ansteigen des Sexualtriebes während der Adoleszenz ist nicht der einzige Grund für häufiges Masturbieren. Es liegen auch soziale und psychologische Gründe vor. Waisenhäuser waren früher sehr besorgt über die anhaltenden Masturbationspraktiken einiger ihrer Kinder. Oft wurde dieses Verhalten bestraft und die Kinder mit drastischen Gegenmaßnahmen daran gehindert, vielfach wurden ihnen bespielsweise die Hände festgebunden. Heute sagt man elternlosen Kindern lediglich, Masturbation sei ihre Privatsache, und man droht ihnen nicht mit schrecklichen Folgen, wenn sie sich selbst stimulieren. Ihre Betreuer müssen wissen, daß Masturbation ein Akt der Selbsttröstung ist und ein Weg für die Kinder, mit ihrer Verlassenheit fertig zu werden. Diese Einsicht erleichtert den Kindern ihr schmerzliches Dasein.

Die anhaltende Masturbation mancher elternloser Kinder läßt darauf schließen, daß das Bedürfnis nach Selbstbefriedigung durch Einsamkeit ausgelöst wird, lange bevor der Sexualtrieb des Jugendlichen sich meldet. Die Frage liegt nahe, ob sexuelle Lust zu einer beliebigen Zeit im Leben – wenn der Säugling gestillt werden will, wenn der erregte Jugendliche nicht weiß, wohin mit seiner Lust, wenn der Witwer Sehnsucht nach seiner Frau hat – ein Zeichen von Sehnsucht ist nach Zugehörigkeit zu einem liebevollen Menschen, der unsere Bedürfnisse erfüllt.

Kinder, die von Erwachsenen sexuell mißbraucht wurden, kommen oft von ihrem Masturbationszwang nicht los, um sich von ihrer stets wiederkehrenden Erregung zu erleichtern. Verschwommene Erinnerungen zwingen sie, ständig zu masturbieren und in einer verfrühten Entwicklungsphase immer wieder Ausschau nach Sexualpartnern zu halten. Meine eigenen Forschungen bestätigen diese Ergebnisse.

Auch männliche Homoerotik führt häufig bereits in der Grundschule zu Masturbation. Mehrere Untersuchungen bei einem breiten Befragtenkreis weisen darauf hin, daß homosexuelle Männer wesentlich früher zu masturbieren beginnen, typischerweise vor Eintritt in die Pubertät, und daß sie häufiger masturbieren als heterosexuelle Jungen.

Elternlosigkeit, sexueller Mißbrauch und Homosexualität fördert bei Menschen häufig den Wunsch nach sexuellem Verhalten. Diese Beobachtung wirft die Frage auf, ob Menschen in ihrer Ansicht, einen starken Sexualtrieb zu haben, richtig liegen. Vielleicht handelt es sich nicht nur um einen biologisch bedingten Sexualhunger, es gibt allen Grund zur Annahme, daß ihr sexuelles Interesse an eine anderweitige Motivation gebunden ist. Meldet sich hier der im Gehirn verankerte Sexualtrieb, oder handelt es sich um ein im Persönlichkeitsbild verankertes Motiv, nämlich um die Sehnsucht nach menschlicher Zuwendung? Diese Frage kann niemand mit Gewißheit beantworten.

Erwachsensein

Die Rolle der Masturbation in den verschiedenen Stadien des Erwachsenseins verändert sich immer wieder. In allen Lebensabschnitten hilft sie, um mit Trennung und Einsamkeit fertig zu werden. Masturbation dient zur Erleichterung sexueller Spannungen, wenn kein Partner vorhanden ist. Teenager sehen die Masturbation oft als Vorbereitung und Probelauf für das ›echte Ereignis‹. Dieses ›Echte‹ mag ursprünglich nur als Sexualakt mit einem Partner verstanden werden, aus dem sich bald eine tiefere Beziehung entwickelt, die über bloßen Sex hinausgeht. Als junge Erwachsene sind die Menschen sich in aller Regel klar darüber, daß sie sich im Grunde nach einer erfüllteren Beziehung sehnen.

Wird eine bestehende enge Beziehung unterbrochen, werden Selbstbefriedigungspraktiken wieder aufgenommen, um in Gedanken mit dem abwesenden Geliebten zusammen zu sein. Ist ein Geliebter jedoch ständig abwesend, kann das Wiederbeleben vergangener Liebesfreuden ein zweischneidiges Schwert sein. Erwachsene wissen ja, daß Masturbation nicht das Wahre ist. Sobald die eine Phantasie begleitenden Lustgefühle verschwunden sind, ist man wieder allein. Manche Menschen sind imstande, Masturbation als positives Mittel einzusetzen, um sich die Erregung mit dem Partner wieder ins Gedächtnis zu rufen. Andere empfinden den flüchtigen Genuß als grausame Erinnerung an etwas, was ihnen verwehrt ist, und haben nach der Selbstbefriedigung einen bitteren Nachgeschmack, weil die Illusion, einen Partner zu haben, nun mal nicht das Wahre ist.

> Die verwitwete Pauline, stolz darauf, ihr ganzes Leben nicht prüde gewesen zu sein, hörte nach ›mindestens 65jähriger Erfahrung‹ auf, sich selbst zu befriedigen.

Während ihrer 25jährigen Ehe mit einem Mann, der gelebte Sexualität ebenso schätzte wie sie, gab sie ihre regelmäßige Masturbation auf. »Wir machten alles zusammen – auch das Unaussprechliche, oralen Sex. Während unserer Ehe liebten wir uns mehrmals im Freien, weil uns gerade danach war.« In den drei Jahren nach seinem Tod, die sie ohne Partner lebte, nahm sie ihre regelmäßige Masturbationstätigkeit wieder auf. »Seltsamerweise half mir das in meiner Trauer um Warren. Ich war in Gedanken bei ihm, war etwas traurig, stellte mir vor, daß ich mit ihm Sex hatte, und dann konnte ich einschlafen.« Im Alter von 51 begann sie eine leidenschaftliche Affäre mit Nick. Wenn er auf Reisen war, masturbierte sie. Die Beziehung dauerte zwölf Jahre, bis Nick starb.

Nach seinem Tod war sie sechs Monate zu traurig, um zu masturbieren. Sie hatte nach wie vor die Hoffnung, einen neuen Partner zu finden – »Schließlich bin ich eine attraktive Frau, lache gern und bin allem Neuen aufgeschlossen.« Wenn sie versuchte, sich einen neuen Partner vorzustellen, tauchten jedesmal Warren oder Nick auf.

Während der Genesung von einem Herzanfall im Alter von 67 Jahren masturbierte sie gelegentlich, nicht so sehr wegen ihrer Lustgefühle, sondern »um zu prüfen, ob das alles noch funktionierte«. Es funktionierte noch alles, aber es war nicht mehr wie früher. Als ihr klar wurde, daß sie gesundheitlich nie wieder so fit sein würde wie früher, gab sie die Hoffnung auf, noch ein sexuelles Abenteuer mit einem Partner zu erleben. Masturbation rief mehr Trauer hervor als Genuß. Im Alter von 69 zog sie die Konsequenz: »Wer braucht schon diese Depression?«

Doktor: Dann ist Ihr Sexualleben also vorbei?

Pauline: Das hab' ich nicht gesagt. Wenn ein gesunder Mann auf der Bildfläche erscheint, bin ich bereit! Sie haben nicht zufällig einen netten Bruder?

Nach schwerer Krankheit oder operativen Eingriffen experimentieren Erwachsene oft mit Masturbation, weil sie wissen wollen, ob ›das alles noch funktioniert‹. Das Krankheitsbild muß keinen direkten Bezug zum Genitalbereich haben, etwa die Entfernung der Gebärmutter oder eine Bruchoperation beim Mann; es kann sich auch um einen Schlaganfall oder eine Gallenblasenoperation handeln. So befand James sich beispielsweise nach einer Operation am offenen Herzen in einem Dilemma. Er hatte das Bedürfnis zu masturbieren, fürchtete aber, damit sein Herz zu überlasten. Schließlich hatte sein Arzt ihm empfohlen, sich zu schonen und Sex mit Linda erst nach erfolgter Nachuntersuchung wieder aufzunehmen. Am vierten Tag zu Hause entschied er, Masturbation sei kein Sex.

Gefahren

Die Gefahren der Masturbation bestehen nicht in Akne, Impotenz oder Geisteskrankheit. Die tatsächlichen Gefahren entstehen einzig und allein aus der Tatsache, daß unsere Kultur den positiven Wert dieser Aktivität noch immer weitgehend mißversteht.

Die erste Gefahr besteht darin, daß manche Menschen das glauben, was ihnen direkt und indirekt über Masturbation gesagt wird. Man sagt ihnen, Selbstbefriedigung sei Sünde; sie halten sich für schlecht, weil sie trotzdem masturbieren, und geben diese Anschauung an ihren Nachwuchs weiter. Möglicherweise spielen negative Einstellungen zu Selbstbefriedigung eine wichtige Rolle, wenn manche Erwachsene Sexualverhalten ganz verweigern.

Die zweite Gefahr ist die Möglichkeit übertriebener Schuld und Scham. Ein gewisses Quantum dieser Gefühle ist normal und in der Kindheit und im Jugendalter zu erwarten, da die mit der Masturbation verbundenen Phantasien oft kaum verhohlene feindselige Wünsche sind, die das Gewissen des jungen Menschen belasten. Kinder werden meist ziemlich gut allein damit fertig. Doch gelegentlich werden Scham- und Schuldgefühle über Selbstbefriedigung durch Fehlinformationen Erwachsener unerträglich. Ein rachsüchtiger vierjähriger Junge stellt sich in seiner Masturbationsphantasie vor, seine Mutter, die ihn auf sein Zimmer geschickt hat, fällt von der Leiter und tut sich weh.

Später hat er wegen seiner Masturbation Schuldgefühle. Ein siebenjähriges Mädchen masturbiert zu Bildern eines aufregenden Spieles mit ihrem Vater und hat später Gewissensbisse der Mutter gegenüber, von der sie plötzlich glaubt, gehaßt zu werden. Ein Vierzigjähriger stellt sich vor, seine geschiedene Frau zu vergewaltigen und ihr Haus anzuzünden, und schämt sich nach seinem Orgasmus seiner grausamen, abartigen Wut. Eine siebzigjährige Frau hat Schuldgefühle wegen ihrer Masturbationsphantasien, in denen sie mit dem Arzt ihres behinderten Ehemannes schläft.

Eine weitere Gefahr besteht darin, der Masturbation die Schuld am beschämenden Inhalt der Phantasien zuzuweisen, weil dadurch die nützliche Wirkung der sexuellen Selbstregelung abgeschwächt wird.

Der Inhalt solcher Phantasien ist im Grunde leicht erkennbar: in der Kindheit sind es sexuelle und aggressive Gedanken über Familienmitglieder; im Erwachsenenleben handelt es sich meist um Partner von anderen, verborgene sexuelle Identitätssehnsüchte und Aggressionen; die Jugend kombiniert Elemente beider Kategorien.

Eine vierte Gefahr der Masturbation hat mit dem sexuellen Gleichgewicht zu tun. Über die Selbstbefriedigung des Partners macht man sich immer Gedanken. Ohne es je zur Sprache zu bringen, erwartet man, daß der Partner diese in der Beziehung einstellt und seine sexuellen Spannungen, Trauer, Enttäuschung und andere Gefühle nunmehr mit dem Partner erleichtert.

Man sieht in der Masturbation des Partners eine Art Konkurrenz, fühlt sich ausgeschlossen, sieht darin ein Zeichen der Unfähigkeit zur Intimität oder ein Zeichen von Unreife. Wenn ein Partner erfährt, daß der andere masturbiert, ist er oder sie eifersüchtig, verärgert oder enttäuscht. Dies wird intuitiv erkannt und daher wird Masturbation geheimgehalten, um den Partner nicht zu verärgern.

Nutzen der Masturbation

Masturbation hat überwiegend positive Aspekte. Wichtig ist, daß vor allem junge Menschen dies begreifen. Masturbation kann ein ganzes Leben nützlich sein. Sie ist zwar eine höchst intime Aktivität und muß das aus psychologischer Sicht auch bleiben, dennoch ist es kein Geheimnis, daß Menschen sich selbst befriedigen.

Es ist etwas anderes, ob man das Bedürfnis hat, Masturbation als Privatangelegenheit zu behandeln, oder ob die Gesellschaft den Mantel des Schweigens darüber breitet. Es wäre für Erwachsene, Kinder und die gesamte Gesellschaft von Nutzen, wenn Familien die Existenz der Masturbation nicht verleugnen würden.

Drei wichtige Aspekte der Masturbation werden nicht wirklich erkannt: (1) Masturbation dient während des ganzen Lebens als Instrument der Eigenständigkeit, (2) Masturbation hilft dem Kind auf dem Weg zu jugendlichen und erwachsenen sexuellen Freuden und (3) Masturbation ist eine Methode, um eine persönliche Niederlage in einen Triumph zu verwandeln.

> Ein sechzehnjähriger Junge, der Zeitungen austrug, um sich Taschengeld zu verdienen, wurde von einer jungen Frau verführt. Sie zog ihn langsam und genüßlich aus, und er sah ihr zu, wie sie sich die Kleider abstreifte. Seine Erregung war ebenso groß wie seine Angst. Kaum begonnen, war die Sache auch schon erledigt. Tief beschämt und verlegen verließ er den Schauplatz seiner Schmach. Die Szene lief noch jahrelang während er masturbierte vor seinem inneren Auge ab.
>
> Die Machtlosigkeit des Erlebnisses hatte ihn tief gedemütigt. Sooft er die Szene abrollen ließ, veränderte er sie, so daß er nach einigen Jahren gar nicht mehr genau wußte, was eigentlich geschehen war. Meist war er in den Phantasieszenen der Verführer und hatte ausgedehnten Verkehr mit ihr. Manchmal fesselte er sie gegen ihren Willen, riß ihr die Kleider vom Leib und schlug sie.

Masturbation ist ein Fenster zu Ereignissen, Vorgängen und Beziehungen, die sexuelles Begehren hervorrufen. Sexuelles Verlangen hat sein eigenes Drama in der Kindheit. Das Drama spiegelt typischerweise die sich entwickelnden kindlichen Denkweisen und wechselnden Beziehungen mit anderen. Das Kind weiß gar nicht, warum bestimmte Bilder in der Masturbation immer wiederkehren, doch diese Bilder sind Ausdruck seiner Wünsche und Bedürfnisse. Sie entstehen aus angenehmen oder traumatischen Ereignissen, aus erinnerten und vergessenen Begebenheiten. Das gilt auch für Erwachsene; der Hauptunterschied besteht darin, daß Erwachsene über mehr Lebenserfahrungen verfügen, aus denen sie ihre Masturbationsbilder zusammensetzen können.

Masturbation kann Einblick geben in die Welt des sexuellen Verlangens, doch nur wenige Menschen gestatten sich einen Blick in diese Privatsphäre. Die meisten wollen nicht allzuviel über ihre Masturbationsbilder wissen. Wenn sie ihre Phantasien entschlüsseln, könnte ihre Erregung nachlassen. Eine solche Entschlüsselung würde uns unserer schmerzlichen Vergangenheit ausliefern. »Ich bin wütend auf Sie, Herr Doktor! Seit ich Ihnen meine Phantasie mit dem Boxer erzählt habe, kommt sie mir albern vor. Als ich sie in dieser Woche wieder benutzen wollte, passierte nichts, außer daß ich wütend wurde auf meinen Vater, weil er mich verlassen hat, und dann wurde ich wieder furchtbar traurig. Es war viel leichter, als ich mir vorstellte, dieses Mädchen liegt mir zu Füßen, weil ich der Boxchampion bin.«

Masturbation konfrontiert uns mit unserem schwierigen, schwankenden, widersprüchlichen Selbst. Meist wollen wir von diesen Aspekten gar nichts wissen; wir wollen es tun und Spaß daran haben.

Wege zu einem problemfreien Sexualleben

Um unseren Kindern zu helfen, sich mit ihrer Sexualität wohl zu fühlen, müssen wir:

- uns über unsere eigene Einstellung zur Masturbation im klaren zu sein;

- die positiven Einflüsse verstehen, die Masturbation in jeder Phase unseres Lebens haben kann;
- uns an unsere eigenen Nöte in bezug auf Selbstregulierung erinnern und überlegen, ob es bessere Wege gibt.

Kapitel 8

Entwicklung unserer sexuellen Identität

Warum geben viele Menschen sich heimlich in Gedanken abartigen Trieben, Interessen, Reizen und Neugierden hin? Die sexuelle Identität Erwachsener besteht aus einem Mosaik verschiedener, ineinandergreifender Komponenten. Oberflächlich betrachtet mag dieses Mosaik ein absolut konventionelles Bild ergeben; beispielsweise eine geradlinige Heterosexualität. Erst eine genauere Betrachtung dieser Heterosexualität gibt uns Aufschluß über die Vielschichtigkeit ihrer Zusammensetzung.

Einzelheiten der sexuellen Identität sind oft zu subtil, um in unser Bewußtsein zu gelangen. Solange wir mit dem richtigen Menschen zusammen sind – jemand, der unsere Bedürfnisse erfüllt, unser bereits entwickeltes sexuelles Selbstgefühl aufrechtzuerhalten – sehen wir keinen Grund, über unsere sexuelle Identität nachzudenken.

Wenn aber die Realität der Partnerschaft unsere Forderungen nicht erfüllt, reagiert unser Gehirn mit Phantasievorstellungen. Kann die Phantasie die fehlenden Komponenten nicht ersetzen, folgen Unzufriedenheit und Rückzug vom Partner. Nur selten sagen die Menschen ihren Partnern, wann diese geheimen Identitätsbedürfnisse nicht erfüllt werden.

> Ein junges Ehepaar bemühte sich vergeblich, ein zufriedenstellendes sexuelles Gleichgewicht aufzubauen. Für Heidi war Sex körperlich und emotional unbefriedigend, ohne daß sie wußte, warum. Zwei Jahre nach der Geburt ihrer Tochter begann sie homoerotische Träume und Phantasien zu haben und sich zu Frauen hingezogen zu fühlen, ausgelöst durch die Freundschaft mit einer Frau, die sie in der Spielgruppe ihrer Tochter kennenlernte.
> Das Ehepaar einigte sich im Bemühen, die sexuelle Indifferenz ihrer Beziehung in den Griff zu bekommen, dar-

auf, daß jeder sich vorübergehend neuen Partnern zuwendet. Jon ahnte nicht, daß Heidi ihre Dienstagabende mit einer Frau verbrachte. Seine wenigen Erlebnisse außerhalb der Ehe waren unerfreulich. Als Jon das Arrangement rückgängig machen wollte, schlug Heidi die Scheidung vor. Er konnte es kaum fassen, daß seine feminine Frau in leidenschaftlicher Liebe zu einer anderen Frau entbrannt war.

Die Energie sexuellen Verlangens steht nicht für sich allein. Sie bezieht sich immer auf eine Person und eine Aktivität zur Bestätigung unseres tiefsten Selbstgefühls. Die Phase der Verliebtheit gibt uns im Idealfall Gelegenheit, festzustellen, ob unsere sexuellen Identitäten zusammenpassen, doch meist werden nicht alle Einzelheiten vor der Ehe ausreichend bekanntgegeben. Deshalb werden Beziehungen plötzlich abgebrochen, wenn die verborgenen Aspekte sexueller Identität zum Vorschein kommen.

Norm, ein stiller, freundlicher einundzwanzigjähriger Mechaniker wagte nicht, seiner Verlobten einzugestehen, daß er gelegentlich gern Frauenkleider trug. Ihre Ehe fand bereits nach drei Wochen ein Ende, als sie unerwartet früh vom Büro nach Hause kam und ihn in Nylonstrümpfen, Strapsen, Büstenhalter und Negligé vorfand. Sie fühlte sich nicht nur von ihm betrogen, da er ihr vor der Hochzeit nichts von seiner Abartigkeit gesagt hatte, sie wollte auch einen ›ganzen Kerl‹. »Ich bin eine völlig normale Frau! Ich kann so etwas nicht ertragen!«

Nicht alle Spielarten sexueller Identität sind so dramatisch wie die Entdeckung, daß der Partner Neigungen zur Homosexualität oder zum Transvestismus hat. Ein Großteil unkonventioneller Neigungen bleibt im Verborgenen, im Bereich der Gedanken und Gefühle, und wird nicht offen gelebt.

In der frühen Kindheit wird unmerklich das Fundament für unser sexuelles Selbstgefühl gelegt. Wenn Eltern alle drei Jahre die sexuelle Identität ihres Kindes vorhersagen müßten, würden sie das bei jedem Mal mit größerer Sicherheit tun. Beim dreijährigen Kind können sie nur von einer relativen Männlichkeit oder Weiblichkeit sprechen. Ist das Kind sechs Jahre alt, werden sie wissen, daß es heterosexuell sein wird. Und sie werden in etwa sagen können, daß ihr Neunjähriger später normales Sexualverhalten an den Tag legen wird.

Es sind Untersuchungen im Gange, um festzustellen, wie und wann die sexuelle Identität sich entwickelt, es werden aber nur zögernde Fortschritte verzeichnet. Die sexuelle Identität ist primär subjektiv und bildet sich im Kopf des Kindes, wenn sein Wortschatz noch begrenzt ist und man nicht von ihm erwarten kann, daß es völlig begreift, was in der Familie vor sich geht. Wenn Menschen die Umstände ihrer frühen Kindheit beschreiben sollen, stellt sich meist heraus, daß Erinnerungen an Ereignisse nicht exakt wiedergegeben werden. Die Wissenschaftler haben jedoch vor allem mit der Tatsache zu kämpfen, daß intellektuelle, emotionale, biologische, soziale und sexuelle Persönlichkeitsaspekte sich gleichzeitig entwickeln. Diese Aspekte voneinander zu trennen ist äußerst schwierig.

Kennzeichen der Geschlechtsidentität

Technisch gesehen bezieht der Begriff ›Sex‹ sich auf rein biologische Aspekte von Männlichkeit oder Weiblichkeit – wie Penis, Ejakulation, Vagina, Muttermilch. Das anatomische Geschlecht eines Kindes wird durch Chromosomen bestimmt, die die Entwicklung genitaler Organe und Funktionen auf biochemischem Weg bewirken.

Viele Jahre ging man davon aus, daß Geschlechtsidentität – das Selbstgefühl männlich und ein Mann oder weiblich und eine Frau zu sein – biologisch verankert sei. Heute vertritt man die Anschauung, daß die Reaktionen der Eltern auf das Geschlecht des Säuglings eine wichtige Basis für sein Geschlechtsempfinden darstellen. Die Biologie allein bestimmt nicht die Geschlechtsidentität eines Individuums. Die Interaktion zwischen Kleinkind und Familie kann biologische Einflüsse unwirksam machen (Money & Earhardt, 1972). Einige zwar seltene, aber dramatische Fälle verhalfen der wissenschaftlichen Welt zur Erkenntnis, wie enorm der Einfluß von Vorgängen in der Familie sein kann: ein männlicher Säugling, der wegen einer genitalen Abnormität bei der Geburt für ein Mädchen gehalten wurde, wuchs mit weiblicher Geschlechtsidentität auf, seine männlichen Chromosomen wurden erst zu einem späteren Zeitpunkt festgestellt; ein weiblicher Säugling, der im Kreißsaal fälschlicherweise als Junge deklariert wurde, wuchs heran im Gefühl und Verhalten, männlich zu sein.

Ein Schlüsselfaktor ist die Familienmeinung über das Geschlecht des Kindes. Das veranlaßt ein Kind, sich als Mädchen oder Junge zu bezeichnen und in seinen/ihren Verhaltensweisen von anderen als spezifisch feminin oder maskulin erkannt zu werden.

Einfache soziale und psychologische Prozesse während der ersten zwei Lebensjahre bestärken die Überzeugung, ein Mädchen oder ein Junge zu sein. Fühlt ein Kind sich mit dieser Überzeugung wohl, sprechen wir von einer Festigung der Kern-Geschlechtsidentität des Kindes.

Die Bildung der Geschlechtsidentität in Übereinstimmung mit dem biologischen Geschlecht des Kindes ist ein wichtiges Ziel. Jede spätere sexuelle Entwicklung steht unter dem Einfluß der Schritte, die dem Kind halfen, sich in sein Junge- oder Mädchen-Sein zu finden. Weitere Probleme mit sexueller Identität und Funktion treten vermutlich auf, wenn ein Kind längerfristig nicht genau weiß, ob es ein Junge oder ein Mädchen ist.

Einjährige verstehen sich als Junge oder Mädchen etwa so, wie sie Nase oder Ohren richtig bestimmen. Das Kind lernt eine Bezeichnung für einen bestimmten Körperteil und begreift ihn als Teil von ›mir‹. Diese Geschlechtsbestimmung ersetzt die naturgegebene anfängliche Neigung aller von Frauen betreuten Säuglinge, zunächst einen weiblich bezogenen Ichsinn zu entwickeln. Man nimmt an, daß Kleinkinder sich für ein Teil der Mutter oder einer anderen weiblichen Betreuungsperson halten und daher untrennbar mit ihr verbunden zu sein glauben.

Zur Geschlechtsidentität gemäß der sich entwickelnden Anatomie muß das Kleinkind die Bezeichnung ›Mädchen‹ oder ›Junge‹ akzeptieren. Dieses Akzeptieren fällt leichter, wenn die

Beziehung zwischen Kind und Eltern ungestört verläuft. Liebe und Vertrauen sind die Brücken zur angemessenen Geschlechtsidentifikation. Um die Bezeichnung ›Junge‹ zu akzeptieren, muß das Kind akzeptieren, daß es sich von der Mutter unterscheidet und daß seine Zukunft sich an Männlichkeit orientiert.

Eine Mutter, die ihrem Sohn behutsam zu verstehen gibt, daß er sich von ihr unterscheidet, fördert sein männliches Rollenverhalten. Die meisten Buben haben damit keine dauerhaften Probleme. Eine Mutter, die das Bedürfnis hat, die frühkindliche Nähe zu ihrem Sohn zu verlängern, weckt in ihm Ängste, Neues auszuprobieren, an rauhen Bubenspielen teilzunehmen, und jungenhaft zu sein. Gewöhnlich spielen Väter eine einfühlsame, unterstützende Rolle in diesem Prozeß, wenn sie dem Sohn als liebevolles Vorbild dienen, mit dem er sich identifizieren kann, und wenn sie eine aktive Rolle in der Erziehung übernehmen.

> Die verheiratete Caroline, Mutter eines sanften fünfjährigen Jungen, suchte Hilfe wegen ihrer ›irrationalen‹ Wut auf ihren netten Ehemann. Sie hielt ihn irgendwie für das Problem ihres Sohnes verantwortlich. Ihr eigener Vater hatte sie und ihre Mutter verlassen, als sie sechs Monate alt war, um zur Armee zu gehen, und kam erst wieder nach Hause, als sie bereits drei war. Sie war vier, als er in der Wohnung Selbstmord beging. Ihre Mutter sprach häufig mit Bitterkeit über Männer. Die Familie gewöhnte sich allmählich daran, war sich aber auch bald klar darüber, daß die Mutter nie über ihre unglückliche Ehe hinwegkommen würde. Caroline lobte zwar den guten Charakter ihres Ehemanns, wurde aber die Angst nicht los, daß er sich ›wie alle Männer‹ als unzuverlässig erweisen würde.

Ein Mädchen, das die Bezeichnung ›Mädchen‹ akzeptiert, freut sich darüber, der Mutter ähnlich zu sein. Sie fühlt sich in ihrer Mutterbindung sicher und kann die Tatsache akzeptieren, daß ihre Zukunft weiblich ist. Sie muß nicht den Ablösungsprozeß eines Jungen durchlaufen, um eine von der Betreuerin getrennte Identität aufzubauen. Aus diesem Grund sind schwerwiegende geschlechtsbezogene Identifikationsprobleme bei Mädchen weniger verbreitet als bei Jungen. Wenn Mädchen solche Probleme haben, so deshalb, weil sie keine frühkindliche Vertrauensbindung zur Mutter bilden konnten, und der Vater, falls überhaupt anwesend, über ihre Weiblichkeit nicht beglückt schien.

> Cynthia, die als junges Mädchen den Entschluß faßte, als Mann weiterzuleben, wurde im Alter von drei Monaten von einer Familie adoptiert, in der es einen älteren Sohn gab. Ihre Adoptivmutter begann unter Depressionen zu leiden und war nach der Adoption nicht in der Lage, ihre Mutterpflichten zu erfüllen. Großmutter und Adoptivvater übernahmen die Betreueraufgaben, bis die Mutter nach acht Monaten wieder gesund war. Der Vater blieb Cynthias primäre Bezugsperson, zu dem sie eine enge Bindung eingegangen war. Sie zog seine Gesellschaft anderen vor und begann ihn nachzuahmen. In ihrem vierten Lebensjahr legte sich Cynthias Scheu vor der Mutter und die Familie glaubte, die Probleme seien gelöst. Mit dem Sohn, den sie vergötterte, hatte die Mutter keinerlei Probleme. Als Cynthia fünf war, war die Familie stolz auf das jungenhafte Benehmen ihrer Tochter.

Geschlechtsidentität ist wie die meisten Persönlichkeitsmerkmale nicht etwas, das sich allein in Bezug zu Mutter, Vater, Kind oder durch biologische Faktoren erklären läßt. Jede Entwicklung findet innerhalb eines sich ständig verändernden Familienkontextes statt. Das Temperament, die Begabungen und Anlagen des Kindes interagieren mit dem Temperament, den Betreuerfähigkeiten und dem Interesse beider Elternteile, die sie dem Kind entgegenbringen. Durch diese Interaktion entsteht die Geschlechtsidentität, nicht nur durch das Verhalten von Mutter, Vater oder Kind.

Ein liebevolles Familienleben spornt ein Kind an, die passende Etikettierung zu akzeptieren und die Unterschiede zwischen männlichem und weiblichem Verhalten zu lernen. Wiederholte liebevolle Interaktionen mit beiden Eltern schwächen Unzufriedenheiten mit dieser Etikettierung ab. Wenn Kinder zum Beispiel feststellen, daß sie nicht gleichzeitig Mädchen und Junge sein können, sind sie zunächst verwirrt und enttäuscht. Zweijährige Buben spielen ›Mama‹, ziehen ihre Kleider an oder erklären, daß sie einmal Mama werden, wenn sie groß sind. Diese Verhaltensweisen und die damit verbundenen Gefühle gehen vorüber und die Denkweisen des kleinen Jungen werden bald korrigiert. Schnell wird ihm klar, daß sein sich entwickelndes männliches Rollenverhalten der Mutter und dem Vater gefällt: »Das ist mein Junge!« »So ein tüchtiger Junge bist du schon!« Die 30 Monate alte Leslie, die von ihren Eltern liebevoll ›Les‹ gerufen wurde, wollte plötzlich ein Junge sein und verkündete ihren Eltern und Spielkameraden voller Stolz, daß sie einmal Polizist werden wolle. Ihre besorgten Eltern überschlugen sich darauf hin fast, ihre Mädchenhaftigkeit hervorzuheben, und erklärten ihr geduldig, daß sie kein Junge sein könne, weil sie ja schon ein Mädchen sei. Diese Gespräche endeten immer mit der Zusicherung, wie sehr sie sich freuten, eine Tochter zu haben.

Lieblose Eltern und beänstigende Vorkommnisse können ein Kind daran hindern, seine biologisch korrekte Bezeichnung zu akzeptieren. Die Wutausbrüche eines betrunkenen Vaters, die der Mutter und dem einjährigen Sohn Schrecken einjagen, führen dazu, daß sie sich aneinander klammern; der Junge bekommt Angst, zu einem Mann heranzuwachsen. Oder die Strenge und Kälte des Vaters versetzen den Sohn in Angst vor Männlichkeit und verunsichern ihn in seinem Bedürfnis, Zuneigung zu gewinnen.

Die Bildung der Kern-Geschlechtsidentität vollzieht sich nicht plötzlich; sie entsteht allmählich aus der frühkindlichen scheinbaren Geschlechtsneutralität. Ein vierzehn Monate alter Junge hat zwar mehr Gemeinsamkeiten mit weiblichen oder männlichen Kleinkindern als mit älteren Jungen, dennoch hat er bereits damit begonnen, von Männern zu lernen und sich mit Männern zu identifizieren. Sein Selbstwert als Junge wird im nächsten Jahr wachsen. Die Geschlechtszugehörigkeit des Kindes nimmt ihren Anfang als wichtiger Faktor im Dasein der Eltern. Mit Vollendung des ersten Lebensjahres wird sie zum wichtigen Faktor im Denken des Kindes. Ein weiterer Einflußfaktor auf die Kern-Geschlechtsidentität ist die Beschaffenheit frühkindlicher Beziehungen. Eltern können zur Förderung einer gesunden Entwicklung der Kern-Geschlechtsidentität ihres Kindes beitragen:

- Das Verhalten der Eltern dem Kind gegenüber muß dem biologischen Geschlecht des Kindes entsprechen.
- Die Eltern müssen die nichtverbalen Ausdrucksformen des Kindes verstehen und bereit sein, seine Bedürfnisse zu befriedigen.
- Eltern müssen das Kind vor schmerzhaften Trennungen von Bezugspersonen bewahren, denen es vertraut.
- Eltern müssen das Kind vor körperlichem und seelischem Mißbrauch schützen.

Diese Punkte sind auch für andere Aspekte der Persönlichkcitsentwicklung des Kindes wichtig: es baut Eigenständigkeit auf; es lernt, Vertrauen zu Menschen zu finden, auf die es angewiesen ist; es lernt, geduldig zu sein; Stimmungsschwankungen zu verringern; Geschwisterrivalität im Zaum zu halten; Wut in angemessener Form auszudrücken; positive Selbstachtung; Selbstschutz aufbauen; Spaß an seiner Leistung und Spaß am eigenen Körper. Es ist kaum erstaunlich, daß viele Menschen mit atypischer Rollenidentität auch in diesen Bereichen Störungen aufweisen.

Ein kleiner Prozentsatz der Kinder, die auffallende Störungen der Geschlechtsidentität entwickeln, wurden in ihren Familien behandelt, als gehörten sie dem anderen Geschlecht an.

> Ein siebzehnjähriger Mann, der sich bewußt sehr feminin kleidete, wollte sich einer chirurgischen Geschlechtsumwandlung unterziehen. Als ›ihre‹ Eltern zur Sache befragt wurden, war die Mutter so nervös, daß sie nicht still sitzen konnte. Der Vater berichtete, seine Frau habe ihren Sohn schon als Einjährigen zum Mädchen erzogen. Sie hatte sogar seinen Namen in ›Roberta‹ geändert. Der

aus der Armee heimkehrende Ehemann fand den Sohn im rosa Kleidchen mit Schleifen vor und sprach ein striktes Verbot gegen diese Verkleidungen aus. »Doch Bobby war bereits ein Muttersöhnchen«, sagte er. Die Mutter war eine chronisch depressive Frau, ohne Freunde und Verwandte. Sie tat so, als sei ihr Kind die sehnlichst erwünschte Tochter. Ich vermute, diese Phantasie hatte ihre Wurzel darin, daß sie in ihrer Kindheit gerne so geliebt worden wäre, wie sie ihre ›Roberta‹ liebte. Doch eine genaue Erklärung, warum Menschen auf so unkonventionelle Weise reagieren, gibt es nicht.

Bei den meisten Kindern mit Identifikationsstörungen laufen die Dinge in den ersten Lebensjahren nicht so dramatisch schief wie bei Bobby. Es handelt sich meist um Familienstörungen, wie sie überall vorkommen können. Die gleichen Umstände, die bei manchen Kindern Verwirrungen bezüglich ihrer Geschlechtszugehörigkeit auslösen, rufen bei anderen andersgelagerte psychische Störungen hervor.

Manche Kinder sind ihrem Wesen nach allerdings tatsächlich für Schwierigkeiten mit ihrer Geschlechtsidentifikation anfällig. Ein passiver, zärtlich veranlagter, liebebedürftiger und schüchterner Junge wird von den Eltern häufig länger wie ein kleines Kind behandelt als Söhne mit robusterem Wesen. Die besondere Nähe zur Mutter macht es diesem Kind schwerer, sich emotional von ihr zu lösen. Wenn der Junge sich in der Phantasie ausmalt, ein Mädchen zu sein, beschwichtigt er damit seine Angst vor einer Trennung von der Mutter. Der beherzte, unerschrockene andere Sohn derselben Mutter, entwindet sich allzugroßer mütterlicher Zärtlichkeit und duldet die elterlichen Versuche nicht, ihn als kleinen Jungen zu behandeln. Sein Temperament reagiert auf solche Versuche mit Widerspruchsgeist.

Die Wesensmerkmale, die elementaren psychologischen Eigenheiten eines Kindes werden durch biologische Faktoren ausgelöst. Diese Merkmale rufen bei Erwachsenen jedoch so rasch emotionale Reaktionen hervor, daß sie irrtümlicherweise oft für psychologischen Ursprung gehalten werden. So beginnt beispielsweise die Umgänglichkeit eines Kindes – seine Reaktion auf Fremde, seine Haltung der Außenwelt gegenüber, seine Neugier für seine Umgebung – als biologisches Merkmal, das die Eltern rasch zu einer spezifischen Reaktion veranlaßt. Die Schwierigkeit, das Temperament des Kindes von der Reaktion der Familie auf das Kind zu trennen, und die Wirkung dieser Reaktion auf das Kind veranschaulichen, warum wissenschaftliche Erkenntnisse nur langsam voranschreiten.

Sobald die Kernidentität erstellt ist, wird das Kind sein Verständnis, sich als männlich oder weiblich zu sehen, kaum verändern. Geschlechtsidentität ist dennoch wie andere Persönlichkeitsaspekte einem ständigen Entwicklungsprozeß unterworfen. Jeder Entwicklungsschritt, den das Kind macht, dient dazu, seinem Selbstgefühl im Sinne der Geschlechtsdimension weitere Schichten hinzuzufügen.

In jeder Phase hängt die Geschlechtsidentität von mehreren Sachverhalten ab. Trennung zu ertragen wird ein wichtiger Faktor für ein positives Selbstwertgefühl – Kinder müssen ihre Eltern leichten Herzens verlassen können, wenn sie zur Schule gehen.

Dies wirkt sich positiv auf die Geschlechtszugehörigkeit des Kindes aus. Später werden sportliche oder modische Interessen, Körperpflege, schulische Leistungen und viele andere Dinge das wachsende Gefühl von Männlichkeit oder Weiblichkeit des Kindes beeinflussen und bestärken.

> Richard geht in die zweite Klasse Grundschule und hält sich für ein Mädchen. Als Beweis, daß er kein echter Junge ist, dient ihm sein Ungeschick beim Fußballspielen. Er weigert sich oft, beim Sport mitzumachen, und beteiligt sich lieber an ›Mädchenspielen‹. Sein Klassenkamerad Mickey ist ebenfalls nicht sonderlich sportlich begabt, ist aber motivierter, es zu versuchen. Er weiß, daß Mädchen und Buben Fußball spielen. Für Mickey hat Fußball nichts mit seiner Geschlechtsidentität zu tun, ist vielmehr eine Frage von Geschicklichkeit. Richard hingegen sieht fast alles in bezug auf seine Geschlechtsverwirrung.

Auch wenn die Kerngeschlechtsidentität gefestigt ist, gibt es keine geradlinige Entwicklung der Geschlechtsidentität. Die Evolution der Geschlechtsidentität ist für jeden Menschen einzigartig, weil jedes Kind individuelle Interessen und Fähigkeiten hat. Das wird deutlicher, wenn die Welt des heranwachsenden Kindes und Jugendlichen sich über die Familie hinaus vergrößert. Kinder reagieren auf soziale und politische Kräfte unterschiedlich und identifizieren sich mit Menschen außerhalb ihrer Familien, wenn sie ihre Persönlichkeit allmählich aufbauen.

Orientierungskennzeichen

Erste körperliche Freuden erhalten wir von Personen beiderlei Geschlechts. Natürlich nehmen Kinder Zärtlichkeiten von ihren Eltern lieber entgegen als von Fremden, doch handelt es sich hierbei lediglich um eine Frage von Vertrautheit, Vertrauen und Zuverlässigkeit. Wir bezeichnen Kinder in ihren ersten Lebensjahren nicht als heterosexuell oder homosexuell, weil Orientierung keine angeborene Eigenschaft ist. Nach drei bis vier Jahren primärer körperlicher Freuden fühlen viele Kinder sich stärker zu einem Geschlecht hingezogen, interessieren sich für ein bestimmtes Geschlecht und werden von ihm angeregt.

Diese Veränderung ist wiederum ein Kennzeichen der sich entwickelnden sexuellen Identität – die Entstehung der Orientierung. In dieser Altersstufe stellen wir bei Kindern häufig eine ausgesprochene Neigung zur Koketterie fest. Erwachsene sehen das mit Erleichterung: »Ganz der Papa!« oder »Sieh mal, was für schöne Augen die Kleine ihrem Papi machen kann!« Manche Kinder verlieben sich schon im Kindergarten in Spielkameraden des anderen Geschlechts oder in die Kindergärtnerin. Diese frühen Anzeichen der psychologischen Aspekte der Orientierung – Heteroerotik (im Gegensatz zu den verhaltensorientierten Aspekten der Orientierung – Heterosexualität) werden durch soziale und psychologische Prozesse, die zu früheren Zeitpunkten stattfanden, geformt. Die zeitliche Ausbildung der angemessenen Kern-Geschlechtsidentität ist der erste Schritt, heteroerotisch und später heterosexuell zu werden.

Erotische Interessen von Kindern sind heterosexuell orientiert aus ihrem Bedürfnis heraus, Anerkennung zu finden. Kinder erhalten ständig Anleitung und Lenkung durch Botschaften der Familie, der Schule, der Medien und der Beziehungen zu Gleichaltrigen. Das Kind lernt, homoerotische Impulse oder Gefühle zu verbergen, wenn es eine negative, unsichere Reaktion bemerkt, die es damit bei Eltern, Lehrern und Freunden hervorruft. Im Vorschulalter sehnen sich Kinder meist nach gleichgeschlechtlichen Erwachsenen. Das Kind muß sich von diesen Impulsen lösen, um primär heteroerotisch zu sein. Auf welche Weise sich dieser Prozeß bei Kindern vollzieht, ist nicht genau bekannt, Tatsache ist aber, daß die meisten Kinder keine Probleme damit haben.

Sexuelles Interesse für das andere Geschlecht tritt lange vor der Adoleszenz auf. Die tiefe Verachtung, die Jungen in der dritten und vierten Grundschulklasse gleichaltrigen Mädchen entgegenbringen und umgekehrt, ist ein vorübergehend gespieltes Desinteresse, das bald in Neugier umschlägt. Scheinbare Interesselosigkeit am anderen Geschlecht und enge Freundschaften mit Gleichgeschlechtlichen sind im Grundschulalter typische Erscheinungen heteroerotischer Orientierung. Kinder verbergen gern ihr Interesse und ihre Neugier am anderen Geschlecht vor Erwachsenen und vor Gleichaltrigen.

Wurzeln der Homoerotik

Schätzungen zufolge beträgt der prozentuale Bevölkerungsanteil Homosexueller zwischen 1 Prozent bis 13 Prozent bei Männern und 0,5 bis 8 Prozent bei Frauen. Diese Zahlen basieren auf einer Reihe von Erhebungen, unter anderem den Studien von Lee Ellis und Alan Bell und deren Mitarbeitern. Die Verschwiegenheit, mit der dieses Thema behandelt wird, sowie die Frage, welches Maß an Homoerotik einen Menschen zum Homosexuellen macht, ist Grund für die hohen Schwankungen der Ergebnisse.

Viele heterosexuelle Erwachsene haben Vorurteile gegen Homoerotik und Homosexualität und halten sie für Anzeichen psychischer Krankheit. Moderne psychologische Theorien über dauerhafte Homoerotik weisen zwar auf eine unglückliche Kindheitsentwicklung hin, sagen jedoch nichts darüber aus, daß Homoerotik krankhaft sei. Mentale Muster und Verhaltensweisen gelten nur dann als Krankheitssymptome, wenn sie zwei deutliche Kriterien aufweisen: persönliches Leid und gestörtes Sozialverhalten. Nach sorgfältigen Überlegungen waren sich die American Psychiatric Association und die American Psychological Association 1974 aufgrund umfangreicher wissenschaftlicher Beweise darin einig, daß homosexuelle Männer und Frauen aufgrund ihrer Orientierung nicht als psychisch oder geistig krank zu bezeichnen sind. Ronald Bayer hat die Hintergründe, die zu dieser Schlußfolgerung führten, in seinem 1980 veröffentlichten Buch *Homosexuality and American Psychiatry: The Politics of Diagnosis* erörtert.

Ein wichtiger Punkt ist, nachhaltige Homoerotik nicht mit gelegentlichem homosexuellen Verhalten zu verwechseln. Kinsey belegt, daß etwa ein Drittel aller Jungen wenigstens eine Erfahrung mit homosexuellem Verhalten haben. Die meisten dieser Jungen wachsen zu völlig normalen Heterosexuellen heran. Bei Mädchen sind homosexuelle Begegnungen vermutlich seltener als bei Jungen und lassen gleichfalls nicht auf spätere Homoerotik schließen.

Männliche Homoerotik

Wissenschaftler haben versucht, Homoerotik mit biologischen und psychologischen Theorien zu erklären. Obgleich die meisten biologischen Theorien wieder verworfen wurden, besteht weiterhin der Verdacht, daß Homoerotik zumindest teilweise auf biologische Faktoren zurückzuführen ist. Es ist gewiß nicht falsch zu denken, daß biologische Faktoren mit sozialen und psychologischen Faktoren interagieren und heteroerotische und homoerotische Orientierungen beeinflussen. Eine Reihe wissenschaftlicher Veröffentlichungen, darunter Richard Greens *›The Sissy Boy Syndrom‹ and the Development* *of Homosexuality* erläutern die Interaktion von biologischen und psychologischen Faktoren.

Ein Teenager, der kein Interesse an Sport hat, im Gegensatz zu seinem sportlichen Vater, gesteht seinen entsetzten Eltern seine Homosexualität, nachdem Fotos nackter Männer in seinem Zimmer gefunden wurden. Sie glauben nun, eine Erklärung für die Verschlossenheit ihres Sohnes gefunden zu haben. Später versucht der meist mürrische Junge, die Ängste seiner Eltern zu zerstreuen.

Sohn: Aber Mutter, natürlich liebe ich dich – ich habe dich immer geliebt!

Mutter: Nein, das stimmt nicht! Du warst erst drei, da habe ich deinem Vater schon gesagt, daß du mich nicht liebst. Du wolltest nie bei mir bleiben. Du reagierst auf jedes Wort von mir mit Widerspruch. Das spüre ich. Du liebst mich nicht! Was habe ich bloß getan, um das zu verdienen?

Sohn: Ich gebe ja zu, daß du mir oft auf die Nerven gehst. Du drängst mich immer, irgend etwas zu tun.

Vater: Das tue ich auch, mein Sohn. Du bist schrecklich dickköpfig.

Sohn: Bei dir ist das anders. Du schreist mich nicht ständig an.

Vater: Siehst du denn nicht, daß deine Mutter nur versucht, dir das beizubringen, was gut für dich ist? Deine Mutter und ich haben dich gedrängt, weil du so viel Zeit in deinem Zimmer verbracht hast. Als du noch klein warst, hast du lieber mit deinen imaginären Freunden gespielt als mit deinem Bruder und deiner Schwester unten im Wohnzimmer. So bist du noch heute, bloß sind es heute deine Schallplatten, mit denen du dich in deinem Zimmer verkriechst. Du bist immer allein. Das ist nicht gut.

Mutter:	Warum hast du dich dafür entschieden, ein Homo ... sexueller zu sein? Ich kann das Wort gar nicht aussprechen. Ich geh' mit dir zum Arzt – vielleicht kann der dich ändern.
Sohn:	Nein Mutter! Ich möchte mich nicht ändern. Ich weiß es, seit ich sechs bin. Früher hat mir das Probleme gemacht, heute nicht mehr.
Mutter:	Mit sechs! Sechs! Wie konntest du das in diesem Alter schon wissen? Damals gingst du in die erste Klasse Grundschule!
Sohn:	Hör auf, mich anzubrüllen! – Ich weiß es nicht. Aber ich wußte, daß ich anders war. Ich habe mich viel leichter mit Mädchen angefreundet als mit Buben. Kathy war meine beste Freundin in der Grundschule. Jungens machten mich nervös.
Vater:	Ich möchte, daß du zu einem Arzt gehst.
Sohn:	Ich geh' aber nicht!

Zwei bedeutende psychologische Theorien versuchen den Ursprung männlicher Homoerotik zu erklären. Eine ist eine verzögerte Bildung der Geschlechtsidentität; die zweite ist eine unübliche Lösung des Liebesdreiecks in der ödipalen Phase.

Die erste Theorie scheint auf etwa zwei Drittel homoerotischer Männer zuzutreffen, die aus irgendeinem Grund fachlichen Rat suchen. Beide Theorien unterstreichen, daß die erste Entscheidung über die Orientierung im Kopf des Kindes im Vorschulalter entsteht. Es sind also nicht nur Vorgänge und Begebenheiten innerhalb der Familie betroffen, sondern auch die Art, wie das Kind sie deutet und auf sie reagiert. Der Verstand des kleinen Kindes bearbeitet aktiv die Begebenheiten und Beziehungen, die seine Orientierung erschaffen.

Verzögerte Bildung der Geschlechtsidentität. Kleine Jungen, die im Schutz der Mutter verharren, die abhängig von ihr bleiben und sich nicht an den Unabhängigkeitsbestrebungen ihrer Altersgenossen beteiligen, haben meist auch eine unüberwindliche Angst, sich Verletzungen bei kindlichen Spielen zuzuziehen. Solche kleinen Jungen sind nicht imstande, die liebevolle Anwesenheit des Vaters wahrzunehmen oder den Wünschen der Mutter nachzukommen, sich wie Jungen zu benehmen. Ein Junge, der nach Beendigung des zweiten Lebensjahres immer noch das starke Bedürfnis hat, seiner Mutter körperlich nahe zu sein, wird sich möglicherweise in zunehmendem Maße als Mädchen fühlen.

Weibliches Rollenverhalten im Spiel fällt oft nicht auf, weil die meisten Buben gelegentlich so tun, als seien sie andersgeschlechtlich. Die meisten Mütter nehmen die Verkleidungen ihrer Söhne oder ihr ›Mama‹-Spiel nicht ernst und finden es niedlich; Väter hingegen reagieren meist verunsichert und verärgert auf solche Spiele.

Wenn die Festigung der männlichen Geschlechtsrolle weiterhin auf sich warten läßt, ziehen diese Buben immer mehr die Gesellschaft von Mädchen vor. Von Schulkameraden werden sie geneckt und aus der Gemeinschaft ausgeschlossen. Erwachsene halten sie für Feiglinge. Diesen Jungen wird ihr weibliches Verhalten zunehmend peinlich, wenn sie älter werden.

Joseph Harry und andere Autoren haben bewiesen, daß die meisten prähomosexuellen Buben ihr verweichlichtes Erscheinungsbild in höheren Schulklassen erfolgreich ablegen. Nur etwa 15 Prozent homosexueller Männer sind als junge Erwachsene in ihrem Erscheinungsbild als deutlich weiblich zu erkennen. Die meisten haben gelernt, ihre permanente Geschlechtsverwirrung und ihre heimliche Identifikation mit Mädchen geheimzuhalten, da sie gesellschaftlich nicht ausgeschlossen sein wollen.

Die Schamgefühle männlicher Homosexueller erschweren die Erforschung dieser Entwicklungsprozesse. Viele wollen nicht an ihre frühe weibliche Orientierung und ihre späteren Bemühungen um ein angepaßtes Männlichkeitsbild erinnert werden. Die Qualen der Vergangenheit sind ausgestanden – es reicht, wenn sie sich ihrer Bestrebungen um weniger Auffälligkeit bewußt sind.

Ödipuskomplex. Bei den meisten Kindern ist der Orientierungsprozeß im Alter zwischen drei und sechs abgeschlossen, solange sie noch stark in der Dreiecksbeziehung mit den Eltern verstrickt sind. Sigmund Freud bezeichnete diese Jahre als ödipale Phase in Anlehnung an die klassische griechische Sage, in der Ödipus nichtsahnend seinen Vater tötet und seine Mutter heiratet. Konflikte aus diesen Dreiecksbeziehungen werden als Ödipuskomplex bezeichnet. Homoerotische Neigungen können ihre Wurzeln in den instinktiven Versuchen eines Menschen haben, Lösungen für diese ödipalen Konflikte zu finden.

In der ödipalen Phase lernt der Dreijährige ein Liebesdreieck kennen. Vor dieser Phase erlebte der Sohn beständige Liebe, Zuneigung und Anreiz nur mit einem Elternteil. Es gab nur ihn und Mutter oder nur ihn und Vater. Die Beziehungen beschränkten sich auf ein Zweipersonensystem. Allmählich reagiert das Kind sensibler auf die Gegenwart des Vaters. Seine Liebe und Zuneigung zur Mutter ist gekoppelt mit einem gewissen Rivalitätsdenken gegen den Vater. Es gibt Zeiten, da möchte er sie ganz für sich alleine haben – und der Vater ist ihm im Wege. Und er denkt, er sei dem Vater gleichfalls im Wege. Er träumt von fürchterlichen Ungchcuern, die über ihn herfallen. Er fühlt sich dem Vater gegenüber zwar als Verräter, doch das Vergnügen und die Erregung, mit der Mutter zusammenzusein, erschweren es ihm, sich bloß als Sohn zu sehen. Mütter können meist drollige Geschichten erzählen, wie der Sohn versucht, den Vater auszuspielen.

Eine andere Dimension des Ödipuskomplexes ist weniger bekannt. Der Sohn liebt auch seinen Vater, findet es aufregend, mit ihm zusammen zu sein und er stellt fest, daß die Mutter mit ihm um die kostbare Zeit und Zuwendung des Vaters konkurriert. Manchmal möchte er den Vater ganz für sich allein haben und die Mutter loswerden.

Um sich heterosexuell zu entwickeln, muß der Junge seine romantischen oder sexuellen Gefühle für die Mutter aufgeben, um die Liebe und den Schutz des Vaters zu behalten. Als Folge davon liebt er seine Mutter ohne sexuelle Erregung. Er liebt und achtet seinen Vater und stärkt durch ihn seine männliche Identität.

Während der ödipalen Phase braucht ein verunsicherter, von Schuldgefühlen geplagter oder verängstigter Sohn häufig die

Zusicherung des Vaters, daß sein Konkurrenzdenken nicht bedrohlich ist, und daß Papa ihn wirklich liebt. Ein zwar liebevoller aber ständig anderweitig beschäftigter Vater kann homoerotische Neigungen des Sohnes festigen, wenn der Junge das Interesse und die Zuwendung des Vaters zu sehr entbehren muß.

Störungen im Dreieck Mutter-Vater-Sohn können zur Folge haben, daß der Sohn sich vor der Mutter ängstigt und er ein höheres Maß an liebevoller Zuwendung vom Vater braucht, als ihm entgegengebracht wird. Strenge Mütter verweigern ihren Söhnen im Vorschulalter oft mütterlichen Trost und Zuwendung. Der Sohn sehnt sich deshalb verstärkt nach der Zuwendung des Vaters. Die Zurückweisung der Mutter und die Sehnsucht nach vermehrter Zuwendung vom Vater fördert homoerotische Orientierung.

Die Vielschichtigkeit der ödipalen Phase läßt sich vereinfacht in der Aussage zusammenfassen, daß Homoerotik durch fehlendes Interesse des Vaters und durch große Angst vor der Mutter oder Abneigung gegen die Mutter entstehen kann.

Heterosexuelle, homosexuelle oder bisexuelle Orientierung entsteht durch das empfindliche Gleichgewicht miteinander konkurrierender psychologischer Kräfte. Wie das Kind die Eltern wahrnimmt, seine Reaktionen auf diese Wahrnehmungen und das tatsächliche Verhalten der Eltern als Reaktion auf das Kind wirken aufeinander ein und bestimmen dieses Gleichgewicht.

Weibliche homoerotische Neigungen

Es gibt erstaunlich spärliches Material darüber, wie die Denkweisen kleiner Mädchen auf Homoerotik programmiert werden. Wir können drei Vermutungen – ich zögere, den Begriff Theorien anzuwenden – über die damit verbundenen psychologischen Vorgänge anstellen. Einmal kann eine Verzögerung der weiblichen Geschlechtsidentität vorliegen. Eine zweite Vermutung ist die Sehnsucht des Kindes nach einer fürsorglicheren Mutter. Eine dritte liegt in der bewußten Entscheidung einer jungen Frau, sexuelle Beziehungen nur mit Frauen einzugehen.

Möglicherweise spielen auch in einigen Fällen biologische Faktoren eine Rolle. Familien haben meist keine Erklärungen dafür, warum ihre Tochter oder Schwester homosexuell wurde.

Verzögerte Geschlechtsidentität. In unserer Kultur verbringt ein Kind in der Regel das erste Lebensjahr fast ausschließlich mit Frauen. Die ersten Identitätsversuche bei Mädchen und Jungen bestehen im Nachahmen von Frauen. Im Gegensatz zu Jungen, die sich psychologisch frühzeitig von der Mutter trennen müssen, um ihre eigene gefestigte und dauerhafte Identifikation aufzubauen, haben Mädchen kein zwingendes Bedürfnis, ein neues Selbstbild zu formen. Ihr zweites Lebensjahr verläuft bereits anders als das der Jungen.

Homoerotische Neigungen stellen sich dann ein, wenn ein Mädchen die Feststellung macht, als Junge besser dran zu sein. Zu einer Zeit, in der die Regeln der Außenwelt noch keine Bedeutung haben und Phantasie rasch mit Realität verwechselt wird, kann die kleine Tochter sich einbilden, sie sei ein Junge – ein Junge wie ihr Bruder, der Junge, den ihr Vater sich immer wünschte, ein Junge mit einem männlichen Spitznamen, den ihr jemand gibt, ein Junge, weil die ältere Schwester jung gestorben war. Mädchen identifizieren sich dann gern mit maskulinen Elementen in der Familie, wenn Frauen emotional oder körperlich krank oder nicht verfügbar oder zu streng sind.

Ein Mädchen wird auch unter ungünstigen Umständen kaum eine männliche Geschlechtsidentität entwickeln, wenn es von seiner Familie liebevolle Zuwendung erhält und in seiner Weiblichkeit bestätigt wird. Manche widrigen Umstände stören jedoch die Beziehung des Mädchens zu ihrer Betreuerin.

> Noreen wurde plötzlich von ihrem untreuen Ehemann verlassen. Sie war allein mit ihrer fünfzehn Monate alten Tochter in einer fremden Stadt, ohne Familie und ohne finanziellen Rückhalt. Es dauerte etwa ein halbes Jahr, bevor Noreen ihre Ängste, Zukunftssorgen und Depressionen über die Trennung einigermaßen im Griff hatte. Die zuvor liebevolle Mutter kam ihren Pflichten nur halbherzig nach. Ihre einstige Freude an ihrer Tochter

wurde ihr zur Last. Sie sah sich überfordert, einem Beruf nachzugehen, das Kind tagsüber einer Pflegestelle zu überlassen und abends die weinerliche Tochter zu ertragen, die das plötzlich veränderte Verhalten der Mutter nicht begreifen konnte.

Mädchen mit Begabungen, die bei Buben geschätzt werden, stellen oft fest, daß ihnen diese Begabung bei der Entwicklung ihrer weiblichen Geschlechtsidentität im Wege steht. Viele junge Frauen, die sportliche Höchstleistungen erzielen, hören immer wieder Kommentare, die ihre weibliche Identifikation verwirren. Mädchen, die sich erfolgreich in Sportarten für ›Jungen‹ bewähren, haben es vermutlich schwerer, sich im Heranwachsen weiblich zu fühlen.

Ein wichtiges Merkmal männlicher Geschlechtsidentifikation bei Mädchen im vorpubertären Alter ist ein typisch jungenhaftes Benehmen – sie beteiligen sich gern an rauhen Bubenspielen, suchen die Gesellschaft von Jungen und umgeben sich gern mit Spielzeug für ›Buben‹. Solches Wildfangverhalten tritt bei Mädchen in den ersten Grundschulklassen, aber auch später auf. In den meisten Fällen verliert sich diese männliche Identifikation kurz nach Eintritt in die Pubertät. Die männliche Geschlechtsidentität wird durch eine weibliche ersetzt oder überlagert. Der Hang zu jungenhaftem Benehmen wird durch die weibliche Geschlechtsrolle, Geschlechtsidentität und Heteroerotik ersetzt.

Nicht alle weiblichen Rangen entwachsen diesen Identifikationen. Untersuchungen haben gezeigt, daß die überwiegende Mehrheit erwachsener lesbischer Frauen in der Kindheit wilde Rangen waren. Viele erinnern sich deutlich an den Kindheitswunsch, eines Morgens aufzuwachen und ein Junge zu sein. Die männliche Identität vieler lesbischer Frauen ist dauerhaft und führt zu homoerotischen Neigungen. Beide Geschlechtsidentifikationen können aber auch nebeneinander existieren. Ihre weibliche Identifikation ist zwar nicht stark genug, um Heteroerotik zuzulassen, aber ausreichend ausgeprägt, daß ihnen die Freude am eigenen Körper nicht vergällt ist. Diese Frauen haben nicht wirklich den Wunsch, sich in Männer zu verwandeln; sie fühlen sich als Frauen wohl. Ihr weiblicher Körper ist ihnen kein Greuel. Ihre gelegentlichen männlichen Phantasien finden nur im Kopf statt.

Die Suche nach einer fürsorglichen Mutter. Häufige, langanhaltende Trennung von der Mutter kann Kleinkinder ängstigen, sie wissen nicht, wo sie Trost finden können. Gegen Ende des zweiten Lebensjahres, wenn Mädchen entdecken, daß ein Junge einen Penis hat, machen manche ihren Müttern Vorwürfe, weil sie so etwas wie die kleinen Jungen nicht haben. In den meisten Fällen dauert diese Phase nicht lang; sie entwachsen ihr mit Hilfe der starken Identifikation mit der Mutter, wenn diese eine liebevolle Frau ohne Störungen ist.

Bleibt dieses Selbstgefühl eines körperlichen Mangels bestehen, und beschäftigt sich das Mädchen zu sehr damit, liegt das Problem nicht darin, daß die Kleine die männliche Anatomie entdeckt hat, sondern es handelt sich vielmehr um eine unsichere Mutterbindung. Wenn die Mutter weiterhin die Bedürfnisse ihrer Tochter nach emotionaler Fürsorge unzureichend befriedigt, sucht das Kind sich möglicherweise eine neue und bessere Mutterfigur. Während der ödipalen Phase der Tochter reicht das väterliche Interesse nicht aus, um ihren Hunger nach einer fürsorglichen Mutter zu stillen. Sie ist zu sehr auf eine tiefe Bindung zu einer Frau fixiert, um mit der vielschichtigen Dreiecksbeziehung des Vorschulalters umgehen zu können.

Diese geheime, quälende Suche nimmt vor der Pubertät erotische Formen an. Sie verliebt sich in Schulfreundinnen und Lehrerinnen. Ihre Geschlechtsidentität ist zwar nicht männlich, sie fühlt sich aber irgendwie nicht wohl in ihrer Haut damit, weiblich zu sein. Homoerotische Neigungen können die fortgesetzte Suche nach dem fehlenden Grundelement der frühen Kindheit sein: eine sichere Bindung an eine Person, die das Kind als überwiegend fürsorglich und nicht beängstigend erleben kann.

> Die 25jährige Alexandra, eine Frau mit ausgesprochen femininen Zügen, war in der Obhut mehrerer Haushälterinnen aufgewachsen, da ihre Eltern sich ständig auf

Geschäfts- oder Vergnügungsreisen befanden. Sie hatte keine Erklärung für ihr homosexuelles Verhalten. Sie zweifelte ihre grundsätzliche homoerotische Neigung nicht an, war aber von ihren eigenen wütenden Reaktionen auf das sexuelle Interesse ihrer Geliebten verwirrt. Alexandra sehnte sich danach, von ihrer Geliebten in die Arme genommen zu werden, ihren Kopf an ihre Brust zu legen, alles, was darüber hinausging, empfand sie als unangenehm. Ihre Masturbationsphantasien bestanden in Bildern, mit einer liebevollen, hingebungsvollen Person vereinigt zu sein.

Ideologische Entscheidung. Dieser Weg zur Homoerotik wird ausschließlich von Frauen begangen. Eine Frau mit konventioneller Geschlechtsidentifikation und heteroerotischer Entwicklung kann darüber in Zorn geraten, eine Frau in einer Gesellschaft zu sein, von der sie ihrer Anschauung nach in ihrer Selbstverwirklichung behindert wird. Sie fühlt sich in ihren Männerbeziehungen gedemütigt. Solche Emotionen werden verstärkt durch enge Freundschaften mit gleichgesinnten ›Schwestern‹.

Eine Reihe von Feministinnen sehen den einzigen Weg zur wahren Frauenbefreiung darin, sich für ein Leben als Lesbierin zu bekennen. Auch dies ist ein Weg zur Homoerotik, der mit homosexuellem Verhalten beginnt. Diese Erklärung ist interessant, da sie uns vor Augen führt, daß die Vergangenheit keinen primären Einfluß auf die Gegenwart ausübt.

Die großen Ängste, Verwirrungen und Konflikte der Gegenwart können ausreichende Motivation für neue Anpassungen und entwicklungsspezifische Erfahrungen geben. Kann eine unbefriedigende heterosexuelle Liebesbeziehung eine erlebnisfreudige, aufgeschlossene Person dazu veranlassen, ihre sexuellen Gefühle in einer neuen gleichgeschlechtlichen Freundschaft auszuleben? Was geschieht, wenn die Erfahrung nicht nur angenehm ist, sondern sie die Bedürfnisse der Frau besser befriedigt als jede andere Beziehung? Auch dies kann ein Weg zur Homoerotik sein, der mit homosexuellem Verhalten beginnt.

Homoerotisches Potential bei Heterosexuellen

Heteroerotik ist bei beiden Geschlechtern nicht immer in ihrer Reinform vorhanden. Manche heteroerotischen Menschen haben in verschiedenen Entwicklungsstufen homoerotische Gefühle. Alle kleinen Kinder reagieren erotisch – das heißt mit körperlichem Genuß – auf beide Geschlechter. Die Entwicklung verlangt von ihnen, entweder ihre heteroerotischen oder ihre homoerotischen Gefühle zu unterdrücken. In manchen Fällen weigert sich ein Mensch, seine Gefühle zu unterdrücken, und behält seine Fähigkeit bei, erotisch und sexuell auf männliche und weibliche Bilder und Partner zu reagieren. Viele Menschen finden Bisexualität anstößig, da sie deutlich macht, daß Heterosexualität stets homoerotische Züge aufweist.

Ich glaube, die vernünftigste Erklärung für das homoerotische Potential Heterosexueller läßt sich zurückführen auf die frühkindliche Entscheidung eines Menschen, sich mit einem Mann oder einer Frau zu identifizieren. Wir können nicht beides sein. Dennoch bleibt dieser Wunsch in unserem Unterbewußtsein bestehen und tritt gelegentlich als Neugier, Traum oder als erotische Phantasie zutage. Eine andere Erklärung, die sich bei Theoretikern großer Beliebtheit erfreut, besagt, daß Bisexualität oder erotisches Interesse an beiden Geschlechtern zum biologischen Programm des menschlichen Gehirns gehört. Wie dem auch sei, sexuelle Identität ist ein komplexes Mosaik.

Herkömmliche und ungewöhnliche sexuelle Intentionen

Sexuelle Intentionen – was man mit dem Partner bei sexuellem Verhalten zu tun beabsichtigt – ist der verschwiegenste Aspekt sexueller Identität. Die häufigsten Formen unkonventioneller sexueller Intentionen sind, sich vor Fremden zu entblößen, heimlich nackte Menschen oder das Sexualverhalten anderer zu beobachten, andere durch Machtausübung verletzen oder sich einem Machtausübenden zu unterwerfen. Wir mögen solche Formen sexueller Befriedigung bei anderen ablehnen, dennoch gehört dieses und ähnliches ungewöhnliches Sexualverhalten zu unserer menschlichen Natur.

Im Liebesspiel werden solche Neigungen in abgeschwächter Form befriedigt. Wir zeigen uns dem Partner nackt, wir werfen Blicke auf Körperteile unseres Partners, die eigentlich verboten sind, wir üben Macht auf unseren Partner aus, indem wir ihn oder sie stark erregen, wir beißen oder kneifen unseren Partner, um seine Erregung zu steigern. Diese Handlungen sind oft so versteckt oder flüchtig, daß sie nicht als Intentionen oder als Verhaltensformen erkannt werden, die in übersteigerter Form als sexuell abartig gelten.

Die Diagnose sexueller Perversion wird von Psychologen und Psychiatern gestellt, wenn unübliche Formen der Sexualität mit großer Intensität wiederkehren und die Hauptursache sexueller Erregung darstellen. Dazu zählen Aggression gegen ein Opfer wie bei sexuellem Mißbrauch von Kindern, Vergewaltigung, Exhibitionismus, Voyeurismus oder masochistisches Verhalten. Trotz marktschreierischer Schlagzeilen in der Boulevardpresse beschränken sich die meisten unkonventionellen Intentionen auf Phantasien oder werden im Schlafzimmer mit Einwilligung des Partners praktiziert.

Aggressive sexuelle Intentionen haben ihre Wurzeln in traumatischen frühkindlichen Erlebnissen, wie viele Wissenschaftler nachgewiesen haben. Das Kindheitserlebnis wird umgedreht: das ursprüngliche Opfer, das Kind, wird in der Phantasie zum Sieger. Die Demütigung wird gerächt – immer wieder und wieder.

> Ein dreijähriges Kind muß operiert werden. Es wird in keiner Weise darauf vorbereitet, was ihm bevorsteht. Es wird von Fremden ausgezogen, auf einer Bahre festgeschnallt und narkotisiert, während es die ganze Zeit über nach seiner Mutter schreit. Im späteren Leben masturbiert es in einer düsteren Vorstellung, Partner zu fesseln und zu entkleiden.

> Ein fünfjähriger Junge wird von seiner Großmutter einige Male dazu gezwungen, ein Mädchenkleid zu tragen zur

> Strafe, weil er unfolgsam war. Später im Leben stellt er fest, daß er seine aufregendsten sexuellen Erlebnisse hat, wenn er beim Geschlechtsakt Frauenkleider trägt. Ohne Frauenkleider verhält er sich seiner Frau gegenüber sexuell indifferent.

Herkömmliche sexuelle Intentionen spiegeln eine positive, vertrauenswürdige Haltung zum Sexualpartner, was wiederum auf der Überzeugung beruht, daß andere Menschen uns Freude schenken, nicht aber Schmerzen zufügen. Wenn frühere Erfahrungen uns das nicht gelehrt haben, sind unsere Gedanken möglicherweise voll Haß, Angst und Rachegelüsten. Sexuelle Intentionen erfordern oft ein feines Rechensystem, das die Waage hält zwischen tröstlichen und beängstigenden Kindheitserfahrungen.

Aber auch Kinder, die immer gut behandelt wurden, können aggressive sexuelle Neigungen entwickeln, weil Kinder traumatische Ereignisse nicht begreifen können. Sie ärgern sich über Dinge, für die ihre Eltern nicht verantwortlich sind. Kinder, die ihrem Temperament nach leichter in Zorn geraten als andere, sind möglicherweise anfälliger für aggressive Intentionen.

Solche Intentionen können im Erwachsenenleben plötzlich auftreten als Reaktion auf Enttäuschungen in intimen Beziehungen.

> Harold war entsetzt, als er zu Phantasien, in denen er seine Partnerin ohrfeigte, zu masturbieren begann. Noch nie zuvor hatte er diese Art erotischer Vorstellung gehabt. Das Geheimnis war gelüftet, als er erkannte, wie wütend er in letzter Zeit auf sie war, weil sie sich ihm gegenüber so gefühlskalt und teilnahmslos verhielt.

Wenn der Grund für eine ungewöhnliche Intention in der jüngsten Vergangenheit zu finden ist, läßt sich das Rätsel schnell lösen. Die meisten schwerwiegenden Intentionsprobleme bleiben unklar, weil die Ursachen viele Jahre zurückliegen. Oft ist auch die Eltern-Kind-Beziehung dafür verantwortlich und nicht ein einmaliges traumatisches Ereignis. Diese Situationen werden oft nicht erinnert, weil sie sich in der frühen Kindheit ereigneten, weil sie zu schwer durchschaubar waren, um sie in Worte zu fassen, oder weil sie dem Betroffenen zu große Schmerzen zufügten, um sie sich in Erinnerung zu rufen.

In den folgenden Kapiteln, in denen wir Störungen der Sexualfunktionen erörtern, kehrt die Beziehung zwischen Lust und heimlichen Identitätswünschen immer wieder, da sexuelle Identität, Lust und Funktion eine untrennbare Einheit in unserem Denken darstellen.

Wege zu einem problemfreien Sexualleben

Um die Chancen unserer Kinder zu vergrößern, konventionelle Formen sexueller Identität zu entwickeln, müssen wir:

- uns über ihr biologisches Geschlecht freuen;
- eine emotionale Bindung mit ihnen eingehen und ein dauerhaftes Interesse daran haben, ihre Bedürfnisse zu erfüllen;
- sie vor körperlichem und seelischem Mißbrauch bewahren;
- ihnen deutlich zu verstehen geben, daß sie uns viel bedeuten und wir sie schätzen.

Kapitel 9

Vorzeitige Ejakulation

Orgasmusbezogene Probleme sind zwar weniger kompliziert als Probleme mit Lust und sexueller Identität, haben aber ihre eigenen, aufschlußreichen Eigenheiten. Das vorliegende Kapitel über vorzeitige Ejakulation und das nächste über die Orgasmusunfähigkeit mancher Frauen befassen sich mit Schwierigkeiten, die vorwiegend Menschen mit wenig sexueller Erfahrung betreffen, Schwierigkeiten, die viele Betroffene nie bewältigen. Jedes Kapitel bezieht sich auf die Einmaligkeit psychologischer Erfahrungen von Männern und Frauen und unterstreicht die Bedeutung gegenseitig befriedigenden Sexualverhaltens.

Ein Mann, der in der Jugend unter unkontrollierbarer Ejakulation leidet, hat im Alter meist Orgasmusschwierigkeiten. Der Sexualzyklus des Mannes beginnt mit Partneraktivität Anfang Zwanzig und endet im allgemeinen Mitte Siebzig. Um die Mitte dieses Zyklus können die meisten Männer den Zeitpunkt ihrer Ejakulation ziemlich genau bestimmen. Männer in mittleren Jahren fühlen sich in sexueller Hinsicht am wohlsten, empfinden den Orgasmus als wunderbar und befriedigend und der Koitus kann oft lange Zeit für sie dauern. »Freut euch des Lebens«, kann ich da nur sagen, »denn die biologische Uhr tickt!«

Es gibt beträchtliche Entwicklungsvariationen von vorzeitiger Ejakulation über eine beständige Ejakulationskontrolle bis zu Schwierigkeiten, zum Orgasmus zu kommen. Dem psychologischen Kampf mit der Zeitbestimmung des Orgasmus liegt die Abnutzung des Nervensystems zugrunde. Die niedere Ejakulationsschwelle, der sensible Auslösemechanismus und die Wahrnehmung der Vagina als sinnlich überwältigend sind Merkmale eines normal funktionierenden jugendlichen Nervensystems. Die allmähliche Desensibilisierung des Nervensystems führt zur Ejakulationskontrolle bei reiferen Männern und zu Orgasmushemmungen bei Männern in den letzten Lebensdekaden.

Nicht weniger als ein Drittel junger erwachsener Männer und Männer mittleren Alters glauben, vorzeitig zu ejakulieren, wie Ellen Frank und ihre Co-Autoren in einer Studie belegten. Damit bringen sie meist ihre Enttäuschung darüber zum Ausdruck, den Moment der Ejakulation beim Koitus nicht bestimmen zu können. Sie wollen so lange damit warten, bis ihre Partnerin zum Orgasmus kommt, für den sie sich verantwortlich fühlen.

Wenn das Thema vorzeitiger Ejakulation zur Sprache kommt, bleibt die Frage nicht aus: »Wie lange soll ein Geschlechtsakt dauern?« Darauf gibt es keine korrekte Antwort, da diese Frage auf einer irrtümlichen männlichen Sicht der sexuellen Leistung beruht. Diese Perspektive ist eine gefährliche Vereinfachung, die lediglich die Qualen des heterosexuellen Mannes erhöht, der meint, jeder andere Mann würde es beim Koitus länger aushalten als er. Er ist davon überzeugt, ein sexueller Versager zu sein. Glaubt seine Partnerin dann auch noch, seine vorzeitige Ejakulation sei der einzige Hinderungsgrund an ihrem sexuellen Genuß, ergänzt ihre Haltung vorzüglich sein gestörtes Selbstbewußtsein. Beide Partner sind der Meinung, ihr gemeinsames unbefriedigendes Sexualleben habe sie zum Opfer seiner Unzulänglichkeit gemacht.

Irreführende Antworten von ›Experten‹ auf die Fage nach der Dauer lauten ›zwei Minuten‹, ›fünf Minuten‹, ›fünfzehn Minuten‹ und ›bis die Frau ihren Orgasmus hat‹. Die richtige Antwort lautet aber: »Hören Sie auf, die Minuten zu zählen!« Ich ziehe es vor, den Zeitpunkt der Ejakulation vom Gesichtspunkt des sexuellen Gleichgewichts zu betrachten. Diese Perspektive zieht die Fähigkeit des Mannes, den Ansteig seiner Erregung zu verfolgen und zu kontrollieren, die Fähigkeit der Frau, ein hohes Maß an sexueller Erregung zu ertragen, und die Qualität der nichtsexuellen Beziehungen des Paares in Betracht. Dieser Ansatz hilft vielen Einzelpersonen und Paaren, ihre Besorgnis über vorzeitige Ejakulation abzulegen und auf ganz natürlichem Weg Ejakulationskontrolle zu erlangen.

Das Dilemma der Leidenschaftskontrolle

Genitale Stimulation stellt den Mann vor das Dilemma der Leidenschaftskontrolle. Er muß sich entscheiden, ob er den Koitus fortsetzt oder sich seiner steigenden Erregung überläßt. Die meisten Männer glauben, dieses Dilemma lösen zu können, wenn sie ihre leidenschaftlichen Gefühle bremsen und den Koitus verlängern. Kontrolle und Leidenschaft sind jedoch zwei Gegensätze. Die Unvereinbarkeit von Leidenschaft und Kontrolle läßt diesen Kampf aussichtslos werden, denn Leidenschaft ist naturgegeben kurz und heftig. Männer, die das Dilemma der Leidenschaftskontrolle erfolgreich bewältigen, halten ihre Lust auf ein kontrollierbares Maß, bevor sie sich der Leidenschaft überlassen. Sie sind weder völlig leidenschaftlich noch völlig kontrolliert.

Selbst wenn der Mann über eine gute Ejakulationskontrolle verfügt, kann er keine Garantie dafür übernehmen, daß seine Partnerin zum Orgasmus kommt. Seine Fähigkeit, den Koitus zu verlängern, gibt ihr allerdings dic Möglichkeit, kontrollierte und leidenschaftliche Augenblicke des Koitus zu ihrem Lustgewinn zu nutzen. Kann sie nicht zum Orgasmus kommen, trägt seine Kontrolle nicht zu ihrem Lustgewinn bei; er setzt damit lediglich seine Erregung herab. Da Sex innerhalb eines Gleichgewichts stattfindet, kann Ejakulationskontrolle nicht getrennt von den sexuellen Eigenschaften der Partnerin betrachtet werden.

Der mechanische Ablauf des Geschlechtsaktes ist für den Zeitpunkt der Ejakulation wichtig. Der Mann vermag zunächst seine Leidenschaft zu zügeln, indem er sich in der Vagina nicht oder nur behutsam bewegt, oder seine Partnerin bewegt sich so, daß keine Reibung entlang des Penisschaftes entsteht. Die Sitzposition der Frau auf dem Mann ist oft geeigneter, um seine Erregung hinauszuzögern, weil ihr Gewicht seine Beckenbewegungen einschränkt und der Koitus nicht ausschließlich auf die Aktivität des Mannes beschränkt ist. In dieser Position kann die Frau ihr Becken ungehindert nach beiden Seiten bewegen, nicht nur in der Vor- und Zurückbewegung entlang des Penisschaftes. Der Druck auf beide Seiten der Vagina erhöht die Erregung der Frau.

Kurz bevor der Mann zum Orgasmus kommt, werden seine Penisstöße in der Vagina schneller und heftiger. Die Vagina umfängt sein Glied wie ein Handschuh mit einer warmen, feuchten Gleitbewegung. Mit dem Auslösen der Ejakulation hören seine Stoßbewegungen auf. Mit dem letzten Stoß dringt er tief in die Vagina ein, um sich den lustvollen Zuckungen der Beckenmuskulatur hinzugeben.

Im Idealfall empfindet die Partnerin die Erregungssteigerung des Mannes sehr aufregend und sein Orgasmus kann ihren Höhepunkt auslösen.

> »Ich bin ein glücklicher Mann, das weiß ich. Schon beim ersten Mal, kurz nachdem wir uns kennengelernt hatten, kam Jackie kurz nachdem ich meinen Orgasmus hatte. Ehe wir miteinander schliefen, fühlte ich mich körperlich und geistig sehr zu ihr hingezogen, und als sie auf meinen Orgasmus immer in dieser Weise reagierte, wußte ich, daß ich sie nie verlassen würde. Eine Frau wie sie habe ich nie zuvor gekannt. Sie ist ein Juwel.«

Jackies Reaktion ist wunderschön, sie trifft jedoch auf die wenigsten Frauen zu. Männer müssen ein paar Dinge über ihre Partnerin wissen. Ein Geschlechtsakt, der sich ausschließlich auf die Stöße des Penis konzentriert, ist für Frauen entgegen landläufiger Meinung nicht ideal, da die Penisstöße keineswegs eine starke Erregung der Frau auslösen. Die meisten Frauen kommen zum Orgasmus, wenn ihre Klitoris und Vagina oder die Klitoris allein während des Geschlechtsaktes stimuliert wird. Das geschieht in den wenigsten Fällen ausschließlich durch Vor- und Rückwärtsbewegungen des männlichen Gliedes.

Eine Frau, die wirklich an ihrer Lust interessiert ist, die weiß, was ihr gut tut, wenn ihr Partner mit seiner Erregung beschäftigt ist, hat eine Menge mitzuteilen. Sie macht ihm klar, daß sie für ihren Orgasmus selbst verantwortlich ist; sie tut das, was sie erregt, bringt ihrem Partner bei, sich an ihrem Lustgewinn zu beteiligen und genießt seine Lust.

Beide müssen die Muster des anderen kennenlernen. Sie

müssen zusammenwirken, um die Empfindungen des anderen zu steigern. Eine Koitusbewegung, die ihre klitorale und vaginale Stimulation steigert – ein langsames Hüftkreisen – ist nicht die gleiche Bewegung wie das Vor- und Zurückstoßen, das die meisten Männer, ohne viel nachzudenken, praktizieren. Unser Umgang mit der Lust des anderen ist weitaus komplexer als die Behauptung, ein Koitus habe zwei, fünf oder fünfzehn Minuten zu dauern. Die Zeitdauer des Geschlechtsaktes ist für gut aufeinander eingestimmte Paare im Grunde genommen irrelevant. Die Dauer hängt von der jeweiligen Stimmung des Paares ab. Einmal sind beide von tiefer Leidenschaft erfüllt, das nächste Mal gehen sie verhaltener miteinander um.

Die meisten Männer, die sich über die zeitliche Bestimmung ihres Orgasmus Gedanken machen, sollten sich mehr damit beschäftigen, wie sie die Lust der Partnerin steigern können, statt sich um Kontrolle zu bemühen. Der erste Schritt in diese Richtung für beide Partner ist eine mentale Frage. Der Mann muß seiner Partnerin die Verantwortung für ihren Orgasmus zugestehen; die Frau muß das akzeptieren. Und beide Beteiligten müssen die im dritten Kapitel erläuterten Prinzipien der Metapher des roten Bildschirms begreifen und kennen.

Frauen, die ihre Orgasmusfähigkeit der kurzen Dauer des Geschlechtsaktes zuschreiben sind meist erstaunt, wenn sie erfahren, daß andere Frauen bereits wenige Augenblicke nach Beginn des Koitus zum Orgasmus kommen und daß die Erregung bis zum Orgasmus auch dann noch ansteigen kann, wenn der Partner bereits zum Erguß gekommen ist. Der Penis erschlafft nicht unmittelbar nach der Ejakulation, wenn das Vorspiel lustvoll war. Der langsam erschlaffende Penis kann der Frau weiterhin Lustgefühle verschaffen. In der Reitposition der Frau auf dem Mann kann er sein Becken etwas anheben und ihr sein Schambein zugänglich machen. Ihre Klitoris befindet sich etwa in Höhe seines Schambeins und dessen leichte Wölbung bietet eine harte Fläche, gegen die sie ihre Klitoris reiben kann. Dieser Druck gegen das Schambein kann ihre Erregung bis zum Orgasmus steigern. Eine andere Methode, wie eine Frau zum Orgasmus kommt, besteht darin, daß sie ihr Becken gegen ihn drückt und seine Pobacken festhält. Das ist schwieriger zu bewerkstelligen, wenn der Mann oben liegt, weil er mehr Bewegungsfreiheit hat und nicht genau weiß, was die Frau braucht, um ihre Erregung zu steigern. Sie weiß es!

Manche Frauen sind irrtümlich der Meinung, der Orgasmus des Partners bedeute unweigerlich das Ende der sexuellen Begegnung. Verständlich, daß die frustrierte Frau sich zu kurz gekommen fühlt. Sie fühlt sich als Opfer und weiß nicht, was sie dagegen tun soll.

Eine besonders negative und zerstörerische Konsequenz, ihre Enttäuschung der Dauer des Geschlechtsaktes zuzuschieben, wäre, sich in Hilflosigkeit zu verschließen. Eine nützliche Alternative zu diesem Rollenverständnis von ›Opfer‹ und ›Bösewicht‹ sind klärende Worte, was jeder Partner zum Lustgewinn des anderen beitragen kann. Männer machen bestimmte taktische Fehler, die das Problem der vorzeitigen Ejakulation verstärken.

Taktische Fehler

Der erste taktische Fehler besteht darin, daß der Mann mit vorzeitiger Ejakulation alles daran setzt, um seine Erregung zu unterdrücken. Er gibt seiner Partnerin Anweisung, ihn nicht an gewissen Stellen zu stimulieren; er seinerseits berührt nicht ihre erogenen Zonen, da ihn das zu sehr erregen würde. Er ist ein kläglicher Liebhaber, nicht weil er zu schnell kommt, sondern weil er sich und seiner Partnerin sinnlose Vorschriften aufzwingt.

Ihm erscheinen diese Vorschriften allerdings sinnvoll. Er glaubt, sein Problem liege darin, daß er keine Erregung ertragen kann, daher versucht er, Sex weniger erregend zu gestalten. Während des Sexualaktes denkt er an Fußball, die Börse, an eine traurige Begebenheit – nur um sich von der Erregung, die ihr Körper auf ihn ausübt, abzulenken. Ihre Erregung ängstigt ihn, weil sie seine Erregung auslöst. Obwohl er weiß, daß ihre Erregung seine steigert, weigert er sich, sich damit auseinanderzusetzen.

Sein zweiter taktischer Fehler besteht darin, daß er seine Erregung in der Vagina nicht genau verfolgt. Mehrere Männer haben in der Therapie ausgesagt, diese Empfindung würde in wenigen Sekunden von minimaler Erregung bis zum Orgasmus hochschnellen. Das entspricht jedoch meist nicht den Tatsachen. Es trifft eher zu, daß der Mann sich so sehr darauf konzentriert, sich von seiner Erregung abzulenken, daß er ihre allmähliche Steigerung gar nicht bemerkt.

Drittens bringt der Mann mit vorzeitiger Ejakulation sich um den Genuß und die Intensität seines Orgasmus. Das tut er aus Scham und Frustration, als scheinbar wohlverdiente Strafe für sein Versagen. Wenn er im Begriff ist zu kommen, verwandelt die Lust sich in Frustration. Er macht sich Vorwürfe über seine Unzulänglichkeit und merkt dabei gar nicht die geringeren Muskelkontraktionen, die die Dauer seines Orgasmus verlängern. Anschließend entschuldigt er sich bei seiner Partnerin, die nach einigen Wiederholungen dieses Musters entweder in Tränen ausbricht, sich eine besonders grausame Art, ihn umzubringen, ausdenkt oder jede Hoffnung auf zukünftige gemeinsame sexuelle Freuden aufgibt.

Der Mann mit vorzeitiger Ejakulation begreift nicht, daß der beste Weg, sexuelle Lust zu ertragen, darin besteht, sie zu erleben. Wer diese erregenden Empfindungen bis zum Augenblick des Koitus unterdrückt, macht einen großen Fehler.

Die ersten Erfahrungen mit sexueller Intimität können ungeheuer aufregend sein. Viele junge Männer sind zu keinem längeren Sexualkontakt imstande oder halten keine genitale Berührung aus, ohne augenblicklich zum Orgasmus zu kommen. Die Wiederholung des Genusses und der Heftigkeit, den kurzen leidenschaftlichen Augenblick um seinetwillen schätzen zu lernen, zulassen, daß die Partnerin sich daran freut, die Macht zu haben, ihn zu erregen, eröffnet Möglichkeiten zu längeren sexuellen Intimitäten. Innerhalb einiger Wochen oder Monate ist der Mann fähig, die Dauer der Intimitäten zu verlängern. Sein Nervensystem reagiert dann nicht mehr so stürmisch.

Ejakulationskontrolle ist erlernt, angeeignet oder entwickelt. Der Unterschied zwischen Männern mit vorzeitiger Ejakulation und Männern mit guter Kontrolle besteht oft nur in einigen Fehlern der Reaktion auf sexuelle Intimität. Auch im fortgeschrittenen Alter lassen sich neue Taktiken erlernen. Schnell ejakulierende Männer müssen sich beim Liebesspiel eine positive Sichtweise auf die Einzigartigkeit dessen, was sie und ihre Partnerin fühlen, aneignen. Sie müssen aufhören, sich Sorgen um ihre Leistungsfähigkeit zu machen und beginnen, sich auf die Freude und Intensität zu konzentrieren, statt Kontrolle ausüben zu wollen. Sie müssen aufhören, auf ihren Orgasmus mit Enttäuschung und Entschuldigungen zu reagieren. Sie dürfen jede winzige Muskelkontraktion ihres Orgasmus spüren und zulassen, daß die Frau die Lust des Partners bemerkt und hört. Kurzum, sie müssen bessere Liebhaber werden, nicht bessere Leistungserbringer.

Freuden der Ejakulationskontrolle

Paare, die wegen vorzeitiger Ejakulation besorgt sind, versäumen etwas Wichtiges in ihrem Leben. Männer, die die Ejakulationskontrolle gelernt haben, können manchmal eine längerfristige Zeitspanne starker Erregung erfahren, die ihnen und ihrer Partnerin Empfindungen und Emotionen ermöglicht, die sie zuvor nicht kannten. Dieses hohe Maß an Erregung ist nicht das gleiche wie die Leidenschaft während der orgasmischen Entladung, da die Auslöseschwelle der Ejakulation bei ihnen höher liegt. Obwohl Männer immer im Dilemma der Leidenschaftskontrolle sind, sind sie fähig, zu genießen, in der Vagina zu sein, ohne davon überwältigt zu werden. Das glauben Männer zu vermissen, wenn sie sich Sorgen um ihre vorzeitige Ejakulation machen. Man darf jedoch nicht vergessen, daß die meisten Paare diesen Glückszustand nicht regelmäßig erreichen. Zu viele negative Faktoren des Alltagslebens stehen ihnen im Weg.

Singles mit vorzeitiger Ejakulation

Unverheiratete Männer ohne feste Partnerin finden es oft schwer, bei einer neuen Liebespartnerin die Kontrolle zu behalten. Der Liebesakt mit einer neuen Partnerin ist aufregender und mit größeren Ängsten belastet als Sex innerhalb eines sexuellen Gleichgewichts. In diesem Rennen liegt Angst wieder einmal an der Spitze. Auch hier gelten die Prinzipien, wie Männer in festen sexuellen Beziehungen sie anwenden. Alleinstehende Männer können sich bessere Muster aneignen, indem sie sich dem Erlebnis ohne Leistungsdruck hingeben, sich eher durch das sexuelle Abenteuer motivieren lassen als durch Vermeidungshaltung, und sie brauchen eine größere Bereitschaft, ihre Erfahrung mit der Partnerin zu besprechen.

Wenn der Alptraum wahr wird, daß er eine Frau kennenlernt, die auf der Fünfzehn-Minuten-Leistung besteht, steht das Paar in einer nicht gefestigten Beziehung vor einem großen Problem. Oft genügt die mißbilligende Ungeduld einer solchen Frau, um ihn so zu verängstigen, daß er in Schweigen verfällt oder die Flucht ergreift, oder beides. Er hört genau hin, wie sie was sagte. In welchem Tonfall sagte sie es? Was war ihre Absicht dabei? Waren ihre negativen Vergleiche mit früheren Partnern etwas anderes als Andeutungen über seinc bcschämende Unzulänglichkeit? Was bedeutet das Liebesspiel für sie? Warum ist ein ausgedehnter Koitus in dieser Phase ihrer Beziehung für sie so wichtig?

Die Frau befindet sich selbstverständlich ebenfalls in einem Dilemma. Spricht sie über seine vorzeitige Ejakulation, verunsichert sie ihn noch mehr. Schweigt sie darüber und das Muster hält mehrere Monate an, verliert sie vielleicht die Hoffnung. Viele Paare in einer lockeren Beziehung trennen sich ohne klärendes Gespräch, weil die Frauen zu sehr frustriert sind. Manche Frauen hoffen, mit der Zeit werde es besser; andere sagen sich, Sex sei einfach nicht so wichtig.

Wenn der alleinstehende Mann, der sich über vorzeitige Ejakulation Sorgen macht, mit seiner neuen Partnerin unverkrampft reden kann, ist dieses offene, ehrliche Gespräch für beide vielleicht ein Grund, die Beziehung fortzusetzen.

> Mark verhielt sich im Liebesspiel mit Jean eigentlich immer auf die gleiche Weise – nach ein paar Küssen streichelte er ihre Brüste, spielte ein wenig an ihrer Klito-

ris und schon lag er auf ihr. Er wollte der aktivere Partner sein, da er fürchtete, vor dem eigentlichen Koitus zu kommen, wenn sie zu sehr mit ihm spielte. Einmal erschreckte Jean ihn, als sie ihn fragte, ob er absichtlich so schnell käme, um sie zu verletzen. Er versuchte ihr zu erklären, der Grund liege in seiner Nervosität, weil sie sich noch nicht lange genug kennen. »Nein, nein! Genau das Gegenteil ist der Fall. Ich würde meinen rechten Arm dafür geben, wenn ich es länger aushalten würde. Ich will, daß du Spaß dabei hast!« Auch Jean gestand ihre Nervosität ein und das Thema wurde fallengelassen. Doch eine Woche später sagte sie ihm, sie sei nicht bereit, seine kurzen Liebesakte zu erdulden. »Sex ist für mich zu wichtig, ich will nicht jedesmal, wenn wir miteinander schlafen, enttäuscht sein.« Mark war hilflos. Er war immer schon ›schnell‹ in der Vagina gekommen. Er war traurig, da er mit dem Gedanken spielte, sie zu heiraten, obgleich die beiden sich noch nicht lange kannten.

Mark wurde geholfen, als er seine Liebestaktiken überdachte. Er mußte Jean nicht lange überreden, sich auf ihn zu setzen, um eine bessere Stimulation für sie zu erreichen. Mark lernte, ihre Vagina manuell anders zu stimulieren, als bisher, seine Rein-und-Raus-Bewegungen durch leichte Kreisbewegungen zu ersetzen, die seitlichen Druck auf die Vagina ausübten, und stellte mit Erstaunen fest, wie sehr Jeans Erregung sich steigerte. Es dauerte nicht lang, und aus Mark war ein besserer Liebhaber geworden. Er hielt es nicht nur länger beim Koitus aus, wenn sein Penis sich nicht ständig in ihr hin- und herbewegte und er sein Schambein einsetzte. Beide verloren ihre Angst, ob er es lange genug aushielt. Zwei Monate später beschlossen sie zu heiraten.

Ursachen vorzeitiger Ejakulation

Die meisten Menschen sind in einer neuen sozialen Situation unsicher, etwa am ersten Tag an einem neuen Arbeitsplatz oder beim ersten Rendezvous. Besonders Männer fürchten, sich bloßzustellen. Auch der erste Geschlechtsakt ist eine neue soziale Situation, auf die unser Nervensystem mit Unsicherheit reagiert. Nervöse Anspannung setzt beim Mann die Schwelle der Ejakulation herab. Je nervöser ein biologisch anfälliger Mann ist, desto schneller kommt er zur Ejakulation. Ein Mann, der auch später vorzeitig ejakuliert, wird sich die Frage stellen: »Warum bin ich beim Koitus immer noch unsicher?« Und er wird darauf antworten: »Weil ich zu schnell komme!« Diese Antwort bringt ihn allerdings nicht weiter. Er muß den Ursachen auf den Grund gehen.

Die erste Frage muß lauten: »Warum ist die Vagina so aufregend?« Die Antwort liegt zum Teil im genetischen Programm der Säugetiere. Nur der Mensch bemüht sich, den Sexualakt zu verlängern. Bei manchen Affenarten dauert der Begattungsakt bis zur Ejakulation nur sechs Sekunden. Elefanten kommen auf dem Weg in die Vagina zum Erguß. Auch Pferde und Bullen erleichtern sich in Sekundenschnelle. Die Nervenvernetzung der Sexualfähigkeit des Menschen ist durch unsere Verwandtschaft mit den Säugetieren beeinflußt.

Die Vorstellung, der Mann habe sich mit seinem Samenerguß zurückzuhalten, um der Frau ein höheres Lustempfinden zu verschaffen, ist ein sehr zivilisierter Gedanke, mit dem wir anerkennen, daß die Frau andere Bedürfnisse hat als der Mann. Dieser Gedanke entspringt unserer modernen sozialen Auffassung. Der Wunsch, den Geschlechtsakt zu verlängern, widerspricht allerdings unserem genetischen Programm als Säugetiere. Die Spannung zwischen unserem sozialen und biologischen Erbgut bildet den größeren Rahmen des Dilemmas der Leidenschaftskontrolle. Die Ansicht, daß Männer sich in ihrem biologischen Erbgut voneinander unterscheiden, ist keineswegs abwegig. ›Urwüchsigere‹ Männer reagieren beim Samenerguß beinahe so prompt wie Elefanten, Pferde und Bullen. Die Vagina ruft bei ihnen ein Maß an Erregung hervor, der keine Erklärung und kein Kontrollversuch gewachsen ist.

Die Wissenschaft ist bis heute nicht in der Lage zu messen, welche Rolle biologische Faktoren bei vorzeitiger Ejakulation tatsächlich spielen. Möglicherweise sind chemische Substanzen im sexuellen Triebzentrum für die niedrige Ejakulationsschwelle verantwortlich; möglicherweise gibt es eines Tages ein Medikament, das diese Schwelle anhebt. Demzufolge könnten veränderte sexuelle Taktiken die chemische Zusammensetzung in diesem Bereich des Gehirns verändern. Der biochemische Aspekt muß gemeinsam mit starken psychischen Kräften in Betracht gezogen werden, die zur Herabsetzung der Ejakulationsschwelle beitragen, weil sie Unsicherheit und andere negative Gefühle hervorrufen. Gefühle verändern die Biochemie des Hirns, was wiederum die Entladungsschwelle absenkt und erhöht.

Der Grund vorzeitiger Ejakulation scheint manchmal in der uneingestandenen Angst und im Mißtrauen gegen Frauen zu liegen, manchmal wird damit der direkte Ausdruck der Verärgerung vermieden, manchmal dient sie als Ausrede, um die sexuelle Unfähigkeit der Frau zu kaschieren, und manchmal gibt es keine Erklärung dafür.

> Leo eignete sich innerhalb eines Monats mit einer Freundin eine gute Ejakulationskontrolle an, heiratete aber schließlich eine andere Frau. Anfangs hatte er Schwierigkeiten, so lange durchzuhalten, bis sie ihren Orgasmus erreichte, doch er veränderte seine Taktik und hatte sich gut unter Kontrolle. Nachdem seine Frau sich jedoch ›zum hundertsten Mal‹ darüber beklagte, daß er zu wenig Geld verdiene, sagte er sich, »soll sie sich zum Teufel scheren«, und kümmerte sich nicht mehr darum, wenn er zu schnell kam. Hier liegt kein biologisch bedingtes ›animalisches‹ Problem vor. Hier ist ein Mann wütend auf seine Frau.

> Nach vielen Jahren erfolgreicher Ejakulationskontrolle erlitt Eduard einen Herzanfall. Er hatte solche Angst, wieder Sexualkontakt aufzunehmen, daß er fast augenblicklich zum Orgasmus kam, wenn er sein Glied in die Vagina seiner Frau einführte. Seine Angst vor einem zweiten Herzanfall äußerte sich in unkontrollierbarer Ejakulation.

Gordon, der als Kind in drei Pflegeheimen aufwuchs, war nicht imstande, es länger als ein paar Sekunden in der Vagina seiner Freundin auszuhalten. Obwohl sie versuchte, ihn zu beruhigen, wuchs seine Angst, sie könne ihn deshalb verlassen. Für ihn stellte die Vagina das Symbol seiner Verlassenheit durch die Eltern dar.

Arthur, der sagte, seine Mutter habe ihn ›mit eiserner Hand‹ erzogen, die ihm bei keiner einzigen Entscheidung in seiner Kindheit ein Mitspracherecht einräumte, war unfähig, Ejakulationskontrolle zu erlernen. Seine Frau war zwar eine liebevolle, einfühlsame Person, dennoch war ihm seine Freiheit so wichtig, daß er sich nie wieder von einer Frau beherrschen lassen wollte.

Nach jahrelanger Therapie erzielte Paul in vielen Aspekten seines Lebens Besserung, bloß nicht in seiner vorzeitigen Ejakulation.

Außerhalb der Vagina verfügte er über absolute Ejakulationskontrolle. Sobald er einmal drin war, überrollte ihn die Erregung sofort.

Keiner seiner Therapeuten schaffte es, daß er seine männlich ausgerichteten Sexualpraktiken veränderte. Er gab zwar an, ein starkes Bedürfnis zu haben, seine Ejakulation zu kontrollieren, weigerte sich jedoch, auf Vorschläge für einen solchen Lernprozeß einzugehen.

Andrew lernte in der Therapie ziemlich schnell, seine Ejakulation zu kontrollieren. Seine Frau bekam kurze Zeit später Depressionen und weigerte sich, weiterhin Sex mit ihm zu haben.

Die Gründe für vorzeitige Ejakulation sind weder einheitlich noch einfach. Sie müssen bei jedem Mann individuell behandelt und in Beziehung zum sexuellen Gleichgewicht jedes Paares gestellt werden.

Ein Mann, der zu schnell zum Samenerguß kommt, muß:

- einsehen, daß er sich über das Dilemma Leidenschaft-Kontrolle nichts vormachen kann;
- einsehen, daß seine Partnerin durch sein längeres Verbleiben in der Vagina nicht zwangsläufig zum Orgasmus kommt;
- aufhören, Stimulation während des Liebesaktes zu vermeiden, und beginnen, sich dem Genuß seiner Empfindungen hinzugeben;
- aufhören, seiner Partnerin Vorschriften zu machen und zulassen, daß sie mit ihrem Sexualverhalten ihre Erregung steigert;
- aufhören, sich für seinen Erguß zu entschuldigen; statt dessen muß er sich seinem Orgasmus hingeben und ihn genießen;
- lernen, abgesehen vom Liebesakt ein besserer Liebhaber zu werden.

Kapitel 10

Frauen, die keinen Orgasmus haben

Dieses Kapitel beschäftigt sich mit drei verschiedenen Gruppen von Orgasmusproblemen bei Frauen: Frauen, die nie einen Orgasmus hatten; Frauen, die nicht mit dem Partner zum Orgasmus kommen, wohl aber durch Masturbation; und Frauen, die nicht mehr regelmäßig orgasmusfähig sind, obgleich dies früher der Fall war. Diese Muster werden auch als Orgasmushemmungen bezeichnet. Im elften Kapitel befassen wir uns mit einer anderen weitverbreiteten Problematik, nämlich mit Frauen, die nur während des Sexualaktes Orgasmusprobleme haben.

Einer Frau, die nur ihrem Partner zur Erregung verhelfen kann und sich nicht, wird der Stempel einer ›Orgasmushemmung‹ aufgedrückt. Es existiert kein genaues Datenmaterial über die Anzahl orgasmusgestörter Frauen, doch viele Kliniker und Forscher (wie Helen Kaplan, Ellen Frank und ihre Kollegen, Murray Yost und ich) schätzen, daß bis zu 20 Prozent erwachsener Frauen nur schwer oder unregelmäßig zum Höhepunkt kommen. Sollte diese Zahl nur bei 10 Prozent liegen, haben wir es dennoch mit einem ernsten Problem zu tun: Sexualverhalten sollte ein kooperatives System sein, in dem jeder dem anderen zum sexuellen Höhepunkt verhilft. Die Selbstachtung beider Partner ist mit ihrer jeweiligen Orgasmusfähigkeit verknüpft.

> Die vierundzwanzigjährige Martha begab sich ein Jahr, nachdem sie einen Mann geheiratet hatte, den sie ›wahnsinnig liebte‹, wegen ihrer Orgasmushemmung in Behandlung. Sie war der Meinung, daß ihr und ihrem Partner durch ihre Unfähigkeit, selbst bei starker Erregung ganz loszulassen, viel entging. Sie verglich das plötzliche Nachlassen ihrer lustvollen genitalen Empfindungen,

wenn ihr Mann sie zärtlich streichelte damit, als falle mitten in einer Theatervorführung der Vorhang. Die Lektüre von Lebenshilfebüchern hatte ihr nicht geholfen.

Martha wurde auffallend schüchtern, als das Gespräch auf ihre verwitwete Mutter kam, die sie als kleinbürgerliche, klammernde, manipulierende und unangenehme Frau schilderte – »kein liebenswürdiger Mensch!« Ihrem Zorn auf die Mutter folgte rasch eine nicht ganz aufrichtig klingende Selbstanklage, ›egoistisch‹ gewesen zu sein, weil sie geheiratet und ihre Mutter allein gelassen habe. In der fünften Sitzung verkündete sie, geheilt zu sein. Auch einige Monate später hatte sie keine Orgasmusschwierigkeiten.

Nach unserer vierten Sitzung hatte Martha ein interessantes Gespräch mit ihrer älteren Schwester, die ihr gestand, daß sie zu Beginn ihrer Ehe ›frigide‹ gewesen sei. Die Schwester verachtete die Mutter bis heute, nur die Schuldgefühle, die sie bis etwa Mitte Zwanzig beherrschten, waren vergangen. Die Schwester, zu der Martha zuvor wenig Kontakt hatte, gestand auch, daß sie ihren sanften, von der Mutter total unterdrückten Vater sehr vermißte. Marthas Orgasmushemmung schwand, als sie erkannte, daß sie guten Grund hatte, enttäuscht und wütend auf die Mutter zu sein, und das Recht hatte, »sich weiter zu entwickeln und erwachsen zu werden«.

Die 42jährige Betty, eine erfolgreiche, selbstbewußte Frau hatte vor einigen Monaten Stan kennengelernt, der ihr gut gefiel. Als sie zusammen ins Bett gingen, war sie schnell erregt, kam aber nicht zum Orgasmus. Zunächst glaubte sie, das würde sich bessern, wenn sie sich besser kennenlernten, doch bald wurde ihr klar, daß sie nicht fähig war, zum Orgasmus zu kommen, was sie oder er auch anstellen mochten. Dieses Problem überraschte sie, da sie die schlimmste Trauer um ihren Mann, der vor drei Jahren gestorben war, überwunden zu haben glaubte. Betty schilderte Stan als liebevoll und aufmerksam und glaubte, daß sie ihn mit der Zeit lieben könnte. Sie hatte aber auch Fragen zu seiner Person. »Warum ist er geschieden? Warum besucht sein Sohn ihn nie? Worauf lasse ich mich da ein?« Sie fürchtete, ihre Unsicherheiten ließen darauf schließen, daß sie ihren verstorbenen Ehemann nach seinem Tod verherrlichte. »Ich finde an jedem Menschen etwas auszusetzen, wenn ich lange genug danach suche!« Andererseits hatte sie mit ihrem Mann von Anfang an nie sexuelle Probleme gehabt und war mit ihm fast jedesmal zum Orgasmus gekommen.

Nach einigen Gesprächen fand Betty selbst eine Erklärung für ihre rätselhafte neue Orgasmushemmung: »Vielleicht bin ich noch nicht bereit, mich jetzt schon an einen neuen Mann zu binden.« Später kam sie zu einem neuen Schluß: »Vielleicht ist er nicht der richtige Mann für mich.« Meiner Ansicht nach sah sie in ihrem Orgasmus ein Geschenk, das sie noch nicht bereit war zu geben; ihre Orgasmusschwierigkeit war ein Zeichen zur Vorsicht, sich nicht vorzeitig an Stan zu binden. Für Betty bedeutete der Orgasmus das Symbol totaler Hingabe. Sie und ich stimmten darin überein, daß ihre Hemmung eine intuitive Botschaft war, die Dinge sich langsam entwickeln zu lassen.

Sowohl Martha als auch Betty waren bestürzt über ihre Orgasmushemmung. Martha stellte erstaunt fest, daß man lieben konnte, ohne sexuell frei zu sein. Betty war entsetzt darüber, daß ihre frühere sexuelle Unbeschwertheit sich nicht problemlos auf einen neuen Partner übertragen ließ. Hätten Martha und Betty ihre Erfahrungen austauschen können, hätten sie vermutlich entdeckt, daß sie sehr unterschiedliche Gründe für das gleiche Problem hatten.

Kulturelle Tradition umgibt weibliche Sexualität mit einem Geheimnis. Viele gehemmte Frauen glauben, sie seien anatomisch nicht in Ordnung, wie das bei Martha eine Weile der Fall war. Und sie hören mit Erstaunen, daß jede Frau biologisch orgasmusfähig ist. Auch Frauen, die wie Betty nie Orgasmusschwierigkeiten hatten, wissen nicht immer, warum sie früher leichter zum Höhepunkt kamen. »So war das bei mir eben. Ich habe mir darüber nie Gedanken gemacht. Ist das nicht bei jeder Frau so?« Wie wir mittlerweile erfahren haben, wissen die Männer gar nicht so viel über weibliche Sexualität, wie wir zunächst angenommen haben. Das Wissen eines Mannes über Orgasmus beschränkt sich meist auf sein Bemühen, seinen Höhepunkt hinauszuzögern. Männliche und weibliche Orgasmuserfahrungen unterscheiden sich ziemlich stark voneinander.

Sigmund Freuds Bezeichnung der weiblichen Sexualität als ›dunklen Kontinent‹ aus dem Jahr 1926 gilt heute allerdings als veraltet. Wir wissen inzwischen wesentlich mehr über Orgasmusfähigkeit und -hemmung als je zuvor. Wir leben im Zeitalter der Aufklärung über weibliche Sexualität.

Die Orgasmuserfahrung

Im Sexualleben geht es nicht ausschließlich um Orgasmus. Er ist einer von mehreren wichtigen Punkten im Prozeß weiblicher sexueller Entwicklung. Nachdem eine Frau mit einem Partner orgasmusfähig ist, ist sie meist leichter in sexuelle Erregung zu versetzen, kann verschiedene Formen des Orgasmus erleben, fühlt sich sexuell freier, ist wißbegieriger und hat eine größere Bereitschaft, Neues auszuprobieren.

Orgasmus mit dem Partner ist ein natürliches, völlig normales Phänomen, das Ergebnis zunehmenden Interesses an Lustempfinden. Die Fähigkeit für diesen Reflex ist in unserem Nervensystem vorprogrammiert. Eine orgasmusfähige Frau muß die Legitimation dieser Empfindungen akzeptieren, sie muß ihren Körper kennen und sich mit ihm wohl fühlen. Viele Frauen haben Hemmungen, sich mit einem Partner starker körperlicher Lust hinzugeben, obwohl sie fähig sind, regelmäßige Orgasmen zu haben. Diese Hemmungen, die in manchen Fällen erst nach Jahren völlig verschwinden, treten auf, weil der Höhepunkt ihre konzentrierte, uneingeschränkte Aufmerksamkeit auf ihre Empfindungen erfordert. Diese ›Ich-Bezogenheit‹ steht im Widerspruch mit dem Rollenverständnis, das viele Frauen in bezug auf Männer zu haben glauben. Mit ihrer Orgasmusfähigkeit enthüllt die Frau außerdem einen Teil ihrer

Persönlichkeit, in den sie einem anderen möglicherweise keinen Einblick gewähren möchte, und das bedeutet, daß sie ihrem Partner volles Vertrauen schenken und der Überzeugung sein muß, er schätzt und akzeptiert ihr Verhalten.

Die meisten Frauen ohne Orgasmusprobleme kennen die Funktionen der Klitoris und wissen sie zu ihrem Lustgewinn einzusetzen. Männer wissen nicht intuitiv, wo die Klitoris sich befindet, wozu sie dient, wie und wann sie berührt werden soll und welchen Zweck sie erfüllt. Eine Frau, die sich völlig darauf verläßt, daß ihr männlicher Partner über klitorale Stimulation Bescheid weiß, gerät rasch in Gefahr sexueller Frustration. Sie muß sich von der Illusion männlicher Erfahrung lösen, auch wenn er ›die größere Erfahrung‹ hat. In sexueller Hinsicht erwachsen zu werden bedeutet, Verantwortung für die eigene sexuelle Anatomie, Funktion und Lust zu übernehmen.

Es gibt zwar auch den Orgasmus im Schlaf, im Normalfall muß er jedoch körperlich und mental herbeigeführt werden. Besonders während des Koitus liegt es an der Frau, nicht einfach die Beine breit zu machen und sich dem Mann zu überlassen. Sie muß ihre Aufmerksamkeit aktiv auf ihre genitalen Empfindungen lenken und sich in ihrem Wunsch nach ihrem Orgasmus durch aktive Muskelanspannung und Lockerung beteiligen.

> Während einer Vorlesung vor einem medizinischen Fachpublikum über weibliche Orgasmusfähigkeit sprach ich von der starken Anspannung der Beckenmuskulatur und dem Grimassenschneiden der Frau, die die letzten Augenblicke vor ihrem Orgasmus kennzeichnen und sagte scherzhaft: »Wenn ihre Partnerin dabei ein süßes Lächeln zur Schau trägt, vor Vergnügen schnurrt und besonders hübsch dabei anzusehen ist – so ist ihr Höhepunkt vermutlich gespielt!« Allgemeines Gelächter. Nur ein Arzt in der zehnten Reihe bekam einen hochroten Kopf.

Am schwierigsten ist es für die Frau, während des Geschlechtsaktes den sogenannten vaginalen oder Scheiden-Orgasmus zu erreichen. Den Mann körperlich zu erregen ist relativ einfach – sie muß ihn lediglich seinem Drang überlassen, in ihrer Vagina zum Orgasmus zu kommen. Wenn sie jedoch an ihrem eigenen Lustgewinn interessiert ist, muß sie das tun, was ihr guttut. In jeder Koitusposition muß die Frau sich bewußt darum kümmern, daß sie zum Orgasmus kommt.

Viele Frauen lieben beispielsweise die Sitzposition auf dem Mann während des Liebesaktes – sie ist keineswegs nur den Männern vorbehalten. In dieser Stellung ist sie nicht durch sein Gewicht in ihrer Bewegungsfreiheit eingeschränkt und kann ihre Klitoris in kreisenden Bewegungen an seinem Schambein stimulieren, während sein Penis ihre Vagina mit seinen Stößen reizt.

Eine Frau, die mit einem Partner zum ersten Mal nach langer Zeit zum Orgasmus kommt, verändert oft ihr Verhalten, weil sie sich nunmehr als Frau mit einem Recht auf körperliches Lustempfinden sieht.

Sie nimmt sich die Freiheit, ihre Lust zu genießen, und beendet die Stimulation nicht, wenn das subjektive Gefühl einsetzt, von der Lust fortgetragen zu werden. (Martha fand heraus, wer ›den Vorhang fallen ließ‹.) Sie gibt sich ihrem starken Gefühl hin, statt sich dagegen zur Wehr zu setzen, und schaltet nicht länger auf unerotische Gedanken um, wenn sie stark erregt ist.

Manche Frauen stimulieren sich genital selbst, um ihre Erregung zu erhöhen, besonders während des Liebesaktes, wenn der Partner von hinten in ihre Vagina eindringt. Frauen, denen es schwerfällt, zusätzliche klitorale Selbststimulierung vorzunehmen, glauben, entweder den Mann damit zu kränken oder ein ungeschriebenes Gesetz zu verletzen, wonach der Mann für den Orgasmus der Frau zuständig ist. In Wahrheit sind die meisten Männer erleichtert, wenn sie nicht die ganze Verantwortung für ihren Orgasmus tragen und sie finden es aufregend, zuzusehen, wie die Frau sich selbst stimuliert, entweder allein durch Masturbation oder gemeinsam mit dem Mann. Wenn Frauen wissen, daß sie sich selbst zum Orgasmus bringen können, befreien sie sich von der totalen Abhängigkeit vom männlichen Partner.

Frühkindliche Ursachen der Orgasmushemmung

Der Grund, warum viele Frauen keinen Orgasmus mit einem Partner erreichen können, liegt in ihrer Unkenntnis über die sexuelle Anatomie und deren Funktionsweise. Dieser Informationsmangel hat seine Wurzeln in der frühen Kindheit und kann Frauen ein ganzes Leben behindern. Aufklärungsliteratur, Vorträge über weibliche Sexualität oder ein offenes Gespräch kann für manche der richtige Schritt zur Orgasmusfähigkeit sein. Leider helfen diese einfachen Mittel nicht in jedem Fall. Viele Frauen lernen den Genuß ihrer Sexualität nie kennen.

Alle Frauen haben gewisse Hemmungen, die auf mehrere Ursachen zurückzuführen sind: die entstehende Beziehung eines heranwachsenden Mädchens zum eigenen Körper, das jeweilige Temperament, die unausweichlichen Konflikte des Heranwachsens, die Gefahren einer Schwangerschaft, und nicht zuletzt die Angst vor Geschlechtskrankheit. Diese Faktoren sind ausschlaggebend dafür, ob eine Frau sich unbeschwert oder konfliktbeladen in eine intime Beziehung begibt.

Die Beziehung des kleinen Mädchens zu seinem Körper

Das Trinken des Säuglings an der Mutterbrust ist die erste Form des persönlichen körperlichen Genießens. Auch seine späteren Versuche, alles in den Mund zu nehmen, sind Beispiele körperlicher oder sexueller Freuden. Wenn wir die Hingabe eines Babys an diese oder spätere anale oder genitale Stimulationen beobachten, erkennen wir, warum in diesem Zusammenhang von sexueller Erregung zu sprechen ist.

Sexuelle Schwierigkeiten im Erwachsenenalter können im frühen Umgang des Kindes mit diesen Formen der Erregung wurzeln. Das Kleinkind ist völlig abhängig von seinen Eltern und muß bestimmte Regeln im Umgang mit der Welt lernen. Wenn ein kleines Mädchen seine Geschlechtsteile streichelt, genügt ein Klaps auf die Finger oder ein mißbilligender Blick, um ihm begreiflich zu machen, daß seine Genitalien eine verbotene Zone sind. Schon Kinder im Vorschulalter verspüren häufig genitale Reize und es bietet sich reichlich Gelegenheit, dem kleinen Mädchen negative Einstellungen zu seinen körperlichen Lustgefühlen beizubringen. Glücklicherweise durchschauen manche Mädchen die Absicht der Botschaft nicht; sie begreifen nur, daß ihr Verhalten das elterliche Mißfallen erregt, leben aber trotzdem unbeirrt mit ihrer aufkeimenden Sexualität.

Angst vor körperlichen Freuden wird von einer Generation auf die nächste übertragen. Vielfach haben Eltern ihr persönliches Unbehagen über ihre körperlichen Erregungen noch nicht abgelegt, wenn die Tochter ihre eigene Sexualität entdeckt. Die Selbsterforschungen des kleinen Mädchens sind ihnen peinlich und der Kreislauf setzt sich fort. Um ihrer Tochter – und sich selbst – zu größerem Selbstverständnis zu verhelfen, können Eltern in einfachen Worten darüber reden: »Was du da spürst, nennt man ein sexuelles Gefühl. Das spürst du in deinen Geschlechtsteilen. Es ist ein schönes Gefühl. Es ist in Ordnung, wenn du deine Genitalien berührst, tu es aber nur, wenn du alleine bist, weil sexuelle Gefühle etwas sehr Intimes sind.«

Eltern müssen ihr Wissen eingestehen, daß körperliche Gefühle angenehm und schön sind. Das kleine Kind braucht keine kompliziertere Erklärung.

Eine unverkrampfte Anleitung zu körperlichen Freuden führt zum unverkrampften Umgang mit Masturbation in der Kindheit und Jugend und ist eine gute Vorbereitung zur Orgasmusfähigkeit mit Partnern.

Masturbation bietet Gelegenheit für spätere positiv gelenkte sexuelle Erfahrung. Das Mädchen hat nur seine Empfindung im Sinn und kann das Tempo seiner Erregung steuern und damit aufhören, wenn es dies wünscht. Dadurch verliert es seine Angst vor sexueller Erregung.

Temperament

Jedes Kind verarbeitet Gedanken, Gefühle, Impulse und elterliche Vorschriften seinem Temperament entsprechend verschieden. Manche Kinder sind ›einfach‹. Es fällt ihnen nicht schwer, ihren Eltern zu gehorchen, und sie lösen selten Konflikte aus.

Andere sind ›schwierig‹. Sie sind quengelige Babys, haben oft Trennungsschwierigkeiten und ihr Reinlichkeitstraining ist langwieriger.

Kinder reagieren außerdem ihrem Temperament entsprechend unterschiedlich auf körperliche Empfindungen oder auf die Behauptung, körperliche Freuden seien sündhaft. Temperamentsunterschiede tragen ebenso wie Familienkonflikte zu dauerhafter sexueller Hemmung bei. So können beispielsweise sexuelle Spielchen zwischen Bruder und Schwester das Sexualleben des erwachsenen Mädchens beeinträchtigen oder auch nicht. Oft ist es eine Frage des Temperaments, das die unterschiedlichen Entwicklungen von Kindern erklärt, die in ähnlich konfliktbelasteter Umgebung aufwuchsen.

> Der Altersunterschied zwischen Judy und Trudy betrug zehn Monate. Judy war ein energiegeladenes, draufgängerisches Kind, das zu Trotzreaktionen gegen die elterlichen Vorschriften neigte. Sie beschützte Trudy, die eher schüchtern und folgsam war und allem Neuen ängstlich gegenüberstand. Die beiden waren ein Herz und eine Seele und schlossen sich in ihrer Pubertät stark einander an, in einer Zeit, als ihre Mutter vier Jahre lang alkoholsüchtig war. Im letzten Jahr an der High School hatte Judy gelegentlich Sex mit Partnern und hatte großen Spaß daran. Trudy mied jeglichen sexuellen Kontakt bis zum letzten Studienjahr im College. Sex mit ihrem Freund weckte bei ihr Ängste statt Lustgefühle. Sie hielt ihre sexuelle Ängstlichkeit für normal. »So bin ich nun mal. Ich nehme die Dinge schwer. Ich bin anders als Judy.«

Unausweichliche Konflikte beim Heranwachsen

Auch in einer liebevollen Familienumgebung, in der jeder respektiert wird, kann ein Mensch sexuelle Hemmungen entwikkeln. Das Heranwachsen ist nun einmal nicht leicht und auch eine normale Entwicklung hat ihre Probleme – widersprüchliche Wünsche zu körperlichen Empfindungen, Schuldgefühle wegen verbotener Lust oder anderer Sachverhalte.

Menschen haben nicht nur in der Jugend wegen ihrer Selbstbefriedigung Gewissensbisse, auch wenn kein Elternteil sagt, es sei verboten. Nicht jede sexuelle Hemmung bei einem Erwachsenen ist die Folge einer schwierigen Eltern-Kind-Beziehung.

> Grace, die älteste von drei Töchtern, ein begabtes vierzehnjähriges Mädchen, lebt in einem liebevollen Elternhaus. Ihre Eltern sind wohlhabend und hatten nie eine ernste Ehekrise. Die gute Schülerin hat viele Freundinnen; sie ist von einem großen Wunsch besessen – sie möchte eine berühmte Eiskunstläuferin werden. Seit vielen Jahren verfolgt sie dieses Ziel mit Disziplin und Ausdauer. Ihrer Meinung nach sind sexuelle Gefühle der Feind dieses Traumes. Ihr Sexualtrieb macht ihr Angst, obgleich sie es vom Verstand her besser weiß; sie fühlt sich in ihrer Selbstkontrolle und ihrer Leistungsorientierung eingeschränkt. Sie fürchtet, ihre Chance auf eine große Karriere zu ruinieren, wenn sie ihrem körperlichen Drang nachgibt.

Gefahren einer verfrühten Schwangerschaft

Unsere Gesellschaft gibt sich große Mühe, junge Mädchen über die Gefahren leichtfertigen Sexualverhaltens aufzuklären. Eltern sind oft erleichtert, wenn ihre Tochter sexuelle Hemmungen hat, und hoffen, daß ihre Angst vor Schwangerschaft groß genug ist, um sie vor sexuellen Abenteuern zu bewahren. Diese Angst ist jedoch häufig nicht groß genug. Sie verhindert nicht genitale Spiele, sie verhindert nicht den Geschlechtsakt – sie verhindert lediglich die Freude daran.

> »Ich hatte damals wahnsinnige Angst, schwanger zu werden und wußte mir nicht zu helfen. Ich wollte aber auch nicht aufhören – Sie wissen, was ich meine. Es wäre mir zu peinlich gewesen, einen Arzt wegen Empfängnisverhütung aufzusuchen. Ich wollte mit meinem Freund schlafen, aber ich war so verkrampft, daß wir es bald aufgaben. Heute kann ich nur über meine damaligen

Schwangerschaftsängste lachen. Pat kam nie in mir, immer nur auf mir. Ich mußte immer an den Witz denken, in dem Spermien Weltklasse-Schwimmer sind. Zwei Wochen hatte ich diese schrecklichen Ängste, weil meine Periode ausblieb; meine Eltern würden mich verstoßen; ich wäre der Schandfleck meiner Familie.«

Die von Eltern und Familie geschürten sexuellen Hemmungen sollen auf wunderbare Weise mit dem Tag der Hochzeitsfeier verschwinden. Diese drastische Umwandlung tritt bei manchen Frauen tatsächlich ein; weitaus häufiger verstärkt die unüberwindliche Angst vor ungewollter Schwangerschaft lediglich die sexuellen Hemmungen der Frauen.

Angst vor Geschlechtskrankheit

Wird das Thema Sex bei Jugendlichen zu Hause oder in der Schule diskutiert, so sprechen Eltern und Lehrer in diesem Zusammenhang immer über die Gefahren von sexuell übertragbaren Krankheiten. Medizinische Informationen über Krankheiten wie Syphilis, Gonorrhö und Herpes sind allgemein zugänglich, die Sachverhalte werden aber oft mit moralischen Botschaften überfrachtet, um den Jugendlichen Angst vor dem Geschlechtsverkehr zu machen. Jungen Menschen Angst einzujagen, um sie am Geschlechtsverkehr zu hindern, hat sich allerdings nicht bewährt – diese Taktik verhindert lediglich sexuelle Freuden und weckt Ängste, durch Krankheit bestraft zu werden, ist aber ungeeignet, um Geschlechtsverkehr zu verhindern.

Die Angst vor AIDS ist allerdings so stark, daß sie Geschlechtsverkehr verhindert. AIDS ist lebensbedrohend für Frauen, die sich sexuell mit Männern einlassen, deren Hintergrund sie nicht kennen. Eltern, Lehrer und junge Mädchen haben mittlerweile erkannt, daß die verheerendste Gefahr sexueller Aktivität nicht in der Schwangerschaft liegt – AIDS kann einen frühen Tod bedeuten. Es gibt noch keine wissenschaftlichen Erkenntnisse darüber, ob dieser Sachverhalt zu größerer Orgasmushemmung führt, ich gehe allerdings davon aus, daß es so ist.

Bedeutung des Orgasmus

Es wäre falsch, die drei Muster der Orgasmushemmung zu erläutern, ohne die wichtigen symbolischen Bedeutungen zu erwähnen, die Frauen unbewußt dem Orgasmus beimessen. Diese Bedeutungen haben eine Reihe von Ursachen. Viele Psychotherapeuten betonen, daß sie auf die Beziehung zu den Eltern und deren Einfluß auf die sich entwickelnde Geschlechtsidentität des Mädchens zurückzuführen sind. Viele Feministinnen befassen sich mit den Schwierigkeiten, in einer von Männern dominierten Gesellschaft sexuell gesund aufzuwachsen. Therapeuten und Feministen sind besorgt über die wachsende Anzahl sexuell mißbrauchter Mädchen – jedes zweite mißbrauchte Mädchen kann sich nur undeutlich oder gar nicht an solche Vorfälle erinnern. Wir wollen hier die wichtigsten Bedeutungen des Orgasmus erläutern, um zu verstehen, welche Symbolkraft er für Frauen besitzt, die unfähig sind, zum Orgasmus zu kommen.

Ein Mädchen oder eine Frau, die durch Masturbation zum Orgasmus kommen kann, wird zwangsläufig erkennen, daß sie ein sexuelles Wesen ist. Ihre Masturbationsphantasien zeigen ihr, daß ihre Sexualität sich durch besondere Elemente – Männer, Geschlechtsakt und Bewunderung definiert.

Orgasmen mit einem Partner haben zwei wichtige Bedeutungen: die emotionale Unabhängigkeit von den Eltern und die Fähigkeit, dem Partner Vertrauen zu schenken. Viele Frauen, die nie mit einem Partner zum Orgasmus kommen, sind emotional in ein altes Dilemma mit ihrer Herkunftsfamilie verstrickt. Sie sind wie Martha oft wütend oder enttäuscht über die Mutter oder den Vater, oder beide Eltern, und fühlen sich schuldig, weil sie den Menschen, die sie eigentlich lieben sollten, bittere Gefühle entgegenbringen. Frauen, die sich auf ihre Lust und die ihres Partners konzentrieren können, sind in sexuellem Sinn frei von ihren Eltern. Nicht daß sie ihre Eltern zwangsläufig weniger lieben oder ihnen weniger Bitterkeit entgegenbringen. Ihre körperliche Lust ist lediglich nicht mehr an Familienprobleme gebunden. Sie ist ihre höchst eigene Angelegenheit. Nicht alle Frauen in Marthas Situation müssen Orgasmusschwierigkeiten haben. Martha aber hatte sie. Erst nach einem langen Gespräch mit ihrer Schwester gelang es ihr, sich beim ehelichen Sex von ihren Schuldgefühlen über ihren Haß gegen die Mutter zu befreien. Anderen Frauen wäre dies auf andere Weise gelungen.

Jugendliches Sexualverhalten kann eine Trotzreaktion sein. Orgasmus mit einem Partner erfordert gewöhnlich die innere Bereitschaft, die allmählich durch wachsende, echte emotionale Unabhängigkeit von den Eltern erlangt wird. Jugendliche sexuelle Aktivität wird häufig praktiziert, bevor ein Mädchen sich zu dieser Unabhängigkeit befähigt fühlt. Sie hat vielleicht zu große Schuldgefühle wegen ihres Verhaltens, um es genießen zu können; fühlt sich nicht bereit für den riesigen Schritt der körperlichen Intimität; zu unsicher, welche Rolle ihr bei Sex zukommt, um ihr Recht auf Lust zu beanspruchen; oder zu sehnsüchtig danach, einfach geliebt, im Arm gehalten und umsorgt zu werden, um diese lustvolle Form des Selbstausdrucks überhaupt in Erwägung zu ziehen. Daher ist der Orgasmus ein Symbol persönlicher emotionaler Leistung des Mädchens – ihre wachsende Loslösung von den Eltern.

Die zweite wichtige Bedeutung des Orgasmus ist das Vertrauen zum Partner. Viele gehemmte Frauen haben beim Masturbieren Orgasmen, nicht aber mit ihren Partnern. Sie fühlen sich mit ihrem Partner unsicher, obgleich sie wissen, daß sie ihm vertrauen können. Dieses Paradox ist häufig das Ergebnis von Mißtrauen und Befürchtungen aus einer früheren, unsicheren Beziehung. Mißtrauen schließt die Frau nicht nur von der Orgasmusfähigkeit aus, es kann letztlich auch die Selbstachtung ihres Partners empfindlich verletzen.

> Joanne hatte eine stets wiederkehrende Masturbationsphantasie, wonach sie mit einem von zwei unbekannten Männern den Geschlechtsakt vollzog, nachdem die beiden einander bis zur völligen Erschöpfung verprügelt hatten. Sie hatte ihre frühe Jugend mit einem geistig gestörten Vater verbracht, der die ganze Familie mit seinen häufigen Wutausbrüchen terrorisierte. Ihr Ehemann, ein sanfter Mensch, der nur selten die Stimme erhob, konnte

ihre emotionale Distanz zu ihm nicht verstehen. Ihrem Verhalten nach zu schließen, hatte sie schreckliche Angst vor jeder sexuellen oder psychischen Nähe. Als er sich mit Selbstmordgedanken trug, suchte er Rat und Hilfe gegen seine Wut und Traurigkeit, in seiner Ehe alleingelassen zu sein.

Nach einem Jahr Psychotherapie war diese Frau fähig, mit ihrem Mann zum Orgasmus zu kommen; in dieser Zeit konfrontierte sie ihre Angst, die sie hinderte, ihrem Ehemann ihre Gefühle anzuvertrauen; mit dem Therapeuten sprach sie nur selten über Sex. Nach einer bestimmten Lebenserfahrung setzen Menschen jedoch Vertrauensgrenzen. Die Frau in folgendem Fallbeispiel maß ihrem Orgasmus die Bedeutung eines kostbaren persönlichen Besitzes zu, und ihr Partner mußte ganz einfach begreifen, daß sie keinem Menschen so tief vertrauen wollte und vermutlich auch nicht konnte, um mit ihm ihren Orgasmus zu teilen.

Betty, eine erfahrene Prostituierte war nie fähig, mit einem Partner zum Orgasmus zu kommen. Bei der Selbstbefriedigung hatte sie damit keine Schwierigkeiten und sie verstand sich darauf, ihren Kunden den perfekten Orgasmus vorzuspielen. Sie ging eine Lebensgemeinschaft mit einem Mann ein, der ihr in vielen schwierigen Situationen geholfen hatte. Sein bitterer Vorwurf, sie habe ihm fünf Jahre lang ihre Orgasmen vorgespielt, veranlaßte sie, ihm zu gestehen, warum sie glaubte, nie mit einem Partner zum Höhepunkt kommen zu können. Sie versicherte ihm zwar, daß ihre Beziehung mit ihm einer Liebesbeziehung so nahe kam, wie nur irgend möglich, beharrte aber darauf, ihr Orgasmus habe nur etwas mit ihr zu tun und sie sei nicht bereit, diese Empfindung mit ihm zu teilen. Er hörte auf, sie in diesem Punkt zu bedrängen, nachdem sie ihm berichtet hatte, daß ihre heroinsüchtige Mutter ihr als zwölfjährigem Mädchen Seconal verabreichte und sie mißbrauchte, wobei ein Mann ihnen gegen Bezahlung zusah. Beth versicherte ihrem

Liebhaber, daß er beim Liebesspiel nichts falsch mache und sie es genieße, ihn zu erregen.

Ob aus Mangel an Vertrauen oder aus Mangel an emotionaler Unabhängigkeit, der Orgasmus symbolisiert für orgasmisch gehemmte Frauen Angst – beispielsweise Angst, Wutgefühle gegen einen Elternteil oder eine nachhaltige, intensive kindliche Liebe zum Vater aufzudecken. Sie haben Angst, die Kontrolle zu verlieren, da diese Emotion eine Erinnerung an Schuldgefühle in ihnen wachrufen könnte.

Tricia, eine glücklich verheiratete Frau, reagierte auf sexuelle Intimität mit kurzer Erregung, unmittelbar gefolgt von Angstgefühlen. Nach mehreren Monaten sexueller Verkrampfung kamen Erinnerungen in ihr hoch, wie sie als junges Mädchen mit ihrem Vater im Bett lag und ihn in seinen Depressionen tröstete. Es kam zwar zu keiner sexuellen Handlung zwischen Vater und Tochter, doch die körperliche Nähe zum Vater erregte sie. Zehn Jahre später beeinträchtigten diese Erinnerungen ihr Liebesleben. Es fiel ihr sehr schwer, einzugestehen, daß sie sich körperliche Intimität mit ihrem gemütskranken Vater ausmalte. Das Auftauchen von Bruchstücken dieser Phantasie löste die Angst mit ihrem Ehemann aus. Sie litt unter ihren Erinnerungen und unter der Tatsache, daß Orgasmus für sie zum Symbol ihrer inzestuösen Schuld geworden war.

Das eigentliche Erlebnis dieser Frau ist weniger wichtig als die Tatsache, daß sie sich in ihrem Kopf eine besondere Bedeutung für den Orgasmus zurechtlegte. Für sie und für viele gehemmte Frauen ist der Orgasmus beängstigend, da er als Symbol für etwas Beängstigendes steht.

Die Gesellschaft kann einer Frau entweder helfen oder sie daran hindern, ihre Sexualität zu erforschen. Es gibt zwei zwingende Erklärungen für die Tatsache, daß so viele Frauen anfänglich Schwierigkeiten haben, das Natürliche ihres Orgasmus mit dem Partner zu entdecken: junge Mädchen werden in sexuellen Fragen nicht richtig aufgeklärt und die Beziehungen zu den Eltern geben ihnen keine Sicherheit im Hinblick auf ihre aufkeimende Sexualität. Das sich verändernde Rollenbild der Frau führte zur weitgehenden Anerkennung, daß weibliche sexuelle Bedürfnisse mehr umfassen, als nur den männlichen Partner sexuell zu erregen. Aufklärungsliteratur und andere Informationsquellen über den Orgasmus haben viele Frauen dazu ermutigt, die Entdeckung ihrer Sexualität weiter zu verfolgen. Lebenshilfebücher, wie Lonnie Barbachs Buch *For Yourself* haben große Dienste geleistet, um Frauen zu regelmäßiger Orgasmusfähigkeit anzuleiten. Doch manche Frauen brauchen mehr als Fakten und Informationen. Frauen mit dauerhaften Mißtrauensproblemen, unbegründetem Argwohn oder Schamgefühlen wegen ihrer Erregung brauchen meist eine Therapie. Doch auch der erfahrenste Therapeut kann nicht allen Frauen helfen, zum Orgasmus mit ihrem Partner zu kommen.

Sexuelle Phantasien

Die sexuellen Phantasien von orgasmisch gehemmten Frauen sind besonders interessant, weil sich durch sie erkennen läßt, was die Frau erregt und was sie hemmt. Manche Phantasien kehren jahrzehntelang immer wieder und scheinen für ihren Orgasmus absolut notwendig zu sein. Orgasmische Hemmung kann aus der Angst vor einer Phantasie entstehen oder aus dem Wissen, was die Phantasie bedeutet.

Claudia: Ich komme nur zum Orgasmus, wenn ich mir vorstelle, daß ich an der Brust einer älteren Frau trinke. Heißt das, daß ich lesbisch bin?

Doktor: Das glaube ich nicht. Die Phantasie wiegt Sie in Sicherheit in einem Stadium, an dem die Heftigkeit Ihrer Gefühle Ihnen Angst macht.

Claudia: Aber warum ist es immer eine Frau?

Doktor: Beantworten Sie die Frage.

Claudia: Bedeutet es, daß ich bei meiner Mami bin, sozusagen? Aber meine Mutter war selten für mich da, um mich zu trösten!

Doktor: Ich denke, das ist der Punkt. Die Heftigkeit sexueller Gefühle macht Ihnen Angst und deshalb erschaffen Sie sich eine tröstende Mutter, die Ihnen die Angst nimmt. In Ihrer Phantasie sind Sie bei einer guten Mutter aufgehoben.

Claudia: Das klingt seltsam. Sind Sie sicher?

Doktor: Nicht hundertprozentig. Aber wir wollen diesen Gedanken einmal festhalten und sehen, ob er Ihre Sorgen erleichtert. Vielleicht verstehen wir Ihr Bild von der Frauenbrust später einmal besser. Andererseits haben Sie mir nie etwas darüber gesagt, was darauf schließen ließe, daß Sie sich zu Frauen hingezogen fühlen.

Claudia: Worauf Sie sich verlassen können!

Die Kraft der Phantasie, die Wünsche wahrmacht und Besorgnisse lindert, funktioniert bei vielen Frauen – sie benutzen Bilder und Szenen zur Steigerung sexueller Erregung mit einem Partner. Frauen, die sich für dick halten, sehen sich in ihrer Phantasie schlank; Frauen, denen das Liebesspiel mit ihrem Ehemann langweilig geworden ist, verwandeln den Mann in einem Filmstar. Phantasien sind sehr privat und müssen nicht mit dem Partner besprochen werden. Dennoch scheuen sich viele Frauen vor Phantasiebildern während des Liebesspiels, weil sie darin eine geistige Untreue sehen, oder weil sie ihre erotischen Bilder für ungesund halten. Besonders dann, wenn eine Frau sich masochistischen Vorstellungen hingibt.

Fran, eine Frau, die seit über einem Jahr mit einem sanften Mann zusammenlebt, wurde von ihm für sexuell unmotiviert und völlig passiv gehalten. Ihr Freund wußte allerdings nicht, daß sie häufig zu Bildern von finsteren Kommunistentruppen masturbierte, die sie bespuckten und anschrien und sich an ihr ›vergingen‹. Gelegentlich stellte sie sich vor, mit heißen Eisen gefoltert oder von Nadeln durchbohrt zu werden. Sie konnte sich nicht erinnern, ohne solch stark erregende Bilder einen Orgasmus gehabt zu haben. Dieses Problem belastete sie. Sie hielt ihre erotischen Phantasien für ›ekelerregend entartet‹, die sie vor ihrer intimen Beziehung geheim halten mußte, an der sie nur begrenztes Interesse hatte; zu echter sexueller Befriedigung war sie nur in ihrer Masturbation fähig.

Nach mehreren Monaten wöchentlicher Sitzungen bei mir begann Fran zu begreifen, daß sie in der Phantasie Erlebnisse aus ihrer Kindheit wieder heraufbeschwor, in der sie häufig erniedrigt und geprügelt wurde und der Meinung war, durch ihren Ungehorsam die Scheidung der Eltern verschuldet zu haben. Erst nach fast einem Jahr Therapie war sie fähig, mit ihrem Partner Erregung zu empfinden. Doch auch dabei tauchten Bilder ihrer früheren ausgedehnten Masturbationsphantasien auf, die sie allerdings nunmehr besser akzeptieren konnte.

Die meisten Phantasien, mit deren Hilfe Frauen zum Orgasmus kommen, sind weit weniger spektakulär. Meist handelt es sich um romantische Vorstellungen, von einem mächtigen, einflußreichen Partner geliebt und verehrt zu werden. Manche Frauen erkennen in solchen Phantasien ihre kindliche Sehnsucht nach einer besseren Beziehung zu den Eltern wieder, doch meist haben diese Szenarien mehr mit der Gegenwart zu tun und ihrem intuitiven Wissen, auf welche Weise sie ihrer Sexualität freien Lauf lassen können.

Mary Lou, die als kleines Mädchen Ballettunterricht hatte, erschuf sich eine Lieblingsphantasie, die sie sowohl in der Masturbation als auch im Liebesspiel mit ihrem vielbeschäftigten Ehemann benutzte. Darin ist sie eine berühmte Tänzerin, die auf der Bühne vor ihrem begeisterten Publikum herumwirbelt. Nach der Vorstellung regnet es Blumen auf die Bühne und die Zuschauer applaudieren begeistert. Endlich allein mit ihrem reichen und mächtigen Begleiter in ihrer Stargarderobe, lieben sich die beiden leidenschaftlich auf dem Sofa oder auf dem Fußboden.

Verlust der Orgasmusfähigkeit

Gewöhnlich ist der Verlust der Orgasmusfähigkeit auf psychologische und soziale Probleme zurückzuführen; es gibt aber auch physische Ursachen für Orgasmusschwierigkeiten. Die häufigste körperliche Ursache ist medikamentöse Behandlung. Wenn ein Medikament der Grund ist, ist der Orgasmus immer noch möglich, die Frau muß sich aber großer Mühe unterziehen. Antidepressiva, Beruhigungsmittel, Schmerztabletten und Suchtmittel können sich negativ auf die Koordinationsfähigkeit des Gehirns auswirken. Das Problem ist rasch behoben, wenn das Medikament abgesetzt oder die Dosis verringert wird.

> Carol, die sich mehrmals in der Woche selbst befriedigte und während des Verkehrs mit ihrem Mann zum Orgasmus kam, erhielt ein Medikament gegen die Symptome ihrer Depression. Als die Dosis auf über 80 mg erhöht wurde, verlor sie ihre Orgasmusfähigkeit. Bei 60 mg täglich kam sie zum Orgasmus, mußte aber große Anstrengungen dafür aufwenden. Bei 40 mg hatte sie normale Orgasmen, doch ihre depressive Stimmung und ihre allgemeinen Angstzustände verschlimmerten sich.

Die meisten Krankheiten, die sich negativ auf die Orgasmusfähigkeit auswirken, tun das indirekt durch Energieverlust oder Depressionen. Herz- oder lungenkranke Frauen oder Frauen mit schwerer Anämie kommen nicht leicht zum Orgasmus, weil die körperliche Anstrengung für sie zu groß ist. Frauen, die wegen ihrer Krankheit oder ihrer verlorenen Attraktivität Depressionen haben, sind zu keinen starken sexuellen Gefühlen fähig, da sie auf ihre Unzulänglichkeiten fixiert sind, statt auf ihre Gefühle.

Krankheit und chirurgische Eingriffe sind allerdings selten direkte Ursachen für den Verlust der Orgasmusfähigkeit. Tritt dieser Fall dennoch ein, so deshalb, weil die Übermittlung genitaler Empfindungen zur Wirbelsäule und zum Gehirn eingeschränkt ist. Multiple Sklerose, Diabetes, Gefäßerkrankungen,

Hysterektomie und Operationen am Sympathikusnerv können bei manchen Frauen zum Verlust der Orgasmusfähigkeit führen, sicher nicht bei allen Frauen, die an diesen Krankheiten leiden.

Es gibt viele vorübergehende Umstände, die Orgasmusschwierigkeiten hervorrufen: unerwartete Schwangerschaft, Abtreibung, Fehlgeburt, der Tod oder die schwere Krankheit eines Elternteils, berufliche Rückschläge, Sorgen um den Gesundheitszustand des Partners, Auseinandersetzungen mit einem Kind, eine Zeugenaussage vor Gericht, und so weiter. Die Sexualstörung ist meist behoben, wenn die Krise überwunden oder das Problem gelöst ist.

Die meisten Frauen, die über einen langen Zeitraum hinweg orgasmusunfähig sind, leiden entweder an Depressionen, befinden sich in zerrütteten Beziehungen oder beides. Fehlendes sexuelles Verlangen ist ein fundamentales Problem bei depressiven Frauen. Der Zustand einer Beziehung verschlechtert sich meist zusehends durch unterdrückten oder nicht ausgelebten Zorn, der auf Enttäuschungen über den Partner zurückzuführen ist. Der Orgasmus ist oft ein symbolisches Geschenk für den Partner, doch in einer zerrütteten Beziehung ist eine Frau vielleicht so verärgert über das allgemeine Verhalten des Partners, daß eine Verweigerung dieses symbolischen Geschenks für sie zur Frage ihrer Würde und ihres Stolzes wird. Die nicht ausgesprochene Vergeltungsparole lautet: »Nicht nachdem, was du mir angetan hast!« Ihre anhaltende Orgasmusunfähigkeit erschüttert meist die Selbstachtung ihres Partners.

> Ein Ehepaar führte lange Diskussionen über die Pros und Kontras eines Umzugs in eine andere Stadt, der für die berufliche Karriere des Ehemannes von entscheidender Wichtigkeit war. Der Mann machte drei klare Versprechungen, wie er sich im Falle ihrer Zustimmung verhalten wolle. Daraufhin einigte sich das kinderlose Ehepaar in mittleren Jahren auf ein Leben in der fremden Stadt und ließ Familienangehörige und Freunde zurück. Gail rechnete damit, einige Monate unglücklich zu sein und sich einsam zu fühlen. Doch als diese Gefühle sich

nach eineinhalb Jahren verschlimmerten, sie in Depression verfiel und nicht mehr fähig war, mit ihrem Mann zum Orgasmus zu kommen, suchte sie Hilfe. Das Geheimnis ihres Orgasmusverlustes war gelöst, als ihr bewußt wurde, daß er keines seiner drei Versprechen eingehalten hatte, nämlich mehr Zeit mit ihr zu verbringen, sich aktiv daran zu beteiligen, einen neuen Freundeskreis aufzubauen, und nicht wegen ihrer gelegentlichen Flüge nach Hause zu ihren Geschwistern zu meckern und sich auch nicht über ihre Ferngespräche aufzuregen. Ihre Fähigkeit, bei der Masturbation zum Orgasmus zu kommen, hatte sie nie verloren.

Diese Frau war besorgt um ihre verlorene Orgasmusfähigkeit, weil sie sich ihrer Motive, den Orgasmus zu verweigern, nicht bewußt war. Viele einstmals orgasmusfähige Frauen machen sich darum keine Sorgen, weil sie ihre Situation erkennen – für sie ist es eine Frage von Stolz, Macht und Bestrafung.

Wege zu einem problemfreien Sexualleben

Eine Frau, die nie zu einem Orgasmus fähig war, muß wissen:

- daß sie physisch fähig ist, Orgasmen zu haben;
- daß es Hoffnung gibt, weil andere Frauen in ihrer Situation regelmäßige Orgasmen erreichen konnten;
- daß klitorale Stimulation für Erregung sehr wichtig ist;
- daß Masturbation hilfreich ist, um einen hohen Grad der Erregung ertragen zu können;
- daß sie die Verantwortung für ihren eigenen Orgasmus übernehmen muß;
- daß es wichtig ist, mit ihrem Partner darüber zu reden, was sie gern hat und was nicht.

Eine Frau, die problemlos allein zum Orgasmus kommt, aber nicht mit ihrem Partner, muß wissen:

- ob sie nicht genügend Vertrauen zu ihrem Partner hat, um ihn an ihrem Orgasmus teilnehmen zu lassen;

- ob dieser Mangel an Vertrauen mit dem Verhalten des Partners oder mit Kindheitserlebnissen in Verbindung steht;
- ob ihre Masturbationsphantasien zu privat sind, um sie in Gegenwart des Partners zu haben.

Eine Frau, die früher regelmäßige Orgasmen hatte, muß sich folgende Fragen stellen:

- Kann das Medikament, das ich nehme, eine Rolle spielen?
- Bin ich wirklich gesund?
- Bin ich zu wütend auf meinen Partner, um mit ihm zum Orgasmus kommen zu können?
- Bin ich zu deprimiert, um einen Orgasmus zu haben?
- Habe ich zu große Schuldgefühle, um mir diesen Genuß zu gönnen?

Viele Frauen, die sich Sorgen um ihre Orgasmusfähigkeit machen, suchen Hilfe in der Psychotherapie.

Kapitel 11

Frauen, die während des Koitus nicht zum Orgasmus kommen können

Es ist eine Tatsache: Mehr als die Hälfte der Frauen, die regelmäßig einen Orgasmus haben, haben während des Geschlechtsverkehrs keinen Orgasmus. Dies ist einer der verblüffendsten Aspekte weiblichen Sexualerlebens. Die meisten Frauen erlangen zwar durch manuelle oder orale Stimulierung der Klitoris einen Orgasmus, viele Frauen glauben aber, mit ihnen sei etwas nicht in Ordnung, wenn der Penis des Mannes sie nicht zum Orgasmus bringt. Viele Paare glauben, ein physisch und emotional erfülltes Sexualleben zu haben, sind jedoch gelegentlich besorgt, daß ihr Liebesleben nicht erfüllt sei, weil sie es nicht schaffen, den Orgasmus der Frau während des Geschlechtsverkehrs zustande zu bringen.

Eine Frau fragt sich möglicherweise: »Liebe ich meinen Mann nicht genug, weil ich während des Verkehrs nicht komme?« »Bin ich körperlich nicht normal?« »Bin ich sexuell verklemmt oder psychisch irgendwie gestört?« »Passen wir körperlich nicht zusammen?« Der Partner stellt sich ähnliche Fragen und auch wenn beide darüber sprechen, fällt es ihnen schwer, plausible Antworten zu finden.

Psychiater und Psychologen – die ›Experten‹ in Sachen Sexualität – vertraten bis in unsere Zeit darüber einen festen Standpunkt: solche Frauen sind sexuell unterentwickelt. In den 70er und 80er Jahren unseres Jahrhunderts verlor diese Überzeugung zusehends an Zugkraft, da unsere Kultur sich bewußt wurde, daß sich niemand anmaßen darf, in sexuellen Belangen das letzte Wort zu sprechen. Die letzten zwanzig Jahre haben zwar viele Erkenntnisse über Orgasmusfähigkeit gebracht, dennoch ist es ein Geheimnis geblieben, warum manche Frauen problemlos während des Geschlechtsakts zum Höhepunkt kommen, während das für andere nur selten der Fall oder gar unmöglich ist.

Die unterschiedlichen Meinungen zu diesem Thema können in drei Kategorien eingeteilt werden: (1) Es handelt sich um ein ernsthaftes neurotisches Symptom, (2) es ist nur eine von vielen normalen Variationen weiblicher Sexualität und (3) es ist eine unerhebliche sexuelle Lernstörung. Wir werden den Hintergrund für jedes Argument beleuchten und eingehend erläutern. Ich bin der Überzeugung, daß die plausibelste Erklärung in Punkt drei zu suchen ist.

Ein ernsthaftes neurotisches Symptom

Der erste Punkt besagt, daß Frauen, die während des Geschlechtsaktes nicht zum Höhepunkt kommen können, unter einem schweren neurotischen Symptom leiden. Diese Überzeugung beruht auf der psychoanalytischen Theorie zur Entwicklung der Weiblichkeit, die von Sigmund Freud zum ersten Mal 1905 dargelegt wurde. Seine Theorie geht davon aus, das Problem stamme aus einer frühkindlichen Störung der normalen Abfolge ihrer sich entwickelnden Weiblichkeit. Damals gab es den Begriff der ›Geschlechtsidentität‹ noch nicht. Die Entwicklung der Weiblichkeit wurde als Verschiebung der ›Libido‹ – die Fixierung des sexuellen Instinkts – von einem Körperteil auf einen anderen verstanden. Freud und seine Kollegen glaubten, der normale Ablauf vollziehe sich so, daß die sexuelle Erregung eines weiblichen Kindes im Vorschulalter sich von Mund zum Anus zur Klitoris verschiebt und sich schließlich während der Adoleszenz in die Vagina verlagert. Das Zeichen, daß die weibliche Entwicklung einen normalen Verlauf genommen hatte, wurde darin gesehen, daß die sexuell aktive Frau während des Geschlechtsaktes orgasmusfähig war. Das bedeutete, daß die Verlagerung der sexuellen Erregung von der Klitoris zur Vagina während der Adoleszenz oder schon davor stattgefunden und die Frau ihre sexuelle Reife erlangt hatte.

1951, in der Blütezeit dieser Theorie, trat Edmund Bergler mit einer Schätzung an die Öffentlichkeit, wonach 80 Prozent der Frauen während des Geschlechtsverkehrs nicht zum Orgasmus kommen konnten, vor allem dann nicht, wenn der Mann auf der Frau lag. Bergler bezeichnete diese Unfähigkeit als ›Frigidität‹ und zog die Schlußfolgerung, dieser hohe Anteil veranschauliche, wie schwierig es für Mädchen ist, ihre frühen Entwicklungsstufen auf gesunde Weise zu durchwandern.

Bergler und andere Psychoanalytiker hatten zwei Erklärungen für die Unfähigkeit, sexuelle Lust von der Klitoris zur Vagina zu übertragen. Eine bestand im ungelösten Ödipus-Konflikt, in dem die erwachsene Frau noch immer gefangen ist durch subtile Konflikte in der Dreiecksbeziehung zwischen Kind, Mutter und Vater. Die andere war der Penisneid – die Theorie, kleine Mädchen seien unglücklich, wenn sie entdekken, daß ihre Geschlechtsteile sich von den Geschlechtsteilen der Jungen unterscheiden. Diese Erklärungen ergänzen einander. Die Orgasmusunfähigkeit der Frau durch Penisstöße kann sowohl von ihrem Neid auf die ›bessere Ausrüstung‹ der Männer herrühren, als auch von ihrem Wettstreit mit der Mutter um einen besonderen Platz im Herzen des Vaters.

Diese Theorie hatte in unserem Jahrhundert einen enormen Einfluß auf das Leben vieler Paare. Zahllose Frauen verbrachten Jahre in psychotherapeutischer Behandlung damit, ihre Kindheitskonflikte zu verarbeiten, um endlich erwachsen zu werden und einen ›reifen‹ Orgasmus – während des Geschlechtsaktes – zu bekommen. Bis heute stellen viele Paare diese Theorie nicht in Frage. »Ich fürchte, meine Therapie hat nichts genutzt, weil ich noch immer keine Vaginalorgasmen habe. Kevin findet das nicht weiter schlimm, aber ich wünschte, ich könnte noch tiefer gehen und meine frühkindlichen Probleme ausgraben, damit ich auf normale Weise kommen kann.«

Männer müssen nichts von Freuds Theorie über die weibliche Entwicklung verstehen, um zu glauben, die Unfähigkeit ihrer Partnerin, während des Geschlechtsaktes zu kommen, sei auf die Hemmungen der Frau zurückzuführen. Wenn der Mann mit seiner Lust in ihrer Vagina beschäftigt ist und die Frau gleichfalls starke Erregung verspürt, besteht sein einziges Interesse vielleicht darin, wer zuerst zum Orgasmus kommt.

Wenn eine Frau während des Koitus zum Orgasmus kommt, fühlt sich der Partner in der Wirksamkeit seiner Penisstöße und dadurch in seiner Männlichkeit bestätigt. Weiterhin bedeutet ihr Orgasmus beim Geschlechtsakt für den Partner meist, daß sie ihn liebt.

Die Theorie der ›Unzulänglichkeit‹, die auf einen schweren unbewußten oder neurotischen Konflikt hinweist, hat eine verdächtige Verwandtschaft mit der männlichen Sichtweise weiblicher Sexualität. Diese Theorie erklärt normale Weiblichkeit in einer Art und Weise, die für den Mann höchst bequem ist: sie gibt ihm die Macht, ihr den Orgasmus zu verschaffen, und wenn sie durch seine Stöße nicht zum Klimax kommt, liegt es an *ihrer* Unzulänglichkeit.

Diese Ansicht wurde schließlich von vielen Experten auf dem Gebiet der Psychohygiene in Frage gestellt. Sie wurde auch von der Frauenbewegung ins Lächerliche gezogen, die kein Verständnis für diese Argumentation und die hinlänglich bekannte männliche Überlegenheit aufbringt. Dennoch glauben viele junge Frauen aufgrund dieser Denkweisen bis heute noch, ihre sexuelle Reaktion sei mangelhaft, obgleich sie sexuelles Verlangen verspüren, leicht erregbar sind und regelmäßig zum Orgasmus kommen. Gottlob haben viele Frauen unterdessen gelernt, auf ihren Körper zu hören und nicht auf die Normen unserer Kultur.

Eine normale Erscheinung weiblicher Sexualität

Schon vor der Frauenbewegung kam die erste gezielte Attacke gegen die psychoanalytische Theorie durch die Wissenschaft. 1966 veröffentlichten William Masters und Virginia Johnson die Ergebnisse ihrer Sexualforschungen in ihrem zum Klassiker gewordenen Buch *Die sexuelle Reaktion*. Nachdem sie sexuelle Reaktionen an Hunderten von Frauen gemessen hatten, kamen sie zu dem Ergebnis, daß die Theorie, Frauen hätten zwei verschiedene Formen des Orgasmus, nämlich den unreifen klitoralen und den reifen vaginalen, falsch ist. Sie kamen zur Überzeugung, daß Orgasmen, ungeachtet der Stimulationsmethoden, aus den gleichen körperlichen Reaktionen bestehen und die Klitoris die Schlüsselrolle dabei spielt. Frauen berichten zwar von unterschiedlichen Empfindungen ihrer jeweiligen Orgasmen, erleben jedoch die gleichen rhythmischen Muskelkontraktionen im Becken, ob der Orgasmus während des Geschlechtsaktes erreicht wird, durch Masturbation, manuelle Stimulation des Partners oder mit einem Vibrator erzeugt wird.

Masters und Johnson erläuterten die drei Formen klitoraler Stimulation, wenn der Orgasmus während des Geschlechtsaktes eintritt: während der tiefen Penisstöße wird Druck auf die Klitoris ausgeübt; die Frau führt während der Penetration seitliche Kreisbewegungen aus, wodurch die Klitoris stimuliert wird; und drittens ist die Stimulierung auf die Zugwirkung zurückzuführen, die von den inneren Schamlippen auf die Klitoris ausgeht, wenn der Penis sich in der Vagina vor- und zurückschiebt.

Masters und Johnson proklamierten: »Ein Orgasmus ist ein Orgasmus ist ein Orgasmus!« und behaupteten, es sei ebenso normal, einen Orgasmus durch direkte klitorale Stimulation – die effiziente Methode – zu bekommen wie durch indirekte Stimulation während des Geschlechtsverkehrs – die umständliche Methode. Diese Nachricht erleichterte viele Frauen, die nicht verstehen konnten, warum Geschlechtsverkehr bei ihnen nie zum Orgasmus führte, ebenso wie ihre Partner, die insgeheim an ihrer Männlichkeit zweifelten.

Manche Menschen weigerten sich dennoch, die Ergebnisse von Masters und Johnson zu akzeptieren. Unter den Skeptikern befanden sich Frauen, die behaupteten, zwei unterschiedliche Orgasmen zu haben: einen oberflächlichen klitoralen, der häufig körperlich heftiger war und einen tiefen vaginalen Orgasmus, der zwar weniger intensiv aber emotional befriedigender war.

Auch viele Psychoanalytiker hegten weiterhin Zweifel, vertraten die Ansicht, die sexuelle Reaktion der Frauen sei eine sehr private Angelegenheit und könne nicht in einem Versuchslabor erforscht werden. Sie brachten Argumente vor, daß die Frauen, die ihre emotionalen Schwierigkeiten mit ihrer Hilfe in der Psychotherapie überwunden hatten, während des Geschlechtsverkehrs zum Orgasmus kommen konnten. In diesen klinischen Situationen waren der Analytiker, die Patientin und ihr Partner von der Unterschiedlichkeit zweier Orgasmen und der Überlegenheit des ›vaginalen‹ Orgasmus überzeugt. Dr. Natalie Shainess behauptete 1974, es gebe nur eine echte weibliche sexuelle Reaktion und das sei der Vaginalorgasmus! Diese Argumente und die willkürlich aufgestellten Proklamationen konnten allerdings Masters und Johnsons Forschungen nichts anhaben, denen es darum ging, die Behauptung zu widerlegen, eine Form des Orgasmus sei unreif und die andere sei ein Zeichen psychischer Gesundheit und sexueller Reife. Diese Behauptungen waren Werturteile, keine wissenschaftlichen Fakten.

Die neuen und alten Standpunkte widersprachen einander. Masters' und Johnsons nachdrücklich und wiederholte Aussagen, die körperliche Reaktion während des Orgasmus sei grundsätzlich die gleiche, auch wenn das subjektive Orgasmuserlebnis sich unterscheide, konnte Skeptiker nicht belehren, die nach wie vor glaubten, eine Methode, zum Orgasmus zu kommen sei normal und die andere unreif. Bis heute halten viele Menschen, darunter auch Experten auf dem Gebiet der Psychologie, steif und fest an der Theorie des Unterschieds zwischen klitoralem und vaginalem oder unreifem und reifem Orgasmus fest.

Eine unerhebliche sexuelle Lernstörung

Die Unfähigkeit, durch Koitus zum Orgasmus zu kommen, ist weder ein unverkennbares Zeichen einer tiefsitzenden neurotischen weiblichen Störung, noch eine bloße normale Erscheinung weiblicher Sexualität. Der Hauptgrund, warum viele Frauen während des Koitus nicht zum Orgasmus kommen können, besteht darin, daß sie und ihr Partner nicht gelernt haben, ihren Körper besser einzusetzen.

Die Popularisierung des sogenannten ›G‹-Punktes Anfang der 80er Jahre half, die Theorie zu klären, warum viele Frauen nicht wußten, wie sie während des Geschlechtsaktes zum Höhepunkt kommen konnten. Der ›G‹-Punkt, so wurde behauptet, sei ein etwa Fünf-Mark-Stück-großer Bereich an der äußeren Vaginalwand, etwa fünf Zentimeter hinter der Öffnung (siehe Abbildung 7). Es hieß, nur die glücklichen Frauen, die lustvoll auf diese Stimulation reagierten, besäßen diesen Glückspunkt. Viele Frauen berichteten, sie hätten ihren Punkt gefunden und einen ungewöhnlich starken Orgasmus gehabt. Die Empfindung wurde als anfänglicher Harndrang, gefolgt von einem lustvollen Orgasmus beschrieben. Der ›G‹-Punkt galt als die wahrscheinlichste Ursache des Vaginalorgasmus.

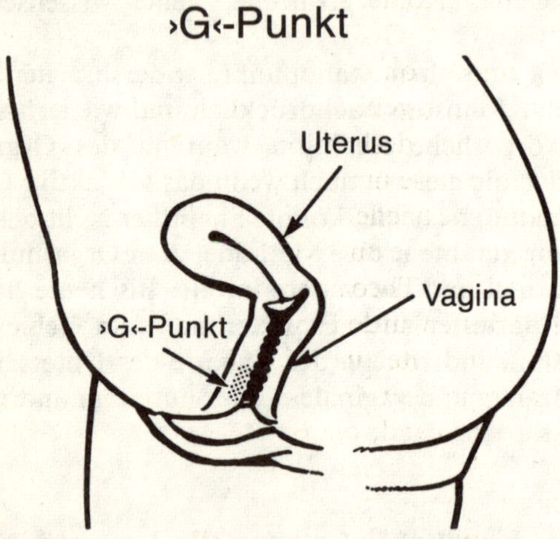

Abbildung 7 Lustvolle Empfindungen können durch sanften seitlichen Druck an jeder Stelle innerhalb der Vagina ausgelöst werden, nicht nur durch den ›G‹-Punkt.

Diese ›Sensation‹ rief aber auch Skeptiker auf den Plan. Warum hatten die Frauen die Stelle nicht schon längst entdeckt? Warum waren Anatomen, Physiologen, Gynäkologen und Pathologen, die seit der Erfindung des Mikroskops die Beschaffenheit der Vagina Tausende und Abertausende von Malen untersucht hatten, nicht auf diesen Zauberpunkt gestoßen?

Die Antwort lautet, weil es keinen anatomisch genauen ›G‹-Punkt gibt. Es stimmt zwar, daß die Stimulation dieses Bereichs der Vagina besonders lustvolle Erregung hervorruft. Diese Empfindungen werden erzeugt durch die mechanische Dehnung der Blase und des inneren Klitorisgewebes (der Hauptteil der Klitoris ist von außen nicht sichtbar). Es stimmt aber auch, daß die Stimulierung der gegenüberliegenden Vaginalwand durch Dehnung des vaginalen und rektalen Wandgewebes stark lustbetonte Empfindungen hervorruft. Und in der Tat, wenn die Seitenwände der Vagina stimuliert werden, entstehen etwas andere Empfindungen aus der Vagina und dem Gewebe von Bauchhöhle, Eileiter, Darmtrakt und Eierstöcken. Die Vorstellung des ›G‹-Punkts hilft uns zweifellos zu erkennen, daß Erregung von der Art, Dauer und Lokalisierung der äußeren und inneren genitalen Stimulation abhängt.

Der ›G‹-Punkt ist deshalb so empfindsam, weil er Stimulation der Vagina, Blase und der Klitoris vereint. Die gegenüberliegende Wand hat wieder andere Empfindungen, weil sie die Stimulierung von Blase und Klitoris durch eine rektale Stimulation ersetzt. Andere Theorien, die von J. Singer und I. Singer 1972 veröffentlicht wurden, besagen, daß der Druck auf Uterus, Eierstöcke, Eileiter und auf den Darm während heftiger Koitusbewegungen den Orgasmus auslösen, der vom Perioneum (die dünne Wand, die Bauch- und Beckenhöhle auskleidet) ausgeht. Den meisten Frauen fällt es schwer, zwischen diesen Ursachen genitaler Stimulation zu unterscheiden, da die Empfindungen in der Vagina schlecht zu lokalisieren sind. Welcher genitale Bereich auch stimuliert wird, es kommt stets zu den gleichen Muskelkontraktionen. Wenn ein Großteil der Stimulation innerhalb der Vagina stattfindet, glauben die Frau und ihr Partner, den ›vaginalen‹ Orgasmus erreicht zu haben. Findet die Stimulation an der Klitoris statt, glauben sie, einen ›klitoralen‹ Orgasmus gehabt zu haben. Tatsache ist, die Frau hat einen Orgasmus gehabt – Punkt. Es gibt mehrere Methoden, um den Orgasmus auszulösen. Das ist der Grund, warum ich glaube, daß die Unfähigkeit, während des Koitus zum Höhepunkt zu kommen, ein unerhebliches sexuelles Lernproblem ist. Einzelne und Paare messen diesen verschiedenen Methoden große Bedeutung zu und glauben, es gebe unterschiedliche Formen des Orgasmus. Wenn es verschiedene Orgasmusformen gibt, so sind das weit mehr als zwei – sexuell experimentierfreudige Paare kennen ein Dutzend verschiedene Formen, um einen Orgasmus auszulösen. Masters und Johnson sagen lediglich, daß die gleichen körperlichen Vorgänge stattfinden, auf welche Weise ein Orgasmus auch ausgelöst werden mag.

Wie Frauen während des Koitus zum Orgasmus kommen

Wenn eine Frau während des Koitus zum Orgasmus kommen möchte, muß sie sich zeitweise mehr auf ihre Lustgefühle konzentrieren als auf seine. Sie muß wissen, daß die Vagina wesentlich intensiver auf seitliche oder laterale Bewegung, also auf die Vaginalwände reagiert als auf Vorwärts-rückwärts-Stöße. Der Orgasmus beim Koitus wird ausgelöst, weil entweder die Bewegungen der Frau ihre seitlichen Vaginalwände gedehnt haben und dadurch angrenzendes Gewebe stimuliert wird, oder die Stöße des Partners die gleichen Dehnbewegungen ausüben. Viele Frauen, die regelmäßig während des Koitus zum Orgasmus kommen, haben herausgefunden, daß sie sich mit dem tief in der Vagina befindlichen Penis durch kreisende Beckenbewegungen zum Orgasmus bringen können. Das ist natürlich einfacher, wenn die Frau auf dem Mann liegt oder sitzt, manche Frauen schaffen es aber auch auf dem Rücken liegend. Andere Frauen, die während des Koitus zum Orgasmus kommen, haben gelernt, ihre Klitoris am männlichen Schambein zu reiben und dabei sein steifes Glied tief in der Vagina zu behalten. »Ich glaube immer, meine Frau braucht meinen Penis beim Koitus, um zu kommen, doch je mehr ich darauf achte, was geschieht, wenn sie zum Höhepunkt kommt, desto mehr denke ich, es ist nicht so sehr mein Penis, als mein Schambein. Welche Enttäuschung!«

Eine Frau und ihr Partner müssen immer wieder entdecken und ausprobieren, was wirklich gut für sie ist. Der Körper lügt nicht, und seine Funktionsweise richtet sich auch nicht nach einer bestimmten Theorie. Er ist für Entdeckungsreisen verfügbar. Es liegt in der Verantwortung beider Partner, die Muster des Körpers der Frau zu erforschen. Es geht darum, zu lernen, wie wir genitale Stimulation einsetzen, um auf verschiedenen Wegen zum Orgasmus zu kommen. Viele Frauen und ihre Partner haben das einfach noch nicht gelernt.

Die Unfähigkeit einer Frau, während des Koitus zum Orgasmus zu kommen, ist ein unerhebliches Lernproblem. Es gibt viele verschiedene Wege, um zum Orgasmus zu gelangen. Manche Frauen finden eine passende Methode und behalten dieses Muster den Großteil ihres Lebens bei. Andere sind neugieriger und sexuell experimentierfreudiger und kommen auf viele verschiedene Arten. Nicht jede Frau hat alle Möglichkeiten. Da sie jedoch Teil eines sexuellen Gleichgewichts ist, tragen auch Einstellung, Wissen, Verhalten und die Fähigkeiten ihres Partners zu ihrer sexuellen Erfahrung bei.

Wege zu einem problemfreien Sexualleben

Wenn eine Frau während des Geschlechtsaktes einen Orgasmus haben will, muß sie:

- auf ihren Körper und seine Empfindungen hören und nicht auf Expertenmeinungen und Theorien;
- sich an einem bestimmten Zeitpunkt während des Koitus mehr mit ihrer Luststeigerung beschäftigen, als damit, ihrem Partner Lust zu verschaffen;
- ihrem Partner erklären, was ihre Lust erhöht und was nicht;
- wissen, daß ihre Vagina auf seitliche Stimulierung mehr reagiert als auf Rein-und-Raus-Bewegungen;
- ihr Becken während des Geschlechtsverkehrs so bewegen, daß es ihr guttut, statt so, wie sie glaubt es sei normal oder anständig.

Kapitel 12

Männer, die nicht zum Koitus fähig sind

Impotenz, also die Unfähigkeit, eine Erektion zu erreichen oder zu behalten, ist ein Problem, das bei Männern jeder sexuellen Orientierung anzutreffen ist. Heute können Ärzte und Psychologen aufgrund jüngster Therapiefortschritte vielen impotenten Männern und ihren Partnern helfen. Männer werden aus verschiedenen körperlichen und seelischen Gründen impotent. All das muß geklärt werden, damit der Mann, seine Partnerin und ihr professioneller Berater sich gemeinsam für den richtigen Therapieansatz entscheiden können. Das erfordert eine offene, gründliche Diskussion über sehr intime Dinge. Alles andere wäre verfehlt.

Impotenz ist nicht gleichbedeutend mit sexueller Luststörung, Problemen der Ejakulation, Befriedigung oder Fruchtbarkeit; diese Probleme erfordern meist gesonderte Behandlungsformen.

Eine Behandlung gegen die Unfähigkeit zur Erektion wurde 1983 in England von G. S. Brindley entwickelt. Sie hat sich auf geradezu phantastische Weise bewährt. Heute besteht die Möglichkeit, ein Medikament in den Penis zu injizieren, das zu einer Erektion führt, die mehrere Stunden oder sogar länger anhält.

Innerhalb weniger Minuten nach der Injektion kommt es zu einer schlaffen Erektion, die während des Vorspiels hart wird. Der Mann kann auch einfach nur zwanzig Minuten bis zur vollen Wirksamkeit des Medikaments warten. Seit diese Behandlung existiert, können Männer, die jahrelang impotent waren, ihre Potenz auf verläßliche, dauerhafte Weise wiedererlangen. Das mag ihnen und ihren Partnerinnen wie ein Wunder erscheinen. Diese Methode wird auch von Ärzten sehr geschätzt, die sich vergeblich bemühten, die Potenz ihrer Patienten auf andere Weise wiederherzustellen.

Jim hatte nie Potenzprobleme. Erst mit Mitte Fünfzig wurden seine Erektionen unzuverlässig. Gelegentlich konnte er noch normalen Verkehr haben, die meiste Zeit verlor er jedoch seine Erektion während oder kurz vor dem Einführen in die Vagina. Es kam auch vor, daß er sein Glied gar nicht hoch kriegte. Seine Versuche, Sex mit seiner Frau Helen zu haben, wurden mit jedem peinlichen Versagen seltener. Binnen eines Jahres vermied er Sex völlig, um der Frustration zu entgehen.

Er dachte daran, es mit einer neuen Partnerin zu versuchen, scheute sich aber, diesen Schritt zu tun, nachdem er dreißig Jahre mit derselben Partnerin zusammen gewesen war. Außerdem war er davon überzeugt, das Problem liege nicht an seiner Beziehung zu seiner Frau.

Helen nahm an, sein Potenzproblem sei ein Symptom seiner Eifersucht über ihre innige Beziehung zu ihrem geistig leicht behinderten Sohn. Jim gab offen zu, daß dies ein wunder Punkt in ihrer Beziehung sei, konnte aber nicht verstehen, warum das jetzt der Grund seiner Impotenz sein sollte. Er glaubte, daß körperlich mit ihm etwas nicht stimmte: »Ich will Sex nicht mehr so wie früher. Ich bin nie mehr geil!« Vom Kopf her hatte er den Wunsch nach körperlicher Liebe, die Angst zu versagen machte seine Versuche jedoch zunichte. Er war erschrokken, als mehrere Ärzte keine definitive körperliche Ursache fanden; ihrer Meinung nach lag seine Impotenz an seiner Unzufriedenheit in der Ehe.

Die Ärzte waren mit ihm zwar der Meinung, seine fehlenden Morgen- und Masturbationserektionen und seine kurzen, halben Erektionen mit Helen könnten auf ein körperliches Leiden schließen lassen, doch seine sonstige Vitalität und die Normalwerte, die sämtliche Laboruntersuchungen ergaben, sowie die Tatsache, daß er nicht rauchte, nicht trank und keine Medikamente einnahm, sprachen eindeutig gegen eine körperliche Ursache. Jim stimmte schließlich Helens Vorschlag zu, gemeinsam eine Eheberatung aufzusuchen, da er etwas gegen ihre sichtliche Frustration unternehmen wollte und nicht wußte, wohin er sich sonst wenden sollte.

Nach den Beratungssitzungen, in denen Unstimmigkeiten über ihren Sohn ausführlich zur Sprache kamen, wurden seine Erektionen hart genug, um für den Koitus auszureichen. Diesen ermunternden Erfahrungen folgten weitere Erektionsschwierigkeiten. »Zwischen Helen und mir muß alles perfekt sein, damit wir zusammen schlafen können – zum Teufel, es ist nicht mehr so wie früher!« Im Verlauf von mehreren Monaten gewann Helen mehr und mehr die Überzeugung, daß da noch mehr sein mußte als ein paar Unstimmigkeiten.

Sie glaubte, die Zeiten ihrer körperlichen Liebe seien vorüber, und nahm sich vor, ihm nahezubringen, etwas zärtlicher zu sein. Jim, der nur während des Geschlechtsverkehrs zärtlich sein konnte, sträubte sich dagegen und sagte, einem alten Hund könne man keine neuen Tricks beibringen.

Schließlich stellte sich in einem Labortest heraus, daß doch eine körperliche Störung vorlag – die Blutgefäße, die seinen Penis versorgten, waren an mehreren Stellen verengt. Kurz darauf wurde es möglich, Papaverin- und Phentolamin-Injektionen zu verabreichen. Ein Urologe spritzte diese Medikamente direkt in Jims Penis. Er spürte nur einen kleinen Stich der Injektionsnadel. Nach zwölf Minuten hatte er die erste anhaltende Erektion seit zwei Jahren. Helen und er beeilten sich, nach Hause zu kommen, um sie nicht zu versäumen. Alles klappte vorzüglich, doch nach der Ejakulation hielt seine Erektion noch eine Weile an. Er wollte die verpaßten Gelegenheiten nachholen und versuchte erneuten Geschlechtsverkehr, aber sein Interesse und seine Energie reichten nicht für einen zweiten Orgasmus. Nach einigen Monaten hatte er gelernt, sich selbst zu Hause die Injektion zu verabreichen. Im Alter von neunundfünfzig ist Jim heute mit Hilfe einer bis zwei wöchentlichen Injektionen fähig, seiner Frau auf seine Weise Zuneigung und Zärtlichkeit zu zeigen.

Jims und Helens Geschichte ist nicht ungewöhnlich. Tausende anderer Menschen machen sich diese Injektionen zunutze. Sie sind für viele Paare eine Verbesserung im Vergleich zu den anderen Behandlungsmethoden der Impotenz, wie zum Beispiel die chirurgische Implantation einer Prothese, das Anlegen einer Aderpresse am Penisansatz oder eine Vakuumpumpe, die vor dem Sex an den Penis angeschlossen wird. Ein Bericht über die Ursachen von Jims Impotenz macht deutlich, wie diese Injektionen wirklich halfen. Wie wir aber im Verlauf dieser Diskussion sehen werden, helfen die verschiedenen Behandlungsformen – Einzel- oder Paartherapie, Pillen, Spritzen, Pumpen oder Aderpressen oder chirurgische Eingriffe – nicht allen Betroffenen.

Jims Gefäßerkrankung verhinderte, daß sein Penis ausreichend mit Blut versorgt wurde, wenn er sich sexuell erregt fühlte. Nach mehreren unangenehmen Zwischenfällen erschwerte ihm seine Versagensangst, sich zu entspannen und Erregung zu empfinden. Je geringer seine Erregung, desto weniger Befehle schickte sein Gehirn an seine Blutgefäße, um Blut in seinen Penis zu pumpen. Er war in einem Kreislauf der Leistungsangst gefangen: Die Angst hemmte die Blutzufuhr, die seine Unsicherheit erhöhte, und so weiter. Der Ärger wegen des gemeinsamen Sohnes setzte seine sexuelle Motivation herab und erschwerte es ihm, sich Empfindungen hinzugeben, was den Kreislauf der Leistungsangst verstärkte. Darüber hinaus schien Jim, wie viele Männer Mitte Fünfzig, einen schwächeren Sexualdrang zu haben. Das kann an Veränderungen im sexuellen Triebzentrum des Gehirns in Verbindung mit dem Alterungsprozeß liegen. Dieser Triebverlust war ein weiterer Faktor für sein herabgesetztes Interesse an Sex. Jims sexuelles Interesse stellte sich wieder ein, als die Injektionen ihm garantierten, daß kein Grund für eine Versagensangst vorlag. Er hatte zwar wieder regelmäßig Geschlechtsverkehr, wurde aber nicht ›geil‹ – sein sexuelles Triebzentrum kann seine jugendliche Energie nicht zurückgewinnen.

Jims Impotenz lag an einer Kombination körperlicher und psychischer Faktoren. Die körperlichen Faktoren waren seine Gefäßerkrankung und das Nachlassen seines Sexualtriebs. Die psychischen Faktoren waren Leistungsangst und sein Groll. Gemeinsam führten diese Faktoren zu einem vorübergehenden Abbruch von Helens und Jims Sexualleben. Die Injektionen konnten die Wirkungen der Gefäßerkrankung und die Leistungsangst ausschalten.

Es gibt keine Wunderkur gegen Impotenz, weil viele verschiedene Probleme das Symptom hervorrufen. Papaverin- und Phentolamin-Injektionen führen lediglich zu einer mechanischen Erektion. Der Mann und seine Partnerin müssen andere Wege finden, um wieder zu emotional befriedigender körperlicher Liebe zu finden.

Don hatte noch nie eine dauerhafte Erektion mit einer Partnerin. Als Zwanzig- bis Dreißigjähriger konnte er bei etwa einem Dutzend Frauen entweder keine Erektion haben oder litt Todesängste in verkrampften Geschlechtsakten, ohne zur Ejakulation zu kommen. Seine Potenz reichte nur etwa zwei Monate vor und nach seiner Eheschließung, als er fünfunddreißig Jahre alt war – mit Missy hatte er vielleicht fünfmal Geschlechtsverkehr. Die nächsten vier Jahre vermied er Sex vollständig und spielte häufig mit dem Gedanken, die kinderlose Ehe aufzugeben. Auf Anraten seines Hausarztes begann Don eine Psychotherapie. Don machte kaum Fortschritte, weil er seine Gefühle nur selten beschreiben konnte und so gut wie keine Kindheitserinnerungen hatte. Als seine Frau an den Sitzungen teilnahm, kam seine Unfähigkeit, Emotionen bei sich zuzulassen, noch deutlicher zum Vorschein. Ein Jahr, nachdem das Paar therapeutisch betreut wurde, kamen die Spritzen auf den Markt.

Don war erstaunt: innerhalb von zehn Minuten hatte er eine völlig normale, harte Erektion, die er rasch für seinen ersten Koitus nach vier Jahren einsetzte. Missy und er waren glücklich. Der Plan, diese Spritzen regelmäßig einzusetzen, bis Don ohne Hilfe zu einer Erektion fähig wäre, endete jedoch abrupt, als Missy sich unmittelbar nach der zweiten Injektion weigerte, Sex mit ihm zu haben. Sie schrie, er habe nie mit ihr über etwas Persönliches geredet, sei nie zärtlich und sie wisse gar nicht, ob sie weiterhin mit ihm verheiratet sein wolle. Don war verzweifelt und fühlte sich darin bestätigt, was er schon immer befürchtet hatte – seine Frau war emotional gefährlich unstabil. Missy kam zu der Überzeugung, »er ist nur ohne mich glücklich«.

Dieser Vorfall mit der Spritze brachte sie erneut an den Rand der Ehescheidung, die nur verhütet wurde, weil sie sich eine Weile aus dem Weg gingen. Missy konzentrierte sich auf ihren Beruf und war meist zu erschöpft, um an Sex zu denken. Don schaffte sich die Ausrüstung für eine Dunkelkammer an, womit er sich in den Abendstunden beschäftigte. Als Missy sich bereit erklärte, eine dritte Injektion auszuprobieren, vergaß Don immer wieder, einen Termin bei seinem Arzt zu vereinbaren. Bald wurde ihm klar, daß der Grund für seine Vergeßlichkeit seine Angst vor einer weiteren Szene war.

Don leidet an permanenter psychisch bedingter Impotenz und fühlt sich deshalb, wie andere Männer mit dieser Störung, mit seiner Sexualität nicht wohl. Er kann kaum seine Gefühle deuten und nur selten über sich reden. Diese Verdrängungsmechanismen stehen seiner Beziehung mit Missy im Wege, die dadurch ihrerseits Empfindungen nicht zum Ausdruck bringen kann: »Wenn ich mit Don über mich spreche, habe ich das Gefühl, ich rede mit jemand, der meine Sprache nicht versteht!« Dons Experimente mit den Injektionen machten ihm klar, daß zu Sex mehr gehört als ein steifer Penis, und brachten Missys Bedürfnis nach Zuneigung und seelischer Nähe zutage. Er weiß heute, daß er bei jedem Menschen Angst vor Intimität hat und macht sich Sorgen, daß er den Rest seines Lebens alleine verbringen muß, wenn er sich weiterhin scheut, emotionalen Kontakt aufzunehmen. Seine Gründe, sich in Therapie zu begeben, sind wesentlich vielschichtiger als der bloße Wunsch, einen steifen Penis zu bekommen. Studien von Sozialforschern wie Kinsey, Finkle, Babbitt und Rubin belegen, daß es eine erstaunlich große Anzahl impotenter Männer wie Jim und Don gibt. Die medizinische Forschung hatte große Schwierigkeiten, festzustellen, wie weit verbreitet die Störung wirklich ist, da die Männer ungern über dieses Thema sprechen. Das vorhandene Informationsmaterial läßt jedoch darauf schließen, daß das Problem in erschreckendem Maße zunimmt, wenn die Männer einmal das vierzigste Lebensjahr überschritten haben. Junge Männer sind nur selten auf Dauer impotent, obgleich kurze Phasen von Impotenz auch bei ihnen auftreten können. Männer über 70 versagen im Durchschnitt jedes zweite Mal beim Geschlechtsverkehr. Die Studie, die meine Kollegen und ich bei Patienten im Wartezimmer eines praktischen Arztes durchführten, ergab, daß jeder vierte Mann zwischen 18 und 79 gestand, zeitweise Schwierigkeiten zu haben, Erektionen zu bekommen und zu behalten.

Ärzte teilten lange Zeit Impotenz in vier verschiedene Arten ein: lebenslange psychisch bedingte Impotenz, neu einsetzende psychisch bedingte Impotenz und eine Mischung aus organisch und psychisch bedingter Impotenz. In jüngster Zeit wird diese Einteilung allerdings ersetzt durch eine Aufstellung aller identifizierbarer psychischer und physischer Faktoren, die zur Potenzstörung beitragen. In Jims Fall war es Gefäßerkrankung, altersbedingtes Nachlassen des Sexualtriebes, Leistungsangst und Verärgerung. All diese Faktoren müssen erkannt sein, bevor eine Therapie begonnen werden kann.

Psychische Ursachen

Gelegentlich ist Impotenz rein psychischer Natur. Die einfachste Methode, wie ein Mann feststellen kann, ob seine Impotenz psychischen Ursprungs ist, besteht darin, über die Muster seiner Erektionen nachzudenken, nachdem seine Impotenz sich eingestellt hat. Es liegt kaum ein physischer Grund vor, wenn er unter bestimmten Umständen steife, anhaltende Erektionen hat – z. B. bei Masturbation, am Morgen beim Aufwachen, beim nächtlichen Erwachen, mit der Partnerin vor dem Geschlechtsakt, mit einer anderen Partnerin / einem anderen Partner, oder beim Ansehen oder Lesen von Pornos. Don, ein klassisches Beispiel einer rein psychischen Form der Impotenz, hatte häufige, langanhaltende, steife Morgenerektionen und masturbierte häufig mit normaler Erektion.

Am Erektionsmuster ist psychische Impotenz am leichtesten bei körperlich gesunden Männern unter 45 ohne Depressionen festzustellen. Ein Mann, der mit zunehmendem Alter zu Depressionen neigt oder an einer chronischen Krankheit leidet und keine steifen Erektionen bekommen kann, denkt vermutlich, er habe ein rein körperliches Problem. Dennoch ist seine Impotenz wahrscheinlich zum großen Teil psychisch bedingt, wenn sie sich nach folgenden Mustern einstellt:

- dauerhafte, steife Erektionen bis zum Versuch der Penetration;
- keine Erektionen mit der Partnerin, steife Erektionen bei Masturbation;
- dauerhafte Erektionen mit einer Partnerin, nicht aber bei einer anderen;
- dauerhafte Erektionen mit Männern, nicht aber mit Frauen;
- Erektionen bei einer bestimmten Phantasie, nicht aber ohne sie.

Ein impotenter Mann fragt sich: »Warum habe ich keine Erektion?«

Diese Fragestellung ist falsch. Wenn er fragen würde: »Was fühle ich, wenn ich keine Erektion bekomme?« wird er vermutlich darauf antworten: »Ich habe Angst«, »Ich will keinen Sex«, »Ich bin wütend«, »Ich fühle mich gedemütigt«, »Ich bin mit meinen Gedanken woanders«, »Ich habe Schuldgefühle« oder »Ich habe hier nichts verloren!«

Ein Mann leidet an psychisch bedingter Impotenz, weil er sich dieser Gefühle nicht bewußt ist oder nicht bereit ist, solche Gefühle einzugestehen. Wäre er ehrlich mit sich und seiner Partnerin, würde er sich vermutlich als verängstigt, uninteressiert, wütend oder voller Schuldgefühle bezeichnen, statt als impotent.

Diese Erkenntnis kann eine große Hilfe sein. Sie nimmt der Impotenz das Geheimnisvolle und lenkt die Aufmerksamkeit des Mannes auf den Hintergrund seiner Gefühle.

Bob, ein 38jähriger Vater zweier Söhne, berichtete, seine Frau habe ihm die Scheidungspapiere vorgelegt, ohne daß er die geringste Ahnung von einem solchen Schritt hatte. Ein paar Wochen später erfuhr er, daß sie seit vier Jahren ein Verhältnis mit ihrem Jugendfreund aus der Collegezeit hatte. Er weigerte sich zunächst strikt, in die Scheidung einzuwilligen, er flehte sie sogar an, zu ihm zurückzukehren. Doch sie blieb bei ihrem Entschluß. Der gutaussehende, liebenswürdige, beruflich erfolgreiche Mann hatte nach der Scheidung alle Chancen, neue Frauen kennenzulernen. Er verbrachte seine einsamen Abende in weiblicher Gesellschaft. Nahezu jede Frau, die er kennenlernte, war bereit, mit ihm ins Bett zu gehen. »Ironie des Schicksals: jetzt habe ich alles, wovon ich als junger Mensch träumte. Ich bin Hahn im Korb!« Bei keiner Frau war er fähig, den Geschlechtsakt zu vollziehen. Bob gestand, keine Ahnung zu haben, warum sein Penis ihm den Dienst verweigerte.

Bobs Penis drückte das aus, was Bob nicht in Worte zu fassen vermochte: »Ich bin zu solcher Intimität nicht bereit; ich will nicht noch eine Katastrophe.« »Ich bin noch immer zu wütend; ich habe keine Lust auf Sex.« Bob braucht keine Injektionstherapie und keine chirurgische Implantation einer Prothese. Er braucht Zeit und die Bereitschaft zu akzeptieren, was er denkt und fühlt. Bobs Erektionsmuster veranschaulicht, daß er unter psychisch bedingter Impotenz leidet – »An meiner Morgenerektion kann ich ein nasses Handtuch aufhängen.« Seine Impotenz hat ihre Ursache in der Zerrüttung seiner Ehegemeinschaft, sie liegt nicht an einem lebenslangen Unbehagen mit Sex. Er sehnt sich danach, eine Frau zu lieben und von ihr geliebt zu werden. Er will gar nicht Hahn im Korb sein.

Allgemeine Ursachen psychisch bedingter Impotenz

Die meisten Männer, die an psychisch bedingter Impotenz leiden, waren einmal potent. Ihr Problem ist in mindestens einem der vier folgenden Problemfelder zu suchen: Verlust des Partners durch Tod, Verlust des Partners durch Scheidung, Zerrüttung seiner nichtsexuellen Beziehung, Schwierigkeiten im Beruf oder Karriereknick.

Verlust des Partners durch Tod. Der Tod der geliebten Partnerin gehört mit zu den tragischsten Schicksalsschlägen, die einem Mann zustoßen können. Ob der Tod erwartungsgemäß nach einer unheilbaren Krankheit eintritt oder ohne Vorwarnung durch Unfall, der Verlust der Ehefrau stürzt den Mann in Trauer, Verwirrung und Verzweiflung. Psychische Impotenz als Folge dieser persönlichen Tragödie ist relativ leicht verständlich.

Kurze Zeit nach dem Tod der Ehefrau sind die meisten Männer nicht bereit, Interesse an einer anderen Frau aufzubringen; allein der Gedanke daran kann ihm als Kränkung erscheinen. Der Schmerz der Einsamkeit und der Wunsch, zu einem normalen Leben zurückzufinden, führen jedoch zu Situationen, die rasch die Möglichkeit zu körperlicher Intimität bieten. Solche Gelegenheiten sind schwer abzulehnen und kommen ironischerweise auch auf den Druck des Mannes hin zustande.

Den allzu eiligen Witwer erwartet meist eine Überraschung. Sein Glied spielt ihm einen Streich. Der Mann ist plötzlich impotent, ohne zu wissen warum. Das Geheimnis liegt einfach in der Tatsache, daß ihm sein Schuldgefühl, mit einer fremden Frau zusammenzusein, oder seine emotionale Nichtbereitschaft für diese Intimität nicht bewußt ist.

Tritt dieses Phänomen wenige Monate nach dem Tod der Ehefrau auf, hat er eine Erklärung für seine Impotenz: »Ich glaube, es ist zu früh.« Diese Erklärung ist jedoch schwer nachzuvollziehen, wenn die Impotenz Jahre nach ihrem Tod auftritt, wenn der emotionale Schmerz des Verlusts zu einer verschwommenen Erinnerung an Harmonie, Wärme und Liebe in seiner Ehe verblaßt ist.

Alex, ein körperlich gesunder, vitaler Mann, trug seine Frau, mit der er 49 Jahre verheiratet war, an seinem 70. Geburtstag zu Grabe. Ihrem Tod gingen mehrere Jahre ihres körperlichen Verfalls aufgrund ihrer Nierenkrankheit voraus. Nach achtzehn Monaten der Trauer und Einsamkeit begann er wieder Einladungen von Freunden anzunehmen, wo er auch Frauen kennenlernte. Schließlich lernte er eine Frau kennen, die liebenswürdig und charmant war und die seiner Meinung nach gut zu ihm paßte. Wenn er Zärtlichkeiten mit ihr austauschte, kam es zu Erektionen, doch im Schlafzimmer versagte er total. Ich veranlaßte ihn dazu, mir in drei Sitzungen nur von seiner Frau und seiner Ehe zu erzählen. Er vergoß ein solches Tränenmeer, daß er versprach, mir einen Jahresbedarf an Kleenex zu finanzieren. Danach war Alex zum Liebesakt fähig.

Witwer haben es meist eilig. Wenn ihre Frauen jung sterben, brauchen die Männer eine Mutter für ihre Kinder. In späteren Jahren glauben sie, nicht mehr viel Zeit zu haben. Wenn sie aber versuchen, ›die Sache voranzutreiben‹, hindert ihre Nervosität sie oft daran, sich zu entspannen und sich auf ihre Gefühle zu konzentrieren. Solche Männer müssen begreifen, daß eine Ehebindung zeitlich nicht begrenzt ist. Während einer langen Ehe entwickeln viele Männer ein Gefühl starker Zugehörigkeit zu ihren Frauen. Die Ehefrau wird zum untrennbaren Bestandteil ihrer Identität. Daran ändert der Tod nichts.

»Das erste Jahr war schrecklich – ich war nicht nur allein, ich wußte ohne Lois nichts mit mir anzufangen. Unser Haus war plötzlich ›mein‹ Haus und seine Vertrautheit erschien mir irgendwie seltsam – alle Zimmer waren leer, weil sie nicht mehr da war. Öfter, als ich mir eingestehen möchte, stellte ich mir vor, wie Lois ein Zimmer betrat oder im Sessel saß.«

Ich bekomme auch zu hören, wie eine neue Partnerin den Witwer beschuldigt, seine Frau immer noch zu lieben, als sei dies ein Akt der Untreue an ihr. Einer solchen Frau versuche ich dann begreiflich zu machen, daß der Tod nicht das Ende einer Liebe bedeutet, sondern sie häufig verstärkt und ihr den Glorienschein der Vollkommenheit verleiht. Neue Partnerinnen grübeln darüber nach, ob sein Erektionsproblem ein Zeichen dafür ist, daß seine Zuneigung nicht echt ist. Sie fordern, daß er seine Gedanken, Gefühle und seine Bindung an seine verstorbene Frau für sich behält. »Man spricht einfach nicht über vergangene Lieben mit einem Partner!« sagte eine Frau mit Bestimmtheit. »Ich spreche nicht über meine und ich bin es leid, ihn von seiner Adrienne reden zu hören!« Ein solches Verbot zwingt den Mann, sein Innenleben vor seiner neuen Geliebten zu verbergen. Das klingt für mich nicht sonderlich nach Intimität.

Ich kann verwitweten Männern und ihren neuen Partnerinnen nur raten, die Vergangenheit geduldig anzunehmen und zu respektieren. Eine Liebe, die 30 Jahre oder länger anhielt, kann nicht nach ein paar Jahren der Trauer aus dem Gedächtnis gelöscht sein. Ich fürchte, die Impotenz des Witwers aus unserem Beispiel ist ein Zeichen dafür, daß der Mann seine Gefühle über seine Frau zu früh unterdrückte. Ich versuche ihm die Tiefe und Bedeutung der vergangenen Beziehung näherzubringen und gebe seiner besorgten Partnerin zu verstehen, daß der Fortbestand seiner Liebe für seine Frau nichts anderes als ein Zeichen seiner Liebesfähigkeit ist. Beide Partner müssen Geduld aufbringen.

Verlust der Partnerin durch Scheidung. Der Verlust einer Partnerin durch Scheidung ist komplizierter als der Verlust durch Tod. Außer der Trauer und dem Bedauern, die jeden Partnerverlust begleiten, muß der geschiedene Mann mit seiner Wut auf die Exfrau umgehen, er macht sich vielleicht Selbstvorwürfe, zum Scheitern der Beziehung beigetragen zu haben, und sorgt sich um seine Kinder und seine Finanzlage. Die meisten Scheidungen erweisen sich als schmerzlich und kompliziert und ziehen weitere Konflikte nach sich.

Der geschiedene Mann sucht oft rasch eine unkomplizierte, befriedigende emotionale Bindung zu einer neuen Frau, um seinen seelischen Schmerz zu vergessen und seine wiedergewonnene Freiheit zu nutzen. Er kann sich nicht erklären, warum er unsicher und impotent ist, statt entspannt seine Lust zu genießen.

»Ich lernte sie in einer Bar kennen, wir tanzten, tranken ziemlich viel und gingen in meine Wohnung. Ich war nervös. Ich konnte es gar nicht fassen, so nervös war ich. Ich dachte ständig, wer ist diese Frau? Was macht sie hier? Nach einer Weile wußte ich einfach, daß ich es in dieser Nacht nicht mit ihr treiben würde. Ich hatte recht.«

Die meisten Männer sind erstaunt über ihre heftige Schmerzreaktion. Sie sind auf manches gefaßt – die Auseinandersetzung mit der Frau, die Aussprache mit den Kindern, der Auszug aus der gemeinsamen Wohnung, die Einsamkeit und gelegentlich auch die Wut. Sie machten sich jedoch meist keine Vorstellung von der Hartnäckigkeit ihrer Trauer, von ihrem Haß, ihren Schuldgefühlen und ihrer Beschämung. Bei Vätern von kleinen Kindern kommt dazu, daß die Scheidung keineswegs die Freiheit von der Exfrau bedeutet. Eine Beziehung, und sei sie noch so schwierig, dauert noch lange nach Beendigung der Ehe an.

Der nächsten Frau begegnet er mit einer vorgefaßten Meinung, die auf seinen Erfahrungen mit der geschiedenen Frau beruht. »Wird sie mich verletzen?« »Wird sie mich zwingen, sie anzulügen?« »Wird diese Affäre damit enden, daß ich verlassen und betrogen werde?« Die Menschen bringen ihre Vergangenheit in neue Beziehungen mit ein. Die Impotenz der Männer ist ein Ausdruck ihrer Angst, Frauen zu verletzen und von Frauen verletzt zu werden. Statt sexuelle Erregung durch den Anblick und den Austausch von Zärtlichkeiten mit der neuen Partnerin zu erhalten, fühlen sie sich nervös, haben Leistungsangst und geraten in Verwirrung, weil ihre Männlichkeit sie im Stich läßt.

Manche Männer brauchen lange, bis sie erkennen, daß ihr Glied keine Maschine ist, die unter allen Umständen zu funktionieren hat. Doch irgendwann erkennen fast alle, daß zwischen ihren Genitalien und ihrem Herzen eine Verbindung besteht.

Ich begegne der Impotenz nach einer Scheidung mit großem Respekt. Impotenz ist das Gegengewicht, mit dem die Psyche die negativen Gefühle auszubalancieren versucht. Ein Mann kann von Rachegedanken so erfüllt und so darauf versessen sein, eine Frau zu verletzen, daß er fürchtet, seine Phantasien oder Alpträume könnten sich bewahrheiten. Er fürchtet, sein erigierter Penis könne die Partnerin vernichten. Die temporäre Impotenz ist eine Methode, seine Partnerin und sich selbst zu schützen. Sein Verstand rät ihm, sich von Frauen fernzuhalten, bis sein Zorn verraucht ist und er wieder friedfertige Gedanken haben kann.

> Julian, ein gutmütiger fünfzigjähriger Mann, durchlebte eine lange Phase der Depression. Er wußte, daß er das Opfer seiner grausamen, materiell eingestellten Frau war, die ihm mit List und Tücke bei der Scheidung fast sein gesamtes Vermögen abluchste und seine drei Töchter gegen ihn aufbrachte. Obgleich er ihre Machenschaften durchschaute, hatte er sich vorgenommen, nichts gegen sie zu unternehmen und ihr freundlich zu begegnen, es sei denn ihr Verhalten würde den Kindern schaden und seine Selbstachtung verletzen. Zwei Jahre war er nicht bereit, mit anderen Frauen auszugehen und ein weiteres Jahr konnte er mit keiner Frau ins Bett gehen. Er weigerte sich strikt, die übliche schmutzige Wäsche beim Scheidungsprozeß zu waschen, doch in seinen Träumen und Phantasien lebte er sadistische Wünsche gegen seine Frau und andere Frauen aus. Julian war erst wieder zu regelmäßigem Geschlechtsverkehr fähig, nachdem seine innere Wut erloschen war.

Zerrüttung der nichtsexuellen Beziehung. Paare, deren Beziehungsprobleme zu Impotenz des Mannes geführt haben, wollen sich selbst und dem anderen meist nicht eingestehen, daß Sex bereits vor Beginn seiner Impotenz aufgehört hat, Spaß zu machen. Der Erektionsstörung gehen in der Regel Unstimmigkeiten voraus, die beide Partner weniger empfänglich für das Liebesspiel machen, da sie sich aus Ärger emotional zurückgezogen haben. Sie gehen miteinander ins Bett in der Hoffnung, dadurch Entspannung zu finden. Der Mann ist nur der Symptomträger des Sexualproblems ihrer Beziehung, da der Geschlechtsakt ohne Erektion nicht möglich ist. Die Frau hat oft vergleichbare Erregungsstörungen, kann sie aber leichter kaschieren. Ihre zwar unzureichend feuchte Vagina kann ihn leichter aufnehmen, als er sein schlaffes Glied einführen kann.

> Ein Ehepaar Mitte Vierzig war die Hälfte seiner zwanzigjährigen Ehe impotent. Nach sechsmonatiger Therapie schien beiden das Problem noch komplizierter als zuvor – zugegeben, manchmal schien ihnen die Lösung klar. Keinem von beiden gefiel die Erklärung, da sie gezwungen waren, sich mit etwas auseinanderzusetzen, das sie seit Jahren unter den Teppich gekehrt hatten: ihre Anschauungen über Kindererziehung waren völlig konträr. Janice vertrat den Standpunkt, den drei Söhnen Grenzen zu setzen und sie für Fehler zur Verantwortung zu ziehen. Der gutmütige Fred verwöhnte die Kinder und war bestrebt, ihnen Hindernisse aus dem Weg zu räumen. Janices strenge Erziehung machte Fred noch nachgiebiger, er verwöhnte die Kinder mehr, als er selbst es für gut hielt. Er machte ihr immer wieder Vorhaltungen wegen ihrer strengen Erziehungsmaßnahmen, ohne damit bei ihr etwas zu erreichen. Fred war über das Verhalten seiner Frau sehr verärgert. Janice verachtete Fred, der ihre Autorität bei den Kindern untergrub, weil er in jeder Auseinandersetzung die Partei der Kinder ergriff. Durch seinen Ärger verlor Fred das sexuelle Interesse an Janice und seine Potenz; sie verlor durch ihren Ärger ebenfalls ihr sexuelles Interesse und ihre Bereitschaft. Beide versicherten zwar nach jeder Auseinandersetzung, daß sie sich liebten, aber beide wußten eigentlich gar nicht, was Liebe wirklich ist.

Meist sind Paare in einer zerrütteten Beziehung sich nicht klar darüber, wann und warum ihre Beziehung sich verschlechterte. Und sie finden keine eindeutige Erklärung dafür, warum sie scheitern. Ein weit verbreiteter Grund für die schnelle sexuelle Verschlechterung einer Beziehung besteht darin, daß ein Partner etwas verbirgt. Das macht es dem anderen schwer zu verstehen, warum die Beziehung nicht klappt und verhindert eine

Problemlösung. Geheimnisse sind gefährlich, weil sie Spontaneität und Nähe verhindern. Die heimliche Affäre eines Ehemanns kann zur Impotenz mit der Ehefrau führen. Die Gründe für seine Impotenz können darin liegen, daß er zu sehr an die andere Frau denkt, seine Schuldgefühle beim ehelichen Sex zu groß sind, oder er seine Motivation verloren hat und zu keiner Erregung fähig ist.

Aber auch die Affäre der Ehefrau kann ein Geheimnis sein. Der Ehemann wird impotent, nachdem sie sich mit einem anderen Mann eingelassen hat. Liegt es daran, daß ihre Hingabefähigkeit sich verändert hat und sie keine so gute Schauspielerin ist, wie sie glaubt? Spürt der Mann ihre geringere Leidenschaft während des Liebesaktes?

Manchmal träumt ein Mann davon, der auf die Treue seiner Frau schwören könnte, daß sie ihn betrügt. Von Therapeuten erwartet man häufig, Beziehungen zu reparieren, die viele Jahre von Heimlichkeiten vergiftet waren; leider können auch sie keine Wunder vollbringen.

> Larry, ein 49jähriger Geschäftsmann, der sich in seinem Ehrgeiz nach finanziellem Erfolg emotional von seiner Familie entfernt hatte, wurde unmittelbar, nachdem seine Frau ihm gestand, ein Verhältnis mit einem anderen zu haben, impotent. Sie machte ihr Geständnis während einer Stunde der Wahrheit, in der er einige kurzfristige ›bedeutungslose‹ Seitensprünge gestand. Er war sechs Monate impotent, bevor er Hilfe suchte, um herauszufinden, warum er keine Erektion bekommen konnte.
>
> Ihm waren folgende Gefühle klar, doch der Gedanke gefiel ihm nicht, daß sie die Antworten auf seine Frage sein sollten:
>
> - Er war wütend auf seine Frau wegen ihrer Untreue.
> - Er wollte die Beziehung mit ihr um jeden Preis beibehalten.
> - Er fühlte sich für ihre Untreue verantwortlich, da er ihre wiederholten Bitten nach größerer Nähe und mehr Zeit für die Kinder ausgeschlagen hatte.
> - Seiner Meinung war Vergeltung nur gerecht.

- Die Vergleiche ihrer sexuellen Beziehung mit ihrem ›sagenhaften‹ Liebhaber beunruhigten ihn.
- Er fühlte sich verletzt und unzulänglich.

»Können Sie mich nicht wieder in Ordnung bringen?« fragte er wiederholt während seiner ersten psychotherapeutischen Sitzungen.

Die meisten Heimlichkeiten sind weniger dramatisch als Untreue. Vielfach geht es um nicht ausgesprochenen Ärger und um die Überzeugungen, der Ehepartner sei ›unmöglich‹ oder ›hoffnungslos‹, wie bei Fred, der das Verhalten seiner Frau Janice ihren Söhnen gegenüber für hoffnungslos hielt.

Berufliche Schwierigkeiten. Die Geschlechtsidentität vieler erwachsener Männer dreht sich um ihre Fähigkeit, Leistung gegen Bezahlung zu erbringen. Verlieren Männer ihren Job, so reagieren manche von ihnen, als hätten sie kein Recht mehr auf Sex mit ihren Partnerinnen. Die Versagensangst in der Arbeitswelt wird flugs ins Schlafzimmer transportiert. Er ist voll Unsicherheit auf die Steifheit seiner Erektion fixiert, statt sich dem Genuß sexueller Freuden hinzugeben. Wenn ein langer Streit beigelegt, eine persönliche berufliche Krise überwunden ist, oder die langersehnte Beförderung endlich geklappt hat, stellen manche Männer fest, daß ihre ungeklärte Impotenz verschwindet.

Ein Mann mit ziemlichem Erfolg im Beruf, der keine ehelichen oder familiären Probleme hatte, wurde für die Dauer fast eines Jahres impotent, nachdem er eine falsche Geschäftsentscheidung getroffen hatte. George veräußerte einen Teil seines Vermögens wegen seines bevorstehenden Ruhestands, wobei er die finanziellen Möglichkeiten und die moralische Integrität des Käufers falsch einschätzte. Er erlitt einen Verlust von einer Viertelmillion Dollar. Seine verbliebenen Geldmittel waren zwar immer noch hoch genug, um sich einen sorgenfreien Lebensabend zu machen, doch der Gedanke ließ ihn nicht mehr los, übers Ohr gehauen worden zu sein und einige seiner Pläne für den Ruhestand kürzen zu müssen. Seine Frau, die mehr um ihn als um den finanziellen Verlust besorgt war, konnte nicht verhindern, daß er ständig darüber grübelte, sich bittere Selbstvorwürfe machte und sich einen ›Trottel‹ schalt. Anfänglich sahen beide keinen Zusammenhang zwischen seinem Geschäftsverlust und seiner Impotenz – beide glaubten, mit ihm sei körperlich etwas nicht in Ordnung. George konnte nach einigen Therapiesitzungen eingestehen, er glaube, kein Recht auf Liebesfreuden zu haben, weil er Geld verloren hatte. Bald darauf stellte sich seine Potenz wieder ein.

Nachdem Johns Gewerkschaft seine Firma mit Streik belegte, verlor der Dreißigjährige seine Potenz. Er war Vater eines kleinen Kindes, seine Frau war wieder schwanger und sein Streikgeld und das Geld, das er sich nebenher verdienen konnte, reichte bei weitem nicht aus, um die Familie über Wasser zu halten. Neun Jahre zuvor, bei seinem ersten Streikerlebnis, hatte er seine Ersparnisse genommen und mit zwei seiner Kumpel eine große Reise gemacht. »Das war phantastisch!« Jetzt kam er sich unmännlich vor und machte sich Sorgen, Lucy und seine Tochter zu enttäuschen. Als die Firma Lohnkürzungen ankündigte, um Arbeitsplätze zu erhalten, begann John an seinem Vorsatz zu zweifeln, der erste Mann in seiner von Alkoholismus und Scheidung geprägten Verwandtschaft zu sein, der ein harmonisches Familienleben führte. Ständig kamen ihm Szenen aus seinem Elternhaus in Erinnerung, Erinnerungen an die Gereiztheit und Gewalttätigkeit seines Vaters, wenn er wieder einmal arbeitslos war. John wollte Lucy niemals das zumuten, was seine Mutter durchgemacht hatte. Lucy fand ihren Mann wundervoll, nur ein wenig deprimiert. »Ginge Ihnen das nicht auch so, wenn Sie keine Arbeit hätten, Doktor?« Der vier Monate andauernde Streik wurde beigelegt, als seine kleine Tochter sechs Wochen alt war. Er unterschrieb einen Drei-Jahres-Vertrag und sein Verdienst war fast so hoch wie zuvor. Seine Potenzstörungen legten sich.

Für viele Männer ist die Fähigkeit zu arbeiten, genügend Geld zu verdienen, um sich einen angenehmen Lebensstandard zu ermöglichen, eng verknüpft mit ihrer Selbstachtung, ihrer inneren Ausgeglichenheit und persönlichen Zufriedenheit. Der Verlust oder der drohende Verlust eines Arbeitsplatzes raubt zwar nicht jedem Mann die Potenz, doch Probleme am Arbeitsplatz können sexuelles Verhalten verändern. Manche Männer reagieren auf diese Bedrohungen ihrer sozialen Stellung, indem sie ihr Sexualverhalten steigern, während andere, wie zum Beispiel John, ihr Interesse an Sex beinahe vollständig verlieren.

Seltene psychologische Faktoren der Impotenz

Buchstäblich jeder heterosexuelle Mann hat bei Vollendung seines dreißigsten Lebensjahres mindestens einmal Geschlechtsverkehr gehabt. Nicht aber Männer, die unter einer lähmenden Angst vor Nähe leiden und unfähig sind, eine Beziehung aufzubauen. Solche Männer haben oft unkonventionelle sexuelle Identitäten – starke, dauerhafte Sehnsucht, eine Frau zu sein oder sich als Frau zu kleiden, haben eine homoerotische Orientierung, ungewöhnliche sexuelle Intentionen. In Gegenwart eines bereitwilligen Partners sind sie von ihrer Nervosität so überwältigt, daß sie zu keiner Erregung mehr fähig sind.

Ein 25jähriger schüchterner Mann konnte mit seiner Freundin ein ganzes Jahr keine Erektion bekommen. Nach mehreren Monaten der Psychotherapie war Ron durch orale Stimulation erektions- und orgasmusfähig, war aber ein weiteres Jahr nicht zum Koitus imstande, bis er begann, über seine Mutter zu sprechen. Er schilderte sie als schreiende, launenhafte Paranoikerin, die ihn immer wieder in der Öffentlichkeit bloßstellte. Mit achtzehn ging er von zu Hause fort und weigert sich seither, seine Mutter zu sehen. Ron glaubte, seine Impotenz

> habe mit seinen homoerotischen Neigungen zu tun. Ich war allerdings der Meinung, daß seine ›Homosexualität‹ eine weniger plausible Erklärung war, als seine Angst, seine gräßliche Mutter in einer Partnerin wiederzufinden.

Manche potente Männer wähnen sich einen Großteil ihres Lebens am Rande der Impotenz. Der Mann im folgenden Fallbeispiel schaffte es ziemlich erfolgreich, seine Bedenken mit einer Phantasie in Schach zu halten.

> Tim, ein pedantischer Mann, der sich selbst in seiner Jugend als ausgesprochen feminin bezeichnete, wurde bei seiner Frau nach fünfzehn Jahren Ehe impotent, als er mit einem männlichen Assistenten zu arbeiten begann. Dieser attraktive junge Mann erinnerte ihn an eine homosexuelle Liebe, die er in seinem letzten Jahr an der High School hatte. »In seiner Nähe bin ich ganz nervös.« Tim war bereits fast das ganze erste Jahr seiner Ehe impotent gewesen. »Ich könnte Ihnen nicht sagen, warum, Herr Doktor, ich weiß nur, daß ich Angst vor Sheila hatte. Das war unbegreiflich. Sheila ist eine wundervolle Frau. Nach einer Weile legte sich diese Angst.« Jahrelang, wenn sein Penis beim Geschlechtsverkehr erschlafft war, hatte Tim an seinen Freund von der High School gedacht.

Lebenslange Impotenz oder eine lebenslange Gratwanderung der Angst vor Potenzstörungen ist meist Ausdruck der Unfähigkeit eines Mannes, sein Mißtrauen vor Nähe zu überwinden. Das äußert sich in seiner Angst vor Frauen, oft ist seine Angst vor Nähe mit jedem Menschen spürbar.

Physische Ursachen

Ein impotenter Mann kann davon ausgehen, daß seinem Problem eine physische Ursache zugrunde liegt, wenn sein Erektionsmuster folgende drei Kriterien aufweist: Erstens, er bekommt nie mehr als eine leicht vergrößerte, schlaffe Erektion – beim Masturbieren, beim nächtlichen Erwachen oder am Morgen, ob er erotische Literatur liest, ob er Sex mit einer anderen Partnerin hat oder eine Vielzahl sexueller Techniken ausprobiert. Zweitens, wenn kürzlich eine Krankheit bei ihm diagnostiziert wurde oder er Medikamente einnimmt, die den Sexualtrieb einschränken oder Potenzstörungen hervorrufen. Drittens, wenn vor Auftreten seiner Erektionsstörungen keine signifikante Veränderung in seinem emotionalen Leben stattfand.

> Carl, ein 58jähriger homosexueller Arzt, der seit zehn Jahren glücklich mit Zacharias zusammenlebt, hat seit mehreren Monaten nicht mehr als eine leicht vergrößerte, schlaffe Erektion. Sein Penis schafft zu keinem Augenblick eine vollständige Erektion, auch nicht, wenn er sexuell erregt ist. Eine Gefäßuntersuchung von Aorta und Arterien in den Beinen und im Penis wies Gefäßverengungen aus, die zur Impotenz führten und die außerdem seine Schmerzen in den Beinen erklären, wenn er lange und schnell geht.
>
> Carl hat seit seinem Herzanfall vor zwei Jahren das Rauchen stark eingeschränkt, aber er trinkt etwas mehr. »Whiskey ist ein Trost, wenn ich mir Sorgen ums Sterben mache.« Er war zwar vor und nach seinem Herzinfarkt potent, doch seine Erektionen waren seit drei Jahren in zunehmendem Maße weniger steif. Trotz seiner Gesundheitsprobleme schafft er seine Arbeit in der Praxis mühelos.

Carl weist die drei Kriterien auf, die auf die Möglichkeit einer körperlichen Ursache für seine Impotenz schließen lassen. Sein Penis wird nie ganz hart, wenn er sexuell erregt ist. Er hat eine Krankheit, die das Problem hinreichend erklärt. Es gab keine Veränderungen in seinem Leben in sozialer, finanzieller und beruflicher Hinsicht, bevor seine Potenz schwand. Fälle ausschließlich körperlich verursachter Impotenz sind sehr selten. Auch Carl gehört nicht dazu: seine emotionale Reaktion auf seinen Herzinfarkt und seine Angst vor dem Sterben tragen gleichfalls zu seinem Problem bei, sind jedoch weniger gravierend als die Gefäßerkrankung.

Um den richtigen Therapieansatz zu finden, müssen alle eventuellen körperlichen Ursachen der Impotenz überprüft werden. Hier eine kurze Erläuterung verschiedener Möglichkeiten.

Nebenwirkungen von Medikamenten

Die häufigsten zu behebenden organischen Ursachen der Impotenz sind Medikamente, die den Sexualtrieb und die Erektionsfähigkeit einschränken. Es gibt verschiedene Gruppen von Medikamenten, die solche Nebenwirkungen aufweisen: Tabletten gegen hohen Blutdruck, Schmerzmittel, Antidepressiva, Tranquilizer und weibliche Hormone, die bei Prostatakrebs verabreicht werden.

Liegt eine Impotenz durch Medikation vor, so ist die Dosis vom Arzt herabzusetzen oder ein anderes Medikament zu verabreichen.

Wer den Verdacht hat, daß Medikamente der Grund für seine Impotenz sind, sollte unbedingt mit seinem Arzt darüber sprechen.

Hormonmangel und Überproduktion

Männer mit unzureichenden Hormonen aus Hypophyse, Schilddrüse, Nebenniere oder Hoden können durch Zufuhr der fehlenden Hormone mühelos von ihrer Impotenz und ihrem unterentwickelten Sexualtrieb geheilt werden. Die meisten dieser Probleme setzen allmählich in der Lebensmitte ein und können nicht ohne Labortests diagnostiziert werden. Männer mit Hormonstörungen müssen regelmäßig ihren Arzt aufsuchen, um die Dosierung zu kontrollieren. Gelegentliche Impotenz und geringer Sexualtrieb sind auf ein Übermaß des Hormons Prolaktin zurückzuführen.

Das Medikament Bromocriptin kann diesen Männern rasch zur Potenz verhelfen.

Nerven- und Gefäßkrankheiten

Es gibt eine erschreckend lange Liste körperlicher Leiden, die potenzmindernd wirken können; bei den meisten handelt es sich um Störungen der Nerven- oder Blutversorgung des Glieds.

Diabetiker sind für Impotenz anfällig. Entweder arbeiten die Nerven zur Blutversorgung in den Penis nicht richtig oder die Innenwände der Arterien, die das Blut weiterpumpen, sind durch Arteriosklerose verengt.

Diabetes ist nicht die einzige Ursache für Verengungen der Arterien zum Penis. Die Erkrankungen von großen und kleinen Arterien, Atherosklerose und Arteriosklerose kann die Blutzufuhr zum Penis einschränken und eine anhaltende Erektion unmöglich machen.

Rauchen kann zu Krämpfen in den Blutgefäßen des Beckens führen, was ebenfalls die Blutzufuhr zum Penis beeinträchtigt. Seit kurzem weiß man, daß Impotenz auch durch Erkrankungen der Venen im Penis, nicht nur der Arterien, entstehen kann. Bei diesen Männern bleibt das Blut nicht im Penis – sie bekommen Erektionen, können sie jedoch nicht halten. Urologen experimentieren mit neuartigen Diagnosetests und chirurgischen Techniken, in der Hoffnung, diesen Männern eines Tages helfen zu können.

Chirurgische Eingriffe und Bestrahlung

Ein chirurgischer Ersatz des letzten Stückes der Aorta, Entfernung von Rektum und Dickdarm oder der ganzen Prostata beeinträchtigen im allgemeinen die Potenz. Diese Operationen werden aufgrund schwerer Krankheiten durchgeführt, wie atherosklerotische Verengung der Aorta, krankhafte Arterienerweiterung, Darmkrebs, Prostata- oder Hodenkrebs. Bestrahlung des Beckens kann die gleiche Wirkung haben wie ein chirurgischer Eingriff, da sie die Nerven- oder Blutversorgung zum Penis beeinträchtigt. Injektionen, Penisprothesen und die Vakuumpumpe können die Potenz in diesen Fällen wiederherstellen.

Chronische Leiden

Chronische Erkrankungen von Herz, Lunge und Nieren sind bei älteren Menschen weit verbreitet. Chronisch kranke Menschen stellen fest, daß die normalen Anfordernisse des Alltags ihre körperlichen Kräfte aufzehren und daß Sex zu viel Energie verbraucht. Doch mangelnde Energie ist selten die einzige Ursache von Impotenz. Medikamente und psychologische Reaktionen auf die Krankheit sind gleichfalls Faktoren, die dazu beitragen. Die psychischen Folgen einer Dickdarmfistel, von Hautausschlag, schmerzhafter Arthritis oder einem Schlaganfall können der Potenz ebenso schaden wie physische Faktoren.

Alkoholexzeß

Auf welche Weise der Alkohol Potenzprobleme hervorruft, ist medizinisch bislang unerforscht. Bei einem impotenten Alkoholiker wird unterstellt, daß der Alkoholmißbrauch die Erektionsfähigkeit beeinträchtigt. Paradoxerweise gehen Ärzte davon aus, daß ein stark trinkender Mann seine Potenz erst verliert, wenn er wieder trocken ist, da der Alkohol ihn zunächst potent macht, indem er ihm seine Angst vor Sex nimmt. Es ist jedenfalls schwierig, mit Bestimmtheit zu sagen, welche psychologischen Faktoren mitspielen und wieviel körperlich bedingt ist, da Alkohol einen negativen Effekt auf die Persönlichkeit, die sozialen Beziehungen, und eine Reihe von Organen hat.

Die toxischen Beeinträchtigungen von Leber, Gehirn, Herz, Nerven und Hormonen des Alkoholikers tragen alle zu seiner Impotenz bei.

Peyronie's Disease

Bei diesem Leiden bilden sich schmerzlose Gewebsknötchen im Penis, die den erigierten Penis verformen. Diese Knötchen sind unbekannter Herkunft. Sie dehnen die Kammern aus, die das Blut während der Erektion speichern. Der erigierte Penis weicht nach einer Seite ab, eine Erscheinung, die beim Geschlechtsverkehr hinderlich ist und ihn in schweren Fällen unmöglich macht.

Impotenz meistern

Es ist wichtig zu wissen, daß eine Erektion zwar für den Geschlechtsverkehr nötig ist, nicht aber für Sex. Sex hat weit mehr körperliche und emotionale Aspekte als nur den Koitus. Emotionale Nähe, Bekräftigung der Bindung, der Abbau von aufgestautem Ärger, die Stärkung der Selbstachtung, das alles ist ohne genitale Vereinigung möglich. Was für Frauen gilt, trifft auch für den impotenten Mann zu. Er sollte weiterhin sexuell aktiv bleiben, ohne sich verbissen um Geschlechtsverkehr zu bemühen. Statt sich auf sein Versagen zu fixieren, hat er die Chance, sich seinen sexuellen Empfindungen zu überlassen. So kann er seinen emotionalen und körperlichen Genuß an Sex wiederfinden. An diesen Gedanken muß man sich jedoch erst gewöhnen, da viele Männer Sex mit Koitus gleichsetzen und aus dieser engen Sicht das Vorspiel als Auftakt für das ›eigentliche Geschehen‹ betrachten.

Körperliche Liebe ohne Geschlechtsakt kann die Leistungsangst des Mannes deutlich vermindern. Wiederholtes Liebesspiel ohne Koitus reicht in manchen Fällen, um den Mann von seiner psychischen Impotenz zu heilen. Allerdings können Männer, die nach wie vor wütend, verzweifelt, voller Schuldgefühle oder in andere intensive Emotionen verstrickt sind und sich gleichzeitig eine sexuelle Erregung wünschen, nicht erwarten, daß eine bestimmte Liebestechnik irgendeine Verbesserung herbeiführt. Männer müssen sich der schmerzhaften Frage stellen, warum sie impotent sind, und dann ihre persönlichen Probleme direkt angehen.

Es ist wichtig, daß der Mann und seine ständige Partnerin wissen, warum er nicht erektionsfähig ist. Männer, bei denen organische Ursachen wie Diabetes oder Gefäßerkrankungen vorliegen, müssen über die Zusammenhänge informiert sein, sonst nimmt ihre Selbstachtung Schaden. Die Partnerin muß ebenfalls informiert sein, um Mißverständnisse zu vermeiden, wie: »Du liebst mich nicht mehr!« »Du mußt eine andere haben!« und »Es ist meine Schuld, ich bin im Bett nie wirklich gut gewesen!«

Hier einige wissenswerte Punkte für Paare mit Impotenz:

- Der Mann kann ohne Erektion zum Orgasmus kommen.
- Die Frau kann einen Orgasmus haben durch manuelle, orale Stimulierung, durch Vibrator oder Selbststimulierung.
- Der Mann fördert sein Selbstwertgefühl und seine Männlichkeit, wenn er seiner Partnerin zum Orgasmus verhilft.
- Viele Menschen sind sexuell aktiv, ohne den Geschlechtsakt zu vollziehen, selbst wenn sie nicht impotent sind.

Manche Menschen mit bleibender organischer Impotenz haben sich an liebevolle, tröstliche Umarmungen und Zärtlichkeiten mit nur gelegentlichem Orgasmus gewöhnt. Mit dem Schwinden des Sexualtriebes wird die Bestätigung, geliebt und geschätzt zu werden, wichtiger als der Geschlechtsverkehr. Anderen reicht das einfach nicht aus. Ihnen können Urologen mit drei technischen Errungenschaften der Medizin helfen, Injektionen, Prothese und die Vakuumpumpe. Solche Maßnahmen verletzen anfänglich das Feingefühl manchen Mannes (»Ich bin doch kein Roboter!«), sollten jedoch nicht sofort rundweg abgelehnt werden.

Die Injektionen sind wirksam, relativ schmerzlos und ungefährlich. Ende der 80er Jahre wurden drei Nebenwirkungen festgestellt – dauerhafte Erektion, Knötchenbildung und Vermehrung der Leberenzyme. Dauerhafte Erektionen werden vermieden, wenn die geringste noch wirksame Dosierung des Medikaments verabreicht wird. Die Knoten, die bei etwa 50 Prozent der Männer innerhalb von zwölf Monaten der Injektionen auftreten, sind schmerzlos und führen zu keiner Penisverformung. Die Abnormitäten der Leberfunktion sind sehr gering und haben keine Symptome von Lebererkrankungen hervorgerufen. Knötchenbildung und Erhöhung der Leberenzyme treten meist bei Männern auf, die mehr als einmal pro Woche zur Injektion greifen. Nach dem Urteil der Mediziner überwiegen die Vorteile der Injektionen bei weitem die Gefahren ihrer Nebenwirkungen, die gewöhnlich belanglos und klinisch unerheblich sind. Dennoch haben Stanley Althof, Louisa Turner und andere Kollegen an der Universitätsklinik in Cleveland in einer vor kurzem veröffentlichten Studie gezeigt, daß etwa 40 Prozent der Männer, die sich zu einer Injektionsbehandlung bereit fanden, ihre Meinung im ersten Jahr geändert haben, da ihnen die Prozedur unangenehm war.

Penis-Prothesen haben sich in zwanzig Jahren chirurgischer Erfahrungen ständig verbessert. Eine Studie von Steege und seinen Mitarbeitern von 1986 belegte, daß 80 Prozent der Männer und 60 Prozent der Partnerinnen mit den Ergebnissen des chirurgischen Eingriffs zufrieden waren; die Ergebnisse anderer Studien weisen allerdings eine geringere Prozentzahl der Zufriedenen aus. Laut Leonore Teifer und Arnold Melman muß bei mindestens 20 Prozent der Männer innerhalb von vier Jahren ein weiterer operativer Eingriff vorgenommen werden.

Die Vakuumpumpe ist ein einfaches Gerät, das den Luftdruck um den Penis senkt, was gewöhnlich rasch zu einer halbsteifen Erektion führt. Danach wird eine Aderpresse am Penisansatz angebracht. Diese Erektion dauert bis zu 30 Minuten. Unmittelbar nach Entfernen der Aderpresse schwindet die Erektion. Bei dieser Methode sind keine Nebenwirkungen bekannt.

Impotente Männer, ihre Partnerinnen und Ärzte müssen sorgfältige Überlegungen anstellen, bevor eine Prothese in einem chirurgischen Eingriff eingesetzt wird, eine Injektionsbehandlung, oder andere neue, experimentelle medizinische oder chirurgische Behandlungsmethoden in Angriff genommen werden. Operativ eingesetzte Prothesen oder Injektionen sind dann angebracht, wenn folgende Kriterien vorliegen:

- Bei irreversiblen organischen Faktoren.
- Wenn der chirurgische Eingriff oder die Injektionen kein ernsthaftes medizinisches Risiko darstellen.

- Wenn der Mann und seine Partnerin eine positive Einstellung zu einem solchen Eingriff haben.
- Wenn sexuelle Aktivität trotz Impotenz beibehalten wurde.
- Wenn die sexuelle Beziehung vor der Impotenz für beide Partner befriedigend war.

Nach der Feststellung, daß eine spezifische Methode Abhilfe schafft, kann der Arzt dem Betroffenen oder ihm und seiner Partnerin die Wahl zwischen Operation, Injektionen oder Vakuumpumpe überlassen.

Experimentelle operative Eingriffe, wobei im Penis Venen abgeklemmt werden oder versucht wird, neue Blutversorgungswege in den Penis einzusetzen, bedürfen noch eingehender Forschungen. Männer und ihre Partnerinnen, die Überlegungen anstellen, solche Eingriffe vornehmen zu lassen, sollten vor der Operation die neuesten Forschungsergebnisse mit ihrem behandelnden Chirurgen besprechen. Die Technologie auf dem Gebiet der Urologie und Gefäßmedizin macht ständige Fortschritte.

Wie uns die Situation von Don und Missy gezeigt hat, reicht die durch Injektion erreichte Fähigkeit zum Geschlechtsakt nicht aus, um ihn auch tatsächlich zu vollziehen. Der Geschlechtsakt ist das Ergebnis vieler Faktoren innerhalb des sexuellen Gleichgewichts zweier Menschen. Ein Mann nimmt vielleicht irrtümlich an, seine Impotenz sei der Grund für die Spannungen in der Beziehung und glaubt, alles kehre zum Normalen zurück, wenn er zum Geschlechtsakt fähig ist. Doch Implantationen oder Spritzen müssen nicht zwangsläufig die Bereitschaft der Partnerin erhöhen. Diese technischen Hilfsmittel sind auch nicht imstande, das lebenslange Mißtrauen eines Mannes gegen Frauen auszuschalten.

Wege zu einem problemfreien Sexualleben

Ein Mann, der seine Potenz verloren hat, soll:

- sich fragen, ob er *unfähig* oder *unwillig* ist, Sex mit seiner Partnerin zu haben;

- sich sorgfältig von seinem Arzt untersuchen lassen und mit ihm eingehend darüber diskutieren, woran das Problem liegen kann;
- versuchen, sich mehrere Wochen lang sexuell mit seiner Partnerin ohne Koitus zu betätigen, um sich von seiner Leistungsangst zu befreien;
- einen Psychologen aufsuchen, wenn die Impotenz rein psychischer Natur ist oder psychische und organische Gründe vorliegen, die sich nicht beheben lassen;
- sich nicht überstürzt zu einer mechanischen Methode zur Behebung seiner Erektionsstörung entschließen, ohne eingehend mit der Partnerin und dem Arzt oder Psychologen die Möglichkeiten und ihre Vor- und Nachteile zu besprechen.

Kapitel 13

Frauen, die von Sex nichts wissen wollen

Ich führe seit mehr als zehn Jahren einen persönlichen Krieg gegen den Begriff ›frigide‹. Manchmal fühle ich mich als Sieger, dann wieder gibt es Zeiten, in denen mir klar ist, daß der Kampf vergeblich ist. Meinen Privatkrieg begann ich als junger Psychiater; mir fiel auf, daß ich unterstellte, etliche unbefriedigte Frauen und ihre Partner würden unter einer Störung mit der Bezeichnung ›Frigidität‹ leiden. Patienten benutzten diesen Begriff, um mir ihre Situation zu erklären, und ich wendete diesen Begriff auf sie an, bis ich erkannte, daß ›Frigidität‹ zum großen Teil ein Trugschluß ist. »Sehen Sie, Doktor, meine Frau ist frigide. Ich möchte mich aber nicht von ihr trennen, also mußte ich mir anderweitig sexuelle Erleichterung verschaffen.« »Ich bin frigide; daran ist nichts zu ändern. Ich gehöre nun mal zu den unglücklichen Frauen.«

Als ich die medizinische Fachliteratur zu Rate zog, um mehr über diese Störung zu erfahren, geriet ich in beträchtliche Nöte. Alle Autoren stimmten darin überein, daß Frigidität ein schwerwiegendes und weit verbreitetes Problem sei, doch über ihre Ursachen oder Behandlungsmethoden herrschte keine Übereinstimmung. Es war nicht einmal klar, wer als ›frigide‹ zu bezeichnen sei und wer nicht. Keine der vielen psychiatrischen Veröffentlichungen und Forschungen wies stichhaltige Ergebnisse zu diesem Thema auf.

Zwei weitere Ereignisse lösten meinen geistigen Krieg aus. Ich war beeindruckt von einigen Veröffentlichungen, die den Begriff als unpräzise, verächtlich und sexistisch abwerteten. Um dieselbe Zeit kündigten Masters und Johnson in ihrer 1970 veröffentlichten Studie *Impotenz und Anorgasmie* an, ein neues Verständnis sexueller Probleme sei im Entstehen.

Als ich begann, Vorlesungen über Sexualität zu halten, konnte ich mir nicht erklären, warum ›Frigidität‹ und ›frigide‹

nach wie vor im allgemeinen Sprachgebrauch zu finden waren. Heute weiß ich, daß diese Begriffe verwendet werden, um sich und den Partner zu betrügen. Männer sind schnell bei der Hand, ihre Partnerinnen als frigide zu bezeichnen, wenn sie die wenig reizvollen und faden Aspekte ihres eigenen Verhaltens nicht einsehen können. Mit dieser Bezeichnung flüchten sie aus der Verantwortung, ihren Beitrag zum sexuellen Gleichgewicht zu leisten. Eine naive Frau akzeptiert den Stempel, frigide zu sein, den ihr Partner ihr aufdrückt, weil sie glaubt, er wisse es besser, und weil sie nicht wagt, sich ihre wachsenden negativen Gefühle gegen ihn einzugestehen. Sie beginnt, sich für frigide zu halten. Dieser Etikettenschwindel wird beispielsweise auch von einer Frau betrieben, die mit ihrem Liebhaber die gesamte Bandbreite sexueller Gefühle erlebt, sich beim Ehemann jedoch unnahbar gibt, um den Eindruck zu erwecken, sie sei frigide.

Auch wenn wir die Fälle von Selbstbetrug und Unehrlichkeit außer acht lassen, gibt es tatsächlich eine Reihe von Problemen, die als Frigidität charakterisiert werden. Leider kenne ich kein anderes Wort, um sexuelle Indifferenz und Erregungsunfähigkeit zu bezeichnen, möchte allerdings diesen Ausdruck vermeiden und nur die Probleme erläutern, und welche Ursachen ihnen meiner Anschauung nach zugrunde liegen.

Frauen mit Erregungsstörungen lassen sich nicht leicht in erotische Stimmung versetzen. Sie sind unfähig, sich zu entspannen und sich den Empfindungen hinzugeben, die körperliche Zärtlichkeiten begleiten. Das führt dazu, daß sie sich vor sexuellem Verhalten ekeln, das im harmlosen Fall unangenehm und angsterzeugend ist. Diese Frauen behaupten, kein sexuelles Verlangen zu haben, womit sie gewöhnlich ihre starke Motivation meinen, Sexualverhalten mit einem Partner zu vermeiden.

> Peg, eine liebevolle, warmherzige Mutter und ausgesprochen erfolgreiche Immobilienmaklerin haßte Sex. Sie mied Sex, bis Phil ›einen Aufstand machte‹ – ihre Schuldgefühle und Besorgnis brachten sie dazu, sich in ihr Schicksal zu ergeben, bevor ihm der Kragen endgültig platzte. Wenn sie weniger gestreßt war, machte ihr Sex

mehr Spaß, doch in ihrem Leben tauchten ständig unerwartete Probleme und Streßsituationen auf. Zu Beginn ihrer Ehe spielte Peg ihre Orgasmen, bis Phil ihr sagte, er habe sie durchschaut. Wenn Phil ihre Brustspitzen stimulierte, empfand sie kurze Erregung, doch ihre Gedanken wanderten sogleich wieder zu den Problemen, die sie am nächsten Tag im Büro erwarteten. »Probleme, Probleme – daraus besteht meine Lebensgeschichte!«

Frauen mit psychisch bedingten Erregungsstörungen verhalten sich ähnlich wie psychisch impotente Männer in ihrem Vermeiden sexueller Erfahrung und der Vielseitigkeit ihrer Begründung für dieses Vermeiden. Und wie psychisch impotente Männer haben auch sie sexuelles Verlangen und kommen durch Masturbation zum Orgasmus.

Es dürfte mittlerweile klar sein, daß Männer wie Frauen sich von negativen Gefühlen wie Angst, Schuld, Wut oder Unsicherheit freimachen müssen, um sexuelle Erregung empfinden zu können. Frauen, die sich gegen Sex sträuben, klammern sich krampfhaft an andere Gedanken. Sinnlichkeit und Erregung sind unerwünscht und stehen irgendwie nicht mit ihren Interessen in Einklang. Viele Frauen sind der Überzeugung, das Leben sei ohne Sex leichter. »Wozu die Mühe?«

Erregungsstörungen bedeuten, daß Frauen nicht die normalen körperlichen Veränderungen spüren, die bei sexueller Erregung stattfinden. Ihre Vagina produziert nur wenig Feuchtigkeit. Während der sexuellen Betätigung mit ihren Partnern tritt keines der anderen typischen Zeichen der Erregung ein. Die Klitoris vergrößert sich nicht, genauso wenig findet eine Schwellung der inneren Schamlippen statt. Die Pulsfrequenz beschleunigt sich nicht, die Brustwarzen vergrößern und verhärten sich nicht; an ihren Armen tritt keine Gänsehaut auf und ihr Oberkörper rötet sich nie. Das wichtigste Element, das fehlt, ist der persönliche Genuß.

Frauen, die früher erregungsfähig waren

Die meisten Frauen mit Erregungsstörungen waren früher völlig normal zu sexueller Erregung fähig. Das bedeutet, daß Frauen und ihre Partner ständig ihre persönlichen Gefühle und die Beschaffenheit ihrer Beziehung im Auge behalten müssen, um das sexuelle Gleichgewicht gesund zu erhalten. In der Therapie bleibt der Grund für den Erregungsverlust der Frau meist nicht lang ein Geheimnis. Auch wenn sie ihn anfänglich nicht eingestehen will, kommt er meist bald zutage.

Die häufigsten Gründe, warum eine Frau Sexualverhalten meidet, sind Abneigung gegen den Partner, Reaktion auf die vom Partner erlassenen Vorschriften, Depression und medikamentöse Behandlung.

Abneigung gegen den Partner

Eine Frau, die bei ihrem Partner einen gravierenden Schwachpunkt feststellt, lehnt es bald ab, mit ihm ins Bett zu gehen. Die Heftigkeit ihrer neuerworbenen negativen Haltung kann verwirrend sein, wenn diese auftritt, bevor sie die Gründe ihres Abscheus gegen erotische Gefühle ganz begreift. Der Partner kommt vielleicht nie dahinter.

> Die 29jährige Jody hatte vor der Ehe und ein Jahr nach der Hochzeit gerne Sex mit ihrem Ehemann. Das änderte sich nach einer Auseinandersetzung über die Benutzung seiner Kreditkarte, die damit endete, daß er sie ›eine dumme Kuh‹ nannte. Obgleich Glenn sich am nächsten Tag bei ihr entschuldigte und ihr sagte, sie könne die Karte wieder benutzen, war sie tief gekränkt. Drei Monate war sie beim Liebesakt zu keiner Erregung fähig, immer wieder tauchte sein wütendes Gesicht vor ihr auf, immer wieder hörte sie seine Beschimpfungen. In diesen Monaten beschäftigte sie sich auch immer wieder mit dem Streit, der sie so entsetzte und sie zum Weinen brachte. Sie war nicht nur nicht dumm, in vielen Geldangelegenheiten war sie mindestens so schlau wie er. Sie

eine Kuh zu nennen bedeutete, daß er ihr wenig Respekt entgegenbrachte. Sie fragte sich, was als nächstes kommen würde. Daß er ihr das Benutzen der Kreditkarte verbat, demütigte sie; sie kam sich vor wie ein unmündiges Kind und er spielte sich wie ein allwissender Erwachsener auf. Konnte sie einen Mann lieben, der solche Dinge zu ihr sagte? »Wie oft lasse ich mich von ihm beschimpfen, bevor ich ihn nicht mehr liebe?« Als sie versuchte, ihm die Nachwirkungen des Streites zu erklären, warf er ihr vor, sie reagiere zu empfindlich, und sie fühlte sich von ihm nicht ernstgenommen.

Viele geschiedene Frauen berichten, ihre Unfähigkeit zur sexuellen Erregung sei stufenweise eingetreten. Zunächst nahm der Grad ihrer Erregung ab, dem folgte bald ein verstärkter Einsatz der Phantasie während sexueller Betätigung, um die Erregung beizubehalten. Dann fühlten sie weniger sexuelle Motivation, was zwangsläufig zu weniger Sex führte. Schließlich waren sie unfähig, Erregung zu empfinden.

Mit solchen Erregungsstörungen macht die Psyche die Frau und ihren Partner auf eine ernsthafte Störung in der Beziehung aufmerksam. Darauf, daß die Frau bestimmte Verhaltensmuster ihres Mannes ablehnt – beispielsweise seine selbstgefälligen Entscheidungen, seine Gedankenlosigkeit, Depressionen, seine Unfähigkeit, Emotionen zum Ausdruck zu bringen, sein Versäumnis, ihr Wertschätzung entgegenzubringen, seine Untreue, sein starkes Trinken oder sein Drogenmißbrauch. Dabei spielt es keine Rolle, ob ihre Ansichten völlig korrekt sind; es sind ihre Wahrnehmungen und in ihrem Kopf besitzen sie eine mächtige Realität. Sie reagiert darauf, indem sie ihm ihre Erregung entzieht. Sie will ihre Erregung nicht mehr mit ihm teilen. Sie weist ihn zurück.

Die Freude des Mannes an ihrer Erregung spielt hier eine wichtige Rolle. Ihr Rückzug schmerzt ihn; er spürt, daß sie beim Liebesspiel emotional nicht mehr bei ihm ist.

Bea fand heraus, daß ihr Mann sie betrog. Um ihre dreißigjährige Ehe zu erhalten, ertrug sie mehrere quälende

Jahre, betete viel und begab sich in Therapie. Danach gab es einige angenehme sexuelle Erlebnisse mit ihrem Mann, doch vier Jahre danach bezeichneten beide sie als ›frigide‹. Es erschien dem Paar einfacher, dies als Tatsache hinzunehmen, als die Gefühle der Frau über die schwierigste Zeit ihres Lebens wiederzuerleben.

Viele Männer glauben, sie werden bestraft und sind der Überzeugung, die rachsüchtige und nachtragende Art ihrer Partnerin sei das Grundübel. Sie benutzen das Wort ›frigide‹, weil es Kälte und grausames Vorenthalten beinhaltet. Die Rolle des Mannes, der die ablehnende Haltung der Frau provoziert, wird leicht übersehen, obgleich sie wiederholt versucht, ihn zu bewegen, sein provokatives Verhalten zu ändern.

Sylvia: Ich bin Ihnen wirklich dankbar, daß Sie Steve und mir geholfen haben, besser miteinander zurechtzukommen, aber mir ist nicht wohl dabei. Sie haben Steve nur das gesagt, was ich ihm schon hundertmal gesagt habe.

Doktor: Das mag wohl sein. Und was bedeutet das für Sie?

Sylvia: Das heißt doch, daß er das, was ich sage, nicht ernst nimmt. Wenn Sie es sagen, ist es was anderes, weil Sie der Arzt sind. Das gefällt mir nicht!

Steve: Vielleicht liegt es daran, daß ich die Dinge klarer sehen konnte, wenn ein Außenstehender sie ansprach. Schließlich hast du mich meistens angeschrien, wenn es um diese Dinge ging. Du hast mich in eine Trotzhaltung getrieben.

Doktor: Steve, was halten Sie von der Möglichkeit, das etwas in Ihrem Tonfall oder Ihrer Art liegt, das Sylvia als herabsetzend empfindet? Vielleicht hat sie recht. Vielleicht fiel es Ihnen schwer, sich ihre Meinung anzuhören, weil Sie ihr nicht genügend Respekt entgegenbringen.

Steve: Kann sein, aber ich glaube nicht, daß es nur das ist.

Doktor: Vielleicht nicht. Sylvia hat aber ganz klar das Gefühl, daß Sie ihr in den letzten Monaten mehr Achtung entgegenbringen.

Sylvia: Ich hoffe, das hält an.

Doktor: Das hoffe ich auch.

Steve: (lachend) Und ich auch.

Der Grund, warum manche Frauen nicht zur Erregung imstande sind, liegt oft an ihrer Unfähigkeit, sich Gehör zu verschaffen. Die Behauptung vieler in Scheidung lebender Männer, ihre Ehefrauen seien frigide, ist manchmal geradezu lächerlich. Wenn ein verbitterter, demoralisierter Mann seine Exfrau als ›frigide Ziege‹ bezeichnet, ist er in diesem Augenblick außerstande, seine persönliche Rolle am Verlust ihrer Erregungsfähigkeit einzusehen. Meist ist dies aber nur eine öffentliche Aussage; insgeheim bedauert er vielleicht, daß er ihren Ansichten so wenig Beachtung geschenkt hat.

In Scheidung lebende Frauen, die vermuten, ihre Erregungsstörungen seien durch Unstimmigkeiten in der Ehe entstanden, werden in dieser Vermutung bestärkt, wenn sie zur Masturbation zurückkehren oder mit anderen Männern während der Ehe rasch erregt werden und am deutlichsten natürlich, wenn die Störung nach der Scheidung völlig verschwindet.

Reaktion auf neue Handikaps des Partners

In manchen Fällen müssen Frauen sich an erhebliche Behinderungen ihres Partners in geistiger, körperlicher oder sexueller Hinsicht anpassen. Die neuen Gegebenheiten verändern ihre Gefühle zum Partner, wodurch ihre Beziehung sich verändert. Die Ehefrau ist dann der Meinung, mit den Vergnügungen im Schlafzimmer sei es nunmehr vorbei. Sie setzt Sex mit Gesundheit gleich; wenn der Partner nicht gesund ist, fühlt sie sich durch ihn nicht sexuell motiviert. Dieser Konflikt wird von der schweren körperlichen Erkrankung des Partners – beispielsweise ein Herzinfarkt oder die Alzheimersche Krankheit –

aufgeworfen. »Seit Leo diese Schmerzen in der Brust und diese Atemnot hat, habe ich meinen Appetit auf Sex verloren.« »Meine Gefühle für ihn haben sich geändert – er ist verwirrt. Ich weiß zwar, daß ich das bißchen, was uns noch geblieben ist, genießen sollte, aber ich kann einfach nicht.«

Der Verlust von Motivation und Erregbarkeit tritt ein, weil die Behinderung des Partners das Wesen ihrer Beziehung grundlegend verändert. Eine konventionelle Ehefrau hat das Vertrauen in die Beschützerrolle ihres Ehemanns verloren; ganz offensichtlich ist er nun der Abhängige.

> Ein 42jähriger Rechtsanwalt wurde von einer ganzen Serie gesundheitlicher Katastrophen getroffen. Innerhalb von zwölf Wochen stellte sich eine schwere Diabetes ein; er erlitt in Gegenwart seiner Frau einen Kollaps. Die anschließende ärztliche Untersuchung erbrachte die Diagnose eines Gehirntumors, der kurz darauf operativ entfernt wurde. Als Folge dieser Operation blieb eine Sprachstörung zurück. Ein Jahr später fand sie eine Ausrede nach der anderen, um seine sexuellen Angebote abzulehnen. Er war gezwungen, seinen Anwaltsberuf aufzugeben, das Paar mußte sich finanziell einschränken und die Ehefrau ängstigte sich vor einem neuen gesundheitlichen Schicksalsschlag. Damit erklärte sie ihre Erregungsstörungen bei ihren seltenen Versuchen, Sex miteinander zu haben. Sie zog es vor, sich selbst zu befriedigen.
>
> »Sean ist nicht mehr derselbe, ich bin nicht mehr dieselbe, wir beide haben uns verändert«, sagte sie traurig aber mit Nachdruck. »Ich gehe jeden Tag zur Arbeit; ich pflege ihn. Ich rede mich darauf hinaus, daß ich zu müde von der Arbeit bin. Er muß die Wahrheit nicht erfahren!«

Die Behinderung des Mannes kann auch rein sexuell sein. Oft geben die Partnerinnen von Männern, die an vorzeitiger Ejakulation leiden oder zeitweilig impotent sind, die Ejakulationsschwierigkeiten haben oder die ihre sexuelle Lust verlieren, alle

Hoffnung auf ein normales Sexualleben auf. Die Frau hat während des Liebesaktes Anzeichen von Leistungsangst – das heißt, sie lauert geradezu darauf, daß sich seine sexuellen Probleme einstellen – und läßt Sex ohne Erregung über sich ergehen.

Und ehe sie sich versieht, ist sie nicht mehr zur Erregung fähig, wenn sie es wünscht.

> Marilyn, die in zwei vorangegangenen Beziehungen keinerlei sexuelle Probleme hatte, reagierte anfänglich verständnisvoll und mit Geduld auf die Unfähigkeit ihres Verlobten, eine Erektion zu haben. Sie machten zusammen, was möglich war; sie gab sich damit zufrieden, da sie in anderen Bereichen ziemlich gut zusammenpaßten. Bald hatte er Erektionen, die jedoch erschlafften, wenn er versuchte, sein Glied in ihre Vagina einzuführen. Drei Monate lang hielt sie das für einen ziemlichen Fortschritt. Als jedoch keine weiteren Fortschritte zu verzeichnen waren, war sie bald nicht mehr zur Erregung mit ihm fähig.
>
> Statt während des Vorspiels Lust zu empfinden, spürte sie Wut, Hoffnungslosigkeit, oder sie fühlte sich verletzt. Als sie anfing, an ihrem Selbstwert und ihrer Attraktivität zu zweifeln, stellte sie ein Ultimatum: »Entweder, du gehst zum Arzt und schaffst Abhilfe, oder wir trennen uns!« Nach einer Therapie wurden seine Erektionen normal, aber Marilyn war noch monatelang unfähig, eine Erregung zu spüren, bis ihre verschütteten Gefühle aufgedeckt, zum Ausdruck gebracht und von beiden akzeptiert wurden.

Neue gesundheitliche Gegebenheiten werden von der Frau meist nicht als Fehler des Mannes, wie etwa die Zerrüttung der Ehe, wahrgenommen.

Die Frau reagiert nicht mit der gleichen wütenden Ablehnung. Sie ist lediglich frustriert über die Ungerechtigkeit des Lebens und findet sich damit ab, daß sie Probleme mit ihrer Erregungsfähigkeit hat.

Depression

Viele traumatischen Lebensumstände sind begleitet von Trauer, Hilflosigkeit, Verzweiflung, Mangel an Energie und Freude, sowie Schlaf- und Eßstörungen. Dies alles sind Symptome der Depression. Dieser Liste muß die Herabsetzung sexueller Erregbarkeit hinzugefügt werden. Fachleuten fällt es oft schwer, Unzufriedenheit über Lebensumstände von Depression zu unterscheiden, da beide Phänomene Erregungsprobleme nach sich ziehen können. Die Erregungsprobleme einer unglücklichen Frau verbessern sich drastisch, wenn die Ursache ihrer Unzufriedenheit entfällt – wenn beispielsweise der Ehemann sich bereit erklärt, ihr Kind aus erster Ehe zu adoptieren. Sollte die Verbesserung bestimmter Lebensumstände ihr Unglücklichsein nicht beheben, empfehle ich, einen Fachmann aufzusuchen, der eine Diagnose stellen und die richtige Therapie anbieten kann. Psychotherapie und/oder medikamentöse Behandlung können dazu beitragen, die Depression zu beenden und die Erregungsfähigkeit wiederherzustellen.

Medikamente

Viele Medikamente beeinträchtigen aller Wahrscheinlichkeit nach die Fähigkeit zur sexuellen Erregung, was jedoch schwierig zu dokumentieren ist. Die meisten Frauen wissen, daß ihre Erregung nicht bei jeder sexuellen Begegnung gleich hoch ist. Wenn Medikamente ihre Erregungsfähigkeit einschränken, mögen sie zunächst annehmen, daß es eben mal wieder so ein Tag ist. Frauen, die sofort wissen, daß der Grund auf die Wirkung eines Medikaments zurückzuführen ist, haben ansonsten keinerlei Erregungsstörungen. Ein Großteil der nachfolgend aufgelisteten Medikamente rufen auch Impotenz bei Männern hervor. Sie wirken offenbar beeinträchtigend auf den Steuermechanismus der Erregung im Gehirn, allerdings sind diese Mechanismen wissenschaftlich nicht nachgewiesen.

Antidepressiva. Die meisten Frauen, die wegen depressiver Störungen behandelt werden, erhalten trizyklische Antidepressiva, manche werden mit Monoaminoxidase-Hemmstoffen behandelt. Einige Antidepressiva, wie Imipramin und Amitriptylin wirken erregungsdämpfend. Es ist oft schwierig, festzustellen, ob die Erregungsdämpfung auf die Wirkung des Medikaments zurückzuführen ist, da der depressive Zustand selbst eine dämpfende Wirkung ausübt.

Tranquilizer. Neuroleptika (Antipsychotika, engl. major tranquilizers) werden zur Behandlung psychotischer Symptome, insbesondere bei der Schizophrenie verwandt. Diese Medikamente beeinträchtigen die Erregungsmechanismen, da sie eine erhöhte Ausscheidungsmenge des Hormons Prolaktin der Hypophyse bewirken. Dieses Hormon wird auch von stillenden Müttern produziert, die häufig vermindertes sexuelles Verlangen und Erregungsminderung bei sich feststellen.

Psychosedativa (engl. minor tranquilizers) nehmen insbesondere auf die Angstsymptomatik Einfluß, ohne dabei stark sedativ zu wirken. Sie werden häufig bis zum Mißbrauch zur Behandlung von Angst- und Streßzuständen im Alltag verschrieben und eingenommen. Sie können in einigen Fällen dämpfend auf die sexuelle Erregung wirken. Frauen, bei denen solche Nebenwirkungen auftreten, können sich von ihrem Arzt ohne weiteres ein anderes Medikament verschreiben lassen. Der Verlust sexueller Erregbarkeit sollte der Patientin und ihrem Arzt allerdings zu denken geben, ob es sinnvoll ist, diese Art der Medikamente weiterhin zu verabreichen.

Medikamente, die auf das zentrale Nervensystem wirken. Sedativa, Schmerzmittel und krampflösende Medikamente werden häufig allein und in Verbindung mit anderen Medikamenten verschrieben und eingenommen. Auch sie können die Erregungsfähigkeit einschränken. Bei neu auftretenden Erregungsstörungen nach Einnahme eines Medikaments sollten Arzt und Patientin stets Überlegungen im Hinblick auf Nebenwirkungen auf die Sexualität der Frau anstellen.

Alkohol- und Suchtmittelmißbrauch. Suchtmitteln wie Alkohol, Marihuana, Kokain, Heroin, Methadon geht der Ruf voraus, aphrodisiakische Wirkungen zu haben. Das stimmt nicht ganz. In geringer Dosierung, zumal zu Beginn, können sie die sexuelle Erregungsfähigkeit steigern, da sie Ängste vor Intimität und Sexualität abbauen. Viele Frauen, die diese Suchtmittel jedoch regelmäßig oder in hoher Dosierung zu sich nehmen, haben oft Probleme, ihre Erregung beizubehalten. Diese Substanzen wirken stark auf das zentrale Nervensystem und können die normale Funktion des sexuellen Triebzentrums lähmen. Die angstabbauende Wirkung verstärkt sich rasch zur sedierenden Wirkung, aus einer leichten Zerstreutheit beim Sex wird totale Gefühllosigkeit.

Körperliche Krankheiten

Schwere körperliche Krankheit, Medikamenteneinnahme, depressive Zustände wegen der Krankheit, fehlendes sexuelles Interesse des Partners, geringer Selbstwert und geringe persönliche Attraktivität sowie mangelnde Energie wirken oft zusammen und dämpfen die sexuelle Erregung einer Frau. Diese psychischen Reaktionen sind Antworten auf eine Vielzahl von Krankheiten. Heilbare Hormonstörungen, wie Über- oder Unterfunktion der Schilddrüse oder eine viel zu hohe oder zu niedrige Adrenalinausschüttung, kann die sexuelle Erregungsfähigkeit herabsetzen. Multiple Sklerose, Gehirntumor, Suchtmittelmißbrauch, Krebs, Alzheimersche Krankheit und Diabetes wirken sich gleichfalls nachteilig auf die sexuelle Erregung aus. Schwere Gefäßerkrankungen verringern die Blutzufuhr in den Beckenbereich und verringern die Schleimsekretion. Auch harmlosere Störungen, zum Beispiel Vaginalinfektionen, wie Candida und Trichomoniasis, die häufig mit lästigem vaginalen Juckreiz und unangenehmer Sekretion verbunden sind, führen zu sexueller Abwehrhaltung, Ängsten vor schmerzhaftem Sexualverkehr und zum Abbruch der Erregung.

Eine Frau, die ihre sexuelle Reaktionsfähigkeit verliert, muß sich zunächst fragen: »Bin ich körperlich gesund?« Ist das nicht der Fall, müssen Patientin und Arzt sich über die Ursachen der Krankheit klar werden, müssen Nebenwirkungen von Medikamenten und die psychische Reaktion der Frau und ihres Partners auf ihr Leiden in Betracht ziehen. Ein anderes Medikament kann verabreicht werden, Gefühle über die Krankheit können mit Arzt und Partner aufgedeckt und besprochen werden, Frauen können durch Beratung von ihren Alltagsdrogen loskommen, andere Medikamente können depressive Zustände erleichtern. Der Verlust sexueller Erregung muß nicht von Dauer sein. Alle Beteiligten – Patientin, Partner, Arzt – dürfen nicht vergessen, daß bestimmte Krankheiten die sexuelle Erregung dämpfen können, dies aber nicht unbedingt der Fall sein muß. Viele Diabetikerinnen oder Multiple-Sklerose-Patientinnen verlieren ihre Erregungsfähigkeit keineswegs. Wichtiger jedoch ist die Tatsache, daß der Verlust sexueller Erregung häufig eine seelische Reaktion auf eine Krankheit oder die Medikamenteneinnahme ist und nicht die Krankheit selbst.

Liegt keine Gesundheitsstörung vor, wie das bei den meisten Frauen mit Erregungsstörungen der Fall ist, kann die Betroffene entweder die Ursache ihrer Störung vor sich selbst verbergen oder – gegebenenfalls mit fachlicher Unterstützung – den Grund herausfinden, warum sie ihren Partner zurückweist.

Frauen, die nie mit einem Partner erregt waren

Die meisten Frauen, die nie fähig waren, mit einem Partner erregt zu sein, kennen beginnende Erregungszustände. Diese Empfindung macht ihnen Angst, ihr Verstand gewinnt die Oberhand über ihre Angst, indem er den Gefühlsaufruhr abblockt. Ihre Überempfindlichkeit gegen sexuelle Erregung beraubt sie des Reichtums sexueller Erfahrung mit dem Partner, den sie möglicherweise sehr lieben; der Partner wird ebenfalls einer Dimension beraubt.

Diese Störung schränkt die Qualität ihrer Beziehung ein. Enttäuschung und Wut halten Einzug. Beide Partner fragen sich: »Ist das alles für mich?« Die sexuell unerfahrene Frau macht vielleicht das Verhalten ihres Partners dafür verantwortlich und sehnt sich nach einem leidenschaftlicheren Mann, da sie nicht begreift, warum sie zu keiner Erregung fähig ist. Der Partner fühlt sich durch ihre fehlende Erregung gekränkt, scheut sich aber, darüber zu sprechen, und wird anderen

Aspekten ihres Verhaltens gegenüber höchst kritisch. Bei manchen Paaren entstehen unter diesen Umständen rasch Konflikte, die zu einer nichtsexuellen Beziehung führen; andere nehmen ihre sexuellen Unzulänglichkeiten stillschweigend hin. Beide Partner ziehen möglicherweise einen Seitensprung in Erwägung, um zu ›beweisen‹, daß die Schuld beim anderen liegt.

> Barbara und Gil arbeiteten in der Werbebranche und waren mit ihrem Sexualleben unzufrieden. Sie hatte eine geringe Selbstmeinung und hielt sich für körperlich unattraktiv. (»Sie ist verrückt, sie sieht doch gut aus!«) Er konnte ein Erlebnis vor fünf Jahren mit einer jungen Frau nicht vergessen, die ihn mitten im Geschlechtsakt von sich stieß und sagte: »Du hast keine Ahnung, was du da machst!« Nach wenigen Ehejahren spielte Sex so gut wie keine Rolle mehr in ihrer ansonsten harmonischen Beziehung. Barbara klagte, sie habe mit neunundzwanzig noch nie Sex genossen.
>
> Während eines Picknicks mir reichlich Weingenuß tauschte Gil mit Barbaras Einverständnis Zärtlichkeiten mit einer gemeinsamen Freundin aus. Gil war fasziniert von der Begeisterung, die diese Frau ihm entgegenbrachte, und setzte die Beziehung mit ihr heimlich fort. Barbara, die wußte, daß ihre sexuellen Ängste Gil das Gefühl gaben, sexuell nicht viel zu taugen, hatte keine Einwände. Gils Erlebnisse mit der anderen Frau stärkten seinen Selbstwert, er fühlte sich sehr zu ihr hingezogen und konnte die Beziehung nicht beenden. Barbara war oft versucht, ohne sich je dazu entschließen zu können, die ständigen Einladungen zu einem Dreiecksverhältnis anzunehmen. Sie und Gil suchten Hilfe, um ihre Ehe zu retten, nachdem beide die Spannungen nicht mehr ertrugen, da keiner von beiden die Scheidung wollte.

Unkonventionelle sexuelle Identität

Das sexuelle Gleichgewicht einer jungen Frau, die mit ihrem Ehemann keine sexuelle Erregung verspürt, birgt häufig ihr Geheimnis einer unkonventionellen sexuellen Identität.

Erica war nicht imstande, sich zu entspannen und ihr Liebesspiel mit ihrem frisch angetrauten Ehemann zu genießen. Sie war nicht nur uninteressiert und nicht erregungsfähig, sie hatte außerdem das Gefühl, mit Kent Sex zu haben, sei irgendwie unpassend. »Verlange nicht von mir, dir die Gründe dafür zu erklären!« pflegte sie zu sagen und wollte ihm damit zu verstehen geben, sie habe keine Ahnung, warum es so sei. Doch Erica wußte, daß sie eigentlich homoerotische Neigungen hatte. Nach einigen Jahren ehelicher Treue begann sie eine ›sexuell stürmische‹ Affäre mit einer Frau und klärte Kent schließlich über die Bedeutung des Satzes »Verlang nicht von mir, dir die Gründe zu erklären!« auf.

Ein weiteres Geheimnis nicht erregungsfähiger Frauen sind starke, unkonventionelle Intentionen, häufig masochistische oder erniedrigende Phantasien, manchmal werden auch die Erniedrigungen anderer phantasiert. Diese Wünsche werden selten direkt ausagiert, sind aber so stark erotisiert, daß die Frau ihre sexuelle Erregung auf Masturbationspraktiken beschränkt.

Das dramatischste Identitätsgeheimnis sexuell indifferenter Frauen ist ihr Wunsch, als Mann zu leben. Verheiratete Frauen mit diesen geheimen Wünschen können den Gedanken nicht ertragen, als Frau zu lieben. Sie wollen nicht nur eine Frau lieben, sie wollen eine Frau als Mann lieben. Nur darin finden sie Erfüllung.

Ich möchte die Beziehung zwischen lebenslangen Erregungsproblemen und unkonventioneller sexueller Identität nicht überstrapazieren. Es gibt auch unkonventionelle Frauen, die mit dem ›richtigen‹ Partner zusammen sind und dennoch nicht erregungsfähig sind. Es gibt beispielsweise Lesbierinnen, die mit einer Partnerin nicht erregungsfähig sind. Jede Frau kann Erregungsstörungen haben.

Kindheitserfahrungen

Oft kommen Kindheitserlebnisse zum Vorschein, wenn Menschen über ihre Erregungsstörungen sprechen. Nach vielen

Therapiesitzungen mit Frauen, die keine Toleranz für ihre Erregung entwickeln konnten, stelle ich mir immer wieder zwei Fragen: »Warum hat diese Frau solche Angst vor ihrer sexuellen Erregung, daß ihr Verstand automatisch dagegen rebelliert?« und »Warum wagt sie nicht, dem Partner ihre Erregung zu zeigen?« Dabei werden häufig dieselben Eindrücke zutage gefördert, die in bestimmter Kombination die Existenz dieser zerstörerischen Probleme zu erklären beginnen.

Körperlicher und seelischer Mißbrauch. Die Öffentlichkeit interessiert sich mittlerweile stärker für sexuellen Mißbrauch von Frauen. Eine zweite Form des Traumas ist vermutlich weiter verbreitet, nachhaltiger und schädlicher – die Kombination von seelischem und körperlichem Mißbrauch. Seelischer Mißbrauch liegt auch dann vor, wenn Grundbedürfnisse in der frühen Kindheit nicht erfüllt werden – das heißt, wenn ein Kind vernachlässigt und nicht geliebt wird, wenn es Trennungen ausgesetzt ist und ihm eine fördernde, beschützende Umgebung verweigert wird. Solche Kinder sind häufig Gewalttaten ausgesetzt, leben in Umgebungen mit hoher Spannung und werden körperlich bestraft. Während der frühen Kindheit entwickelt ein Kind seine grundsätzliche Einstellung zu sich selbst als gut oder böse, als liebenswert oder unliebenswert. Es beurteilt andere als verläßlich und ungefährlich oder unvorhersehbar und gefährlich. Es erfährt, daß seine Gefühle und Stimmungen geschätzt werden und andere wohlwollend darauf reagieren oder daß seine Gefühle und Stimmungen für sein Wohlbefinden gefährlich sind. Ein Kind, das in einer schädlichen Umgebung aufwächst, wird mißtrauisch und hat Angst, vernachlässigt oder bestraft zu werden. Ein kleines Mädchen hat vermutlich bereits gelernt, seine Gefühle als bedrohlich anzusehen, bevor sexueller Mißbrauch beginnt.

Sexueller Mißbrauch. Bei sexuellem Mißbrauch wird einem Kind häufig Aufmerksamkeit und Liebe nur in Form sexueller Berührung und in selteneren Fällen auch durch Geschlechtsverkehr gegeben. Sexueller Mißbrauch kann in gewaltloser Umgebung stattfinden, meist ist er jedoch kombiniert mit seelischem und körperlichem Mißbrauch. In manchen Fällen wäre der Gedanke zu einfach, ein Mädchen habe nur durch sexuellen Mißbrauch Schaden erlitten. Einem Familienmitglied, das ein Kind als Sexualpartner benutzt, fehlt jegliche Verantwortung für seine Sicherheit, Gesundheit und Zukunft. Dieser Mangel hat oft lange bevor das Mädchen sexuell mißbraucht wird in seinem seelischen Mißbrauch Ausdruck gefunden. Es gibt zahllose Formen, wie Kinder seelisch, körperlich und sexuell durch zügellose, moralisch verkommene, gefühlskalte und verantwortungslose Betreuer und ausbeuterische Menschen mißbraucht werden. Meist ist der Täter ein Mann, obgleich Männer gewiß kein Monopol auf sexuellen Mißbrauch von Kindern haben.

Schicksalsschläge

Die Trennung des kleinen Mädchens von ihrer Mutter oder einer anderen primären Bezugsperson durch Tod, langwährende Behinderung oder anderweitig erzwungene Trennung wirkt sich auf das kleine Mädchen äußerst schädlich aus und kann die Gefahr späterer Erregungsstörungen erhöhen. Dieser Schicksalsschlag kann abgeschwächt werden, wenn ein adäquater Ersatz gefunden wird. Eine Familie, die durch plötzlichen Tod, Krankheit oder Haftstrafe der Mutter getroffen wird, verfügt in der überwiegenden Mehrzahl der Fälle über keine adäquate Ersatzperson. Der Verlust der Mutterfigur kann bei einem kleinen Mädchen zu chronischer Verzweiflung, Verwirrung und dem Gefühl der Verlassenheit führen, das ihm ein bleibendes Mißtrauen gegen alle späteren menschlichen Bindungen einflößt.

Eine Spätfolge eines solchen Schicksalsschlages kann bei der erwachsenen Frau Abwehrhaltung gegen sexuelle Betätigung sein. Die Frau sieht im Sexualverhalten die Wiederinszenierung ihrer Mutterbindung, durch die sie vor vielen Jahren so schmerzhaft enttäuscht wurde.

> Marjories Ehemann, der in einer beruflichen Krise steckte, überredete sie, Hilfe gegen ihre sexuelle Abwehrhal-

tung und ihre mangelnde sexuelle Lust zu suchen. Bislang war er mit ihrer Einstellung zu Sex zwar nicht einverstanden, im letzten Jahr, als er so viel Zuwendung brauchte, brachte ihn ihre Abneigung gegen körperliche Liebe in Wut. Als Marjorie drei Jahre alt war, erkrankte ihre Mutter an Gehirntumor und starb zwei Jahre später. Tanten und Haushälterinnen übernahmen die Erziehung des Mädchens und eines einjährigen Bruders. Marjorie war sechs, als ihr Vater wieder heiratete, und acht, als er sich wieder scheiden ließ. Mit zehn lernte sie ihre jetzige Stiefmutter kennen, der sie stets hochnäsig gegenübertrat. Nach sechs Monaten, in denen sie mit mir über ihre Verluste sprach, wagte sie, sich ein wenig sexuelle Lust einzugestehen. Sie war glücklich, da sie bislang geglaubt hatte, biologisch zu keiner Erregung fähig zu sein. Ihr Mann war glücklich über das Wunder – seine innere Wut legte sich und er gewann die Zuversicht, seine Ehe aufrechterhalten und bei seiner Frau und den Kindern bleiben zu können.

Schuldgefühle

Frauen mit Erregungsstörungen, die lange in Therapie sind, erleben oft eine Phase, in der sie Schuldgefühle über kindliche Sexualgefühle entwickeln. Endlich werden Erinnerungen an kindliche sexuelle Regungen wach, vorwiegend ödipale Konflikte in ihrem Dreiecksverhältnis Vater-Mutter-Kind. Sexuelle Regungen und Liebesgefühle für den Vater rufen Schuldgefühle hervor, da die Tochter sie als verboten und als Verrat gegen die Mutter empfindet. Ödipale Schuldgefühle scheinen ihre Störung zu erklären, doch die kompliziertere Frage lautet: »Warum konnte dieses kleine Mädchen ihren Ödipuskomplex nicht wie andere Mädchen überwinden?« Hat sie sexualbezogene Botschaften ihrer Umgebung mißverstanden, haben ihre sexuellen Interessen an Familienmitgliedern eine Überreaktion bei ihr hervorgerufen, oder war sie an mißbräuchlichen oder inzestuösen sexuellen Erfahrungen beteiligt, die ihren Eltern nicht bewußt waren?

Wenn sexueller Mißbrauch nicht in Frage kommt, hat die Frau vielleicht Angst vor einem spezifischen Aspekt subjektiver sexueller Erregung.

> Im Verlauf ihrer Therapie wegen Erregungsunfähigkeit hatte Ruth, eine sehr attraktive Frau in mittleren Jahren, große Schwierigkeiten einzugestehen, daß sie es sehr genoß, wenn andere sie bewunderten und ihr Komplimente machten. Solche Wünsche tauchten immer wieder in Träumen, Phantasien und flüchtigen Bildern während ihrer Masturbation auf. Eines Tages gestand sie, daß sie eine ›abartige‹ Wahrheit über sich verschwieg: Sie wollte oft vor einer Schar bewundernder Männer nackt zur Schau gestellt werden.

Die Wurzel einer so peinlichen erotischen Bildvorstellung, wie Ruth sie hatte, läßt sich auf ein harmloses Kindheitserlebnis zurückführen. Der Wunsch, sich zu entblößen, ist bei eigentlich allen Kindern üblich. Eltern wissen, daß ihre Kinder im Alter von drei oder vier Jahren nach dem Baden quietschvergnügt nackt durch die Gegend laufen. Welches kleine Mädchen hebt nicht kokett ihr Kleidchen und zeigt Spitzenhöschen oder auch den nackten Po? Diese bezaubernden kindlichen Freuden erhalten sich bruchstückweise und kommen in anderer Form im späteren Leben wieder zum Vorschein und sind keineswegs ›abartig‹. Exhibitionistische Bildervorstellungen bringen im allgemeinen den Wunsch zum Ausdruck, geliebt und bewundert zu werden. Die Frau soll ihre erotischen Bilder ohne Schuldgefühle akzeptieren. Wenn sie ihre Wurzeln kennt, ist das eine große Hilfe für sie.

Wieviel kann ein Mädchen ertragen?

Mißbrauch, Schicksalsschläge und nagende Schuldgefühle wegen vergangener sexueller Regungen haben nicht auf alle Menschen die gleiche Wirkung. Die Unfähigkeit, Erregung zuzulassen, ist nicht die normale Antwort Erwachsener auf diese Probleme. Bei weitem nicht alle körperlich mißbrauchten Mädchen sind erregungsunfähig. Ähnliche Kindheitstraumata führen nicht zu ähnlichen Erwachsenenschwierigkeiten. Niemand weiß, wieviel Mißbrauch ein Kind ertragen kann, bevor seine Persönlichkeitsentwicklung im allgemeinen und seine sexuellen Fähigkeiten im besonderen ernsthaft Schaden nehmen.

Neu auftretende Erregungsprobleme nach Verlobung oder Eheschließung

Bei manchen Frauen entwickelt sich nach der Verlobung oder kurz nach der Eheschließung plötzliche angstvolle sexuelle Abwehr. Manche können das Auftreten dieser Störung auf den Tag datieren, an dem sie wußten, daß sie ihren Partner so sehr lieben, um bereit zu sein, ihn zu heiraten. Das anfängliche Glücksgefühl, geliebt zu werden, wird von der plötzlich auftretenden Angst vor Sex vertrieben.

> Rhonda hatte Spaß an Sex mit ihrem Partner und war schnell erregt und orgasmusfähig. Ihre seit kurzem auftretende sexuelle Abwehr läßt sich durch ihre mögliche Besorgnis über seinen Charakter, seine Herkunft oder seinen Lebensstil nicht erklären. Es ist auch klar, daß ihre sexuelle Nervosität nichts mit ihrer Abneigung gegen ihn zu tun hat; sie verstehen sich prächtig. Ihre Kindheit war nicht getrübt durch Vernachlässigung, Mißbrauch, Schicksalsschläge oder Inzest. Dennoch lehnt sie ihn als Sexualpartner ab.
>
> Ihr Verlobter begreift nicht, daß der Grund für ihre sexuelle Verweigerung in ihrer Liebe zu ihm liegt. Rhonda ist nicht fähig, sexuelle Erregung und zugleich tiefe Liebe für ein und denselben Partner zu empfinden. Sie liebt ihn zärtlich, aber die Vorstellung sexueller Leidenschaft mit ihm scheint ihr nun widersinnig. Ihre Liebe zu ihm hat ihn zum Familienmitglied gemacht. Sie ist nicht in der Lage, ihn unter einem anderen Gesichtspunkt zu sehen. Wenn sie versucht, mit ihm zu schlafen, hat sie den Wunsch zu fliehen. »Plötzlich hab' ich das Gefühl, er ist

mein Bruder! Wir sind kein Liebespaar, wir sind gute Freunde und Lebensgefährten. Ich habe keine Lust mehr auf Sex. Ich kann es nicht fassen! Was ist mit mir los?«

Dieses dramatische Ergebnis einer Liebe wirft die Frage auf, wie jemand einen Menschen gleichzeitig zärtlich und leidenschaftlich lieben kann. Sigmund Freud glaubte, die Neigung, zärtliche Zuneigung und sexuelle Leidenschaft zu trennen, sei eine nahezu zwangsläufige Folge der Ödipusphase, nachdem das Mädchen feststellte, daß ihr leidenschaftliches Verlangen nach dem Vater zu starke Schuldgefühle hervorrief und eine zu große Bedrohung ihrer Beziehung zur Mutter darstellte. Demzufolge ist Zärtlichkeit Familienmitgliedern vorbehalten, während sexuelle Leidenschaft weniger wichtigen Bezugspersonen entgegengebracht wird. Die vielen heimlichen Erregungen, Verliebtheiten und kurzen Partnerbeziehungen, die sie in der Jugend erleben, sind Gelegenheiten, um zu lernen, Erregung und Zuneigung unter einen Hut zu bringen.

Ich weiß nicht, ob das die ganze Erklärung ist, halte aber aus mehreren bedeutenden Gründen daran fest. Die Liebesfähigkeit der Menschen hat viele Bezüge zu den Begebenheiten unserer Vergangenheit.

Verlobung und Eheschließung stellen im Leben der Betroffenen wichtige Ereignisse dar, die zwangsläufig tiefe psychische Veränderungen mit sich bringen. Neu auftretende Erregungsstörungen, egal, ob bei Männern oder Frauen, die im Erwachsenenleben endlich die wahre Liebe gefunden haben, fungieren als rote Signale, die vor verborgenen Kräften warnen, die auf die Lust- und Erregungsfähigkeiten mit dem Partner einwirken. Sie sind außerdem ein Hinweis darauf, daß mehr über die sexuelle Entwicklung der Frau in Erfahrung gebracht werden muß.

Wege zu einem problemfreien Sexualleben

Eine Frau, die ihre Erregungsfähigkeit eingebüßt hat, sollte sich folgende Fragen stellen:

- Habe ich meinen Partner zurückgewiesen? Warum?

- o Steht mein Desinteresse mit dem jüngst aufgetretenen körperlichen, geistigen oder sexuellen Leiden meines Partners in Verbindung?
- o Bin ich generell zu deprimiert, um an sexueller Liebe interessiert zu sein?
- o Bin ich wegen eines bestimmten Problems zu unglücklich, um Interesse zu haben?
- o Ist meine Erregungsstörung auf die Medikamente, die ich einnehme, zurückzuführen?
- o Sind Alkohol oder Alltagsdrogen für mein Problem verantwortlich?
- o Besteht die Möglichkeit, daß eine körperliche Störung vorliegt?

Eine Frau, die nie mit einem Partner erregungsfähig war, muß sich fragen:

- o Warum spreche ich nicht mit meinem Partner darüber, was in mir vorgeht?
- o Verderben meine Kindheitserfahrungen mir den Spaß an Sex?
- o Warum suche ich nicht fachmännische Hilfe wegen dieses schwerwiegenden Problems?

Eine Frau, die ihre Erregungsfähigkeit verliert, nachdem sie sich verliebt hat, sollte erwägen, baldmöglichst fachmännische Hilfe einzuholen, um sich davor zu schützen, daß das neuerworbene Gleichgewicht des Paares asexuell wird.

Kapitel 14

Die Arbeit mit Herrn und Frau J.

Wir wollen uns nun den sexuellen Problemen eines speziellen Paares zuwenden. Versetzen Sie sich mit mir in die Rolle des Psychiaters. Wir erwarten eine neue Patientin, die uns von ihrer Frauenärztin wegen Vaginismus überwiesen wurde.

Vaginismus ist die Unfähigkeit, das Eindringen von Penis oder Fingern in die Vagina zuzulassen. Die Bezeichnung leitet sich ab von den lateinischen Begriffen Vagina und Spasmus (Krampf). Bei der an Vaginismus leidenden Frau findet bei Erwartung eines Eindringens in die Vagina eine unfreiwillige Kontraktion der Beckenmuskulatur statt. In schweren Fällen verschließt sich die Vagina total vor dem Partner, so daß keine Öffnung mehr vorhanden ist. In weniger schwerwiegenden Fällen ist das vaginale Eindringen möglich, doch Angst und Verkrampfungen verursachen Schmerzen. Es gibt Frauen, die ihre eigenen Finger oder Tampons nicht ohne leichte Verkrampfung einführen können; schon das bedeutet für sie ein Eindringen in unbekannte, gefährliche Regionen. Die panische Angst vor Penetration kann dazu führen, daß eine Frau ihr ganzes Leben intimen Kontakt meidet. Manche Frauen haben jahrelang keinen Verkehr und suchen erst dann Hilfe, wenn der Partner droht, sie zu verlassen, oder wenn sie den Wunsch haben, ein Kind zu bekommen. Dieses Zögern führt das Ende mancher Beziehungen herbei, weil der Partner die Hoffnung auf eine normale Zukunft aufgibt.

Am Telefon bat ich Frau J. (Joan), ihren Ehemann zur ersten Sitzung mitzubringen. Ich ziehe es vor, beide Partner kennenzulernen, auch wenn nur ein Partner ein Symptom aufweist, wegen der Bedeutung des sexuellen Gleichgewichts. Ich weiß nie genau, wer der Patient ist – die Frau, der Mann, oder die Beziehung. Joan zögerte und sagte, ihr Mann könne sich aus beruflichen Gründen nur schwer freimachen. Ich vereinbarte also einen Termin zu einer einstündigen Sitzung mit ihr alleine.

Beim allgemein gehaltenen Einführungsgespräch wirkte Joan gelöst, ihre Stimme war lebhaft und voll Energie. Doch sobald ich sie aufforderte, mir den Grund ihres Besuches zu nennen, schlug sie die Augen nieder und begann an ihrem Ehering zu nesteln.

Bei den ersten Besuchen lasse ich meine Patienten frei sprechen. Ich höre mir seine oder ihre Geschichte aufmerksam an und achte auf seine oder ihre Ausdrucksweise. Ich studiere die Gesichtszüge meines Gegenübers nach kleinen Anzeichen von Emotion.

Ich frage mich bei einer an Vaginismus leidenden Frau, warum sie so große Angst vor der geschlechtlichen Vereinigung hat, daß ihr Körper aufschreit: »Nein, tu das nicht! Ich bin dazu nicht bereit!«

Ich fragte mich, welche Umstände Joan so stark traumatisiert hatten, und wieso sie ihre Gefühle nicht auf andere Weise verarbeiten konnte. Lag eine Vergewaltigung oder sexueller Mißbrauch vor? War sie als Kind von einer älteren Person zu sexuellen Handlungen gezwungen worden? Hatte sie als Kind eine schmerzhafte medizinische Untersuchung im Genitalbereich? Oder handelte es sich um ein geheimes sexuelles Identitätsproblem, wie männliche Identifikation, Homoerotik oder Masochismus?

Hier eine gekürzte Fassung meiner ersten Sitzung mit Joan:

Joan: Ich komme auf Empfehlung meiner Gynäkologin, Frau Dr. Brandt, mit der ich über die Gründe meiner Unfruchtbarkeit gesprochen habe. Roger und ich bemühen uns seit fünf Jahren, daß ich schwanger werde, aber bisher hatten wir keinen Erfolg. Ich wünsche mir wirklich ein Kind, aber ich habe diese Schmerzen, die mir solche Angst vor dem Geschlechtsverkehr machen. Wir haben nicht sehr oft Verkehr.

Doktor: Aha?

Joan: Dr. Brandt kann es kaum glauben, aber ich habe Sex eigentlich sehr gern. Seltsamerweise bin ich ziemlich gut im Bett. Zumindest ist Roger der Meinung – er war bisher mein einziger Sexualpartner – und ich komme mühelos zum Orgasmus. Ich kann bloß keinen Geschlechtsverkehr ertragen. Ich komme mir so dämlich vor [plötzlich fängt sie zu weinen an]. Warum bin ich nicht fähig, so etwas Einfaches zu tun? Es ist, als wäre da eine Grenze gezogen durch meine, Sie wissen schon, meine Scham – oberhalb der Linie ist alles okay, aber darunter bin ich eine Katastrophe. Dr. Brandt sagte, sie habe Patientinnen mit diesem Problem gehabt, aber ich habe bis jetzt noch nie davon gehört.

Doktor: Wie oft haben Sie mit ihr über dieses Problem gesprochen?

Joan: Zweimal alleine und einmal mit Roger. Anfangs konnte ich nicht mit ihr über mein Problem sprechen, aber bei der Untersuchung – es war so peinlich – sprang ich immer wieder vom Untersuchungsstuhl. Sie wußte, daß etwas nicht in Ordnung war. Dr. Brandt überließ mir die Entscheidung, mich an Sie zu wenden oder meine Vagina zu weiten. Sie war sehr freundlich und schien nichts dagegen zu haben, als ich mich für eine psychotherapeutische Behandlung entschied. Sie ist mit mir der Meinung, daß die Sache nicht einfach ist.

Doktor: Warum sagen Sie das?

Joan: Weil ich es weiß! ... [äußerst verlegen] ... ich wußte, ach, ich wußte, daß es schwer werden würde! [Sie atmet ein paar Mal tief.] Ich möchte nicht unbescheiden wirken, aber ich bin eine sehr tüchtige Frau. Ich habe einen Hochschulabschluß. Ich bin dreiunddreißig Jahre alt und wurde in fünf Jahren dreimal befördert. Und jeder denkt, ich habe alles, was ich mir wünsche. In Wahrheit mache ich meine Ehe kaputt und bin eine sexuelle Niete! Ich weiß nicht, wie lange Roger das noch mitmacht... [weint bitterlich]... Technisch gesehen sind wir beide Jungfrauen. Ich bin eine Jungfrau und er eigentlich auch. Auf diese Weise bekommen wir nie ein Baby. Ich werde alt. Meine Schwestern haben Kinder, sogar die Frau meines kleinen Bruders erwartet schon ihr erstes Kind. Alle haben Babys. [Ich warte ab, bis sie sich etwas beruhigt hat.]

Doktor: Sie wünschen sich also von ganzem Herzen ein Kind.

Joan: Ja, aber ich weiß nicht, wie. Ich meine, die Zeit wird knapp – die biologische Uhr, wissen Sie – aber in ein paar Jahren könnte ich der erste weibliche stellvertretende Direktor meiner Firma sein. Damit ginge ein großer Wunsch für mich in Erfüllung. Ich hätte aber auch sehr gern ein Baby, aber zunächst würde ich gern normalen Geschlechtsverkehr haben.

Doktor: Erzählen Sie mir etwas mehr über sich.

Joan: [nervöse Pause] Ich bin ein ausgesprochenes Organisationstalent. Zeitersparnis und Effizienz sind meine Stärken. Meine Freundin Catherine im Büro sagt, ich sei eine Arbeitsmaschine, so jemand wie mich hat sie noch nicht kennengelernt. [Sieht sich meinen Schreibtisch an.] Ich möchte Sie nicht kränken, aber an einem Schreibtisch wie Ihrem könnte ich nicht arbeiten. Das würde mich verrückt machen. Wenn ich mir Catherines Schreibtisch ansehe, kribbelt es mir oft in den Fingern, weil ich Ordnung in ihren Papieren schaffen will. Ich habe mir das im Kloster angewöhnt. Nach zwei Jahren im College trat ich in einen katholischen Orden ein, habe aber eingesehen, daß das nichts für mich ist, und ging wieder. Ich kann mich nicht so total vor der Welt verschließen. Es war eine schwere Entscheidung, aber sie war richtig.

Ich liebte die Regelmäßigkeit des Klosterlebens, als ich jünger war. Aber ich hatte auch das Bedürfnis, mein Leben selber in die Hand zu nehmen. Ich bin immer noch sehr gläubig, denke aber nicht, daß ich Schuldgefühle wegen Sex habe. Ich weiß, wo das Problem liegt. Ich kann nur noch nicht darüber sprechen.

Doktor: Keine Eile. Vielleicht möchten Sie mir zuerst etwas über Ihre Familie erzählen.

Joan: Nein! Ich muß es los werden... [wieder tiefes Durchatmen]... Ich war fasziniert von der Heiligen Jungfrau Maria. Es klingt verrückt, das weiß ich, aber schon in der Grundschule dachte ich, ich sei möglicherweise die Heilige Jungfrau. Ich träumte oft von ihr. Ich glaube nicht, daß ich je darüber weggekommen bin. Hin und wieder sehe ich noch heute ihr Bild in meinen Träumen. Ich bin keine Verrückte. Als junges Mädchen war ich sehr verträumt. Ich dachte immer wieder, wenn ich eine Jungfrau, eine Nonne, eine fleißige, tüchtige Frau wäre, sei das für mich sehr gut. Niemand in meiner Familie war so religiös wie ich. Als andere Mädchen Lippenstift und Make-up benutzten und mit den Jungens flirteten, verliebte ich mich in Kirchenmusik. Ich war die beste Organistin und Pianistin unserer Schule.

Doktor: Wollen Sie damit sagen, Ihr Kindheitswunsch, die Heilige Jungfrau zu sein, spiele heute noch eine Rolle für Sie? [Nach ihrem verlegenen Nicken fuhr ich fort.] Und haben Sie heute noch den Wunsch, sie zu sein oder nicht?

Joan: Ich möchte nicht sie sein. Ich möchte nicht einmal eine Jungfrau sein, aber ich bin es und kann nichts dagegen tun!

Doktor: Sie haben viel darüber nachgedacht.

Joan: Ja, aber es hat mir nicht besonders gut getan. Wenn Roger mich in der Gegend meiner, Sie wissen schon, berührt, durchfährt mich ein Stich der Angst und mein ganzer Körper verkrampft sich. Wir können nur Sex miteinander haben, wenn Roger verspricht, mich nicht an der Stelle zu berühren. Es ist bloß gut, daß er Humor hat, sonst wären wir verloren. Wir lachen oft darüber.

Ich konnte sehen, daß Joan eine sehr entschlossene Frau war. Sie wollte auch weiterhin alleine zu mir kommen, da sie nicht bereit war, mit Roger über die Jungfrau Maria zu sprechen. In unseren folgenden Sitzungen berichtete sie mir über ihr religiöses Leben, ihre politischen Kämpfe im Beruf, über Roger und seine Familie und ihre Herkunft. Diese Gespräche waren zwar interessant, schienen aber nichts mit unserem erklärten Ziel zu tun haben, herauszufinden, woher ihre starke Identifikation mit der Jungfrau Maria kam. In unserer siebten Sitzung hatten wir zum ersten Mal das Gefühl, auf der richtigen Spur zu sein:

Joan: Als ich elf war, wurde meine neunzehnjährige Schwester Mary Beth schwanger. Ich wußte, daß etwas nicht in Ordnung war. Mary Beth weinte, unsere Mutter weinte, Vater war gereizt, ich wurde ständig in mein Zimmer geschickt. Niemand wollte mir sagen, was eigentlich los war. Mary Beth ging von zu Hause fort. Später, als meine Eltern mir reinen Wein einschenkten, wußte ich längst, was los war. Das große Familiengeheimnis ist, daß mein kleiner Bruder gar nicht mein Bruder ist – er ist mein Neffe.

Wir sprachen eingehender darüber. Sie schien erleichtert, da die Geschichte ihr Bedürfnis nach Keuschheit zu erklären schien, um der Familie die Enttäuschung und Tragödie zu ersparen, die Mary Beth über sie gebracht hatte. Ihre Schwester hatte kein leichtes Leben. In Joans Zustand trat jedoch trotz unserer Gespräche keine Besserung ein, ihre Vaginalkrämpfe ließen nicht nach.

In unserer zwölften Sitzung tauchte eine weitere Dimension von Joans Problem auf. Viele Wochen hatte sie in knappen Bemerkungen ausschließlich positiv über ihre Mutter gesprochen. Als ich sie darauf aufmerksam machte, daß ich kaum etwas über ihre Beziehung zu ihrer Mutter wußte, wurde sie ungeduldig und nannte mich scherzhaft einen neugierigen, aufdringlichen Seelendoktor. »Die Therapie bei Ihnen ist ja schlimmer als die Abendandachten im Kloster. Ich muß nicht nur jeden Dienstag pünktlich zur gleichen Zeit bei Ihnen erscheinen, jetzt schreiben Sie mir auch noch vor, worüber ich zu reden habe, wenn ich hier bin.« Ihr Humor war keineswegs heiter, unbeschwert; damit verbrämte sie nur ihren Ärger. Und das sagte ich ihr. Sie schwieg verärgert. Nach einer halben Ewigkeit sagte sie mir, daß ihre Mutter ihre Unterhöschen nach Flecken zu untersuchen pflegte. Einmal, als sie eine Blasenentzündung hatte, wurde sie von der Mutter gezwungen, sich ihre Geschlechtsteile begutachten zu lassen, »um zu kontrollieren, ob ich mich anständig wasche«. Wir sprachen in mehreren Sitzungen darüber und fanden schließlich heraus, daß diese Vorfälle sich nach der Schwangerschaft ihrer Schwester ereigneten und vor dem ›Nervenzusammenbruch‹ ihrer Mutter, weswegen sie kurzfristig ins Krankenhaus kam.

Die Identifizierung mit der Jungfrau Maria schien der Denkweise eines kleinen Mädchens zu entspringen, das brav sein wollte, und das von einer geistig verwirrten Mutter tief verletzt worden war, die ihrem Kind im vorpubertären Entwicklungsstadium sexuelle Aktivitäten unterstellte. Die Kirche und das Symbol der Jungfrau Maria vertraten mehrere Jahre Mutterstelle, während der Gesundheitszustand der eigenen Mutter sich allmählich besserte. Ich vermute, das war noch nicht alles – wie immer. Unsere Gespräche halfen ihr jedoch, diesen

Aspekt ihrer Vergangenheit zu verstehen und sie begann, eine optimistischere Einstellung zum Geschlechtsverkehr einzunehmen. Sie berichtete, daß Angst und Schmerzen ein wenig nachließen.

»Es ist jetzt erträglich, meistens.«

Eine Geschichte über therapeutische Erfolge würde hier enden, diese allerdings nicht. Ich lernte Roger doch noch kennen, da er feststellte, daß er, nachdem seine Frau ihr Problem überwunden hatte, nicht zur Ejakulation fähig war. Diese Tatsache verstörte ihn, da er die ganze Zeit geglaubt hatte, er sei normal und wolle ihr helfen. »Was ist hier eigentlich los?« rief er während unserer ersten Sitzung frustriert aus. Ich kenne solche Situationen aus meiner Arbeit mit anderen Ehepaaren. Einem der beiden geht es besser und beim anderen taucht ein Problem auf. Hier kommt das sexuelle Gleichgewicht ins Spiel – die sexuellen Schicksale von Paaren sind miteinander verbunden. Manchmal haben sie ähnliche sexuelle Ängste und lösen einander im Auftreten ihrer Symptome ab; manchmal führen die Reaktionen des sexuell gesunden Partners auf die Störungen des anderen Partners zu neuen Symptomen. Ich vermutete, die Erklärung für Rogers Ejakulationsunfähigkeit lag im zuletzt genannten Punkt.

Roger war ein Jahr jünger als seine Frau. Er hatte den Ehrgeiz, bei Vollendung des vierzigsten Lebensjahres reich zu sein. Seiner Aussage zufolge war dieses Ziel der Grund für seine Geduld mit Joan, da er mit seinen beruflichen Angelegenheiten vollauf beschäftigt war. Er war bei der Masturbation ejakulationsfähig und wußte, daß mit ihm körperlich alles in Ordnung war. Er erinnerte sich, als Zweiundzwanzigjähriger einige Male mit einer anderen Frau ejakuliert zu haben. Das brachte ihn zur Überzeugung, die Störung liege bei Joan und habe nichts mit seinen sexuellen Fähigkeiten zu tun. Er und Joan waren vor der Ehe lange Zeit befreundet und kamen sich kurz vor der Ehe sexuell näher, beschlossen aber, mit dem Geschlechtsverkehr bis zur Hochzeit zu warten. Vor und nach der Hochzeit konnte er bei oraler oder manueller Stimulation ejakulieren und manchmal auch, wenn er zwischen ihre zusammengepreßten Schenkel stieß, eine Kompromißlösung wegen ihres Vaginismus. Er konnte nicht begreifen, wieso er jetzt ein Problem hatte, da Joan auf dem Weg der Besserung war.

Ich versuchte, ihm die Zusammenhänge mit einigen wichtigen Fragen zu erklären. Ich fragte ihn, welche Einstellung er in den Anfängen der Ehe zum Vaginismus seiner Frau hatte. Er erzählte, wie sie in der Hochzeitsnacht schrie und wie er darauf reagierte: »Ich habe so etwas nie zuvor gehört, nur im Kino! Ich wußte nicht, was ich falsch gemacht hatte. Sie sagte, sie sei bloß nervös. Zwei Tage später versuchten wir es wieder, sie brach in Tränen aus und sagte, wir sollten vielleicht damit warten, bis wir in unserer Wohnung sind. Ich machte keine großen Einwände. Wir hatten Sex auf andere Weise, es machte Spaß und wir verschoben das Ganze eben.«

Doktor: Es gibt Ehemänner, die unter solchen Umständen impotent werden, weil sie Angst haben, ihrer Frau weh zu tun. Sie unterdrücken ihre Erregung – sie haben einfach keine Erektion – um die erschreckende Szene nicht wiederholen zu müssen.

Roger: Das ist mir nie passiert. Ich bekomme immer eine Erektion.

Doktor: Das ist wunderbar. Aber vielleicht war es die Angst, ihr weh zu tun, die Ihre Ejakulationsunfähigkeit hervorrief. [nebenbei] Ich kann nie vorhersagen, wer welches Symptom aufweist.

Roger: Ich weiß nicht, wenn Sie es sagen... Sie sind der Arzt. Ich verstehe nicht allzuviel von diesen Dingen. [Seine höfliche Antwort gab mir das Gefühl, im Unrecht zu sein.]

Zur nächsten Sitzung kamen Joan und Roger gemeinsam. Joan war glücklich über ihren Fortschritt, dämpfte ihre Freude jedoch aus Rücksichtnahme auf ihn. Roger sagte bedrückt: »Ich will nicht masturbieren, um zum Orgasmus zu kommen!« Wir schnitten ein anderes Thema an und sprachen davon, wie ähnlich sich beide in ihrem beruflichen Ehrgeiz und der Durchsetzung ihrer Pläne seien. Lachend sagten beide, sie seien arbeitssüchtig. Ich wunderte mich, wie ein Baby in ihr Leben passen sollte, und dachte plötzlich, daß ich keine Ahnung hatte, welche Verhütungsmaßnahmen sie eigentlich ergriffen. Es stellte sich heraus, daß sie keinerlei Vorkehrungen getroffen hatten, da ja nie zuvor die Notwendigkeit bestand. Ich ließ die Bemerkung fallen, seine sexuelle Störung sei ja eine ziemlich sichere Verhütungsmethode. Die beiden beschlossen, zum ersten Mal in ihrem Leben ein Kondom zu benutzen.

Eine Woche verging, ohne daß Kondome gekauft wurden. Er hatte zuviel im Büro zu tun. Sie schliefen einmal miteinander, Joans Schmerzen waren auszuhalten, »keineswegs unerträglich!« Ich blieb hartnäckig bei dem Baby-Thema, »Was passiert, wenn Sie ejakulieren und Joan wird schwanger?« Lächelnd meinte sie, dann müsse ihr Posten der Vizepräsidentin eben warten, und dann in ihrer typischen Art: »Vielleicht würde ich beides schaffen.« Beide bemerkten wir Rogers Unruhe und sahen ihn fragend an. Und nun kam wieder ein Stück zum Vorschein.

Roger: Also, ich finde es nicht so schlimm, wenn wir keine Kinder haben. Ich will Kinder, weil du welche willst, das weißt du, Joan. Vielleicht bin ich kein besonders guter Vater. Wie mein Vater möchte ich jedenfalls nicht sein.

Doktor: [Von Joan hatte ich bereits erfahren, daß sein Vater wegen Unterschlagung ins Gefängnis kam, als Roger 13 Jahre alt war.] Ich verstehe das nicht ganz.

Roger: Mein Vater war ein Dreckskerl. Er schlug meine Mutter, verprügelte mich und meine Schwester. Er terrorisierte uns alle! Ich habe ihn gehaßt. Ich war froh, als er weg war. Als er aus dem Gefängnis entlassen wurde, ließ meine Mutter sich von ihm scheiden. Ich wollte nichts mit ihm zu tun haben. Ich weiß nicht mal, wo er heute lebt, und will es gar nicht wissen. Wenn meine Schwester mir etwas

	von ihm erzählen will, kommt wieder die alte Wut in mir hoch.
Doktor:	Was hat das mit Ihrem Kinderwunsch zu tun? Denken Sie, aus Ihnen könnte auch ein Dreckskerl werden?
Roger:	Woher soll ich das wissen? Sie sind der Arzt. [Sein plötzlicher Sarkasmus gab mir das Gefühl, selbst ein Dreckskerl zu sein, weil ich ihm diese Frage gestellt hatte!]
Doktor:	Sie müssen eine Menge guter Gründe haben, so wütend auf Ihren Vater zu sein. Weiß Joan darüber Bescheid?
Roger:	...annähernd. [Die Atmosphäre war spannungsgeladen. Joan freute sich über die Offenheit, mit der sie einander begegneten, obwohl Roger nicht die ganze Geschichte über die Jungfrau Maria und ihre Herkunft kannte.] Tut mir leid, Joan, es ist zu furchtbar, um daran zu denken.
Joan:	[nimmt liebevoll seine Hand] Schon gut; du mußt nicht darüber sprechen. [Es war absolut richtig, ihn in diesem Punkt nicht zu drängen. Joan spürte, daß er in Ruhe gelassen werden wollte und ihr Verständnis brauchte. Es war ein richtig schöner Augenblick.]

In dieser Nacht erzählte Roger seiner Frau Joan von dem schändlichen Mißbrauch, den sein Vater an ihm begangen hatte. Roger erinnerte sich an mehrere Erlebnisse als Grundschüler, als sein betrunkener Vater ihn nachts aufweckte und seine Erektion in Rogers Mund drängte, auf seinen Po und zwischen seine Schenkel, möglicherweise auch in den After. Das wurde nicht ganz deutlich, weil Roger sich entweder nicht sicher war, sich nicht erinnern konnte, oder es zu grauenvoll fand, um darüber zu sprechen.

Mir war von Anfang an klar, daß Roger seine Gefühle unter Verschluß hielt. Für mich war er ein Mensch, der emotional nicht sonderlich viel zu geben hatte. Die mit diesen Erinnerungen verknüpften Gefühle waren natürlich sehr heftig und es erschöpfte ihn total, über die Geschehnisse zunächst Joan und dann mir zu berichten. Joan sagte, Roger habe seine Schilderung mit gerötetem Gesicht, schwer keuchend und in Tränen aufgelöst gemacht. Bei mir konnte er seine Fassung wahren, aber ich spürte deutlich, wie unangenehm ihm die Situation war.

Doktor:	Deshalb hassen Sie ihn am meisten.
Roger:	Er ist wirklich ein gemeiner Kerl!
Joan:	[leise weinend] Ich hasse ihn auch.
Doktor:	Sie mußten schreckliche Dinge über sich ergehen lassen. Sie waren jung und hilflos.
Roger:	[reibt sich die Augen, als wolle er seine Tränen verbergen] Wir wollen das Thema wechseln.
Doktor:	Können wir ein anderes Mal darüber reden?
Roger:	Bitte, heute nicht mehr. Ich hasse es.

Zu meinem Bedauern trat in Rogers Zustand seit diesem Gespräch keine deutliche Verbesserung ein und ich kann nicht sagen, daß er glücklich bis ans Ende seiner Tage mit normaler Ejakulationsfähigkeit lebte. Wir setzten unsere Arbeit weitere acht Sitzungen fort. Ich gab ihm immer wieder zu verstehen, daß ein Mann sich völlig seinen Gefühlen überlassen müsse, um ejakulieren zu können. Er bemühte sich, doch diese Form sinnlichen Genusses war ihm fremd. Wir fragten uns, ob er sich irgendwie sündig dabei vorkam; auch er war als Junge ziemlich religiös gewesen. Wir versuchten zu verstehen, warum er nicht zulassen konnte, in der Vagina größere Erregung zu verspüren – warum er nicht ›loslassen‹ und zum Orgasmus kommen konnte. Nach der sechsten Sitzung hatte er einen Orgasmus ohne Verhütungsmittel in Joans unempfänglicher Zeit, doch das nächste Mal wieder nicht. Roger schafft es nicht, regelmäßig in Joans Vagina zum Orgasmus zu kommen, und Gespräche über seine Gefühle konnten seine seelische Last nicht erleichtern. Er konzentrierte sich noch mehr auf seinen Beruf und wir kamen überein, unsere regelmäßigen Sitzungen zu beenden.

Joan und Roger hatten beide etwas von der Jungfrau Maria in sich – beide waren stark motiviert, keinen Geschlechtsverkehr zu haben. Ich vermute, Roger assoziierte in seinen Gedanken Geschlechtsverkehr mit der oralen oder analen Penetration, die er als kleiner Junge ertragen mußte, obgleich ich das nicht mit Gewißheit sagen kann. Roger, der im Gegensatz zu seinem Vater keinen Alkohol anrührte, sprach nur ungern über seine Vergangenheit. Ich fragte mich immer wieder, welche Qualen er sonst noch ertragen mußte, die ihn zum Geschlechtsverkehr unfähig machten. Meine Neugier sollte nicht befriedigt werden. Roger war ein gegenwarts- und zukunftsorientierter Mann; er interessierte sich nicht für Seelen-Archäologie.

Unterdessen sind zehn Jahre vergangen und die beiden sind nun Mitte Vierzig. Joan kann Geschlechtsverkehr meist ohne Schmerzen ertragen. Roger kann gelegentlich in der Vagina ejakulieren. Emotionale Nähe ist nach wie vor in jedem seiner Lebensbereiche ein Konfliktthema. Das Paar blieb kinderlos. Joan, die heute erste Vizepräsidentin ihrer Firma ist, scheint diese Tatsache mit Haltung zu tragen; Roger denkt nicht viel darüber nach. Sie lieben ihre Neffen und Nichten. Sie haben ein- bis zweimal Sex im Monat, außer in den Ferien, wenn sie mehr Zeit füreinander haben. Er ist fast reich geworden, doch seine Vorstellungen von Reichtum haben sich nach oben verschoben. »Eine Million Dollar ist nicht mehr so viel Geld wie vor zehn Jahren!«

Wege zu einem problemfreien Sexualleben

Eine Frau, die unter schmerzhaften Spasmen beim Geschlechtsverkehr leidet, muß:

- sich einer gynäkologischen Untersuchung unterziehen, um festzustellen, ob eine Infektion oder eine andere Form der Entzündung zugrunde liegt;
- klären, ob es nur der Geschlechtsverkehr alleine ist, oder ob eine andere Form der Penetration sie ängstigt;
- das Problem korrekt als Vaginismus bezeichnen, wenn Angst und Unbehagen gemeinsam den heftigen Schmerz hervorrufen, wenn Penetration bevorsteht;

- sich in Therapie gegen Vaginismus begeben, da dieses Leiden in der Mehrzahl der Fälle durch Gynäkologen oder Psychotherapeuten zu beheben ist;
- davon ausgehen, daß ihr Partner einige Zeit braucht, um sich sexuell an die neuen Gegebenheiten zu gewöhnen, sobald ihr Zustand sich gebessert hat.

Ein Mann, der Schwierigkeiten hat, in der Scheide seiner Partnerin oder im Beisein der Partnerin zu ejakulieren, der aber alleine mühelos zum Orgasmus kommt, muß:

- erkennen – falls er nicht ein neues Medikament einnimmt oder eine ungewöhnliche neurologische Krankheit hat –, daß dieses Verhaltensmuster auf seine Angst zurückzuführen ist, seine sexuelle Lust mit einem anderen Menschen zu teilen;
- sich ärztlich untersuchen lassen, um festzustellen, ob sein Problem auf körperliche Ursachen zurückzuführen ist;
- sich darauf konzentrieren, seine Empfindungen während des Geschlechtsverkehrs zu erhöhen, ohne auf den Lustgewinn der Partnerin zu achten, die ihrerseits erfreut ist, wenn er zur Ejakulation fähig ist;
- sich in psychotherapeutische Behandlung begeben, wenn die oben genannten Maßnahmen nicht helfen.

Kapitel 15

Nymphen und Satyren

Störungen im sexuellen Verlangen liegen nicht nur an mangelnder Triebmotivation. Es gibt auch Menschen mit übersteigertem sexuellem Verlangen. Ihr Leben beschwört Bilder mythologischer Satyren, halb Mensch, halb Tier, herauf oder verführerischer Meerjungfrauen und Waldnymphen und gehörnter Männer mit kraftvollen Tierleibern. Diese Fabelwesen veranschaulichen den Kampf, den wir ausfechten, um unser sexuell-aggressives Selbst zu bändigen, eine Aufgabe, die alle Kinder und Erwachsenen bewältigen müssen – wir alle müssen das Tier in uns überwinden.

Die Nymphen und Satyren, von denen im folgenden Kapitel die Rede ist, sind allerdings keine Fabelwesen, sondern tatsächlich existierende Menschen, deren Leben von so ungezügelter sexueller Lust beherrscht ist, daß sie sich kaum anderen Aktivitäten zuwenden können. Bei den meisten Menschen, die glauben, zu stark von Sex in Anspruch genommen zu sein, handelt es sich allerdings nicht um Nymphen und Satyren. Ihre sexuellen Gedanken sind vergleichsweise harmlos. Meist werden Aussagen wie: »Ich fürchte, ich bin eine Nymphomanin« oder: »Ich bin ständig geil« von Menschen gemacht, die lediglich über die Heftigkeit ihrer neuen sexuellen Gefühle verblüfft sind. Viele Jugendliche mit erwachendem Sexualdrang, oder Erwachsene, die nach Jahren des Alleinseins eine erregende neue Beziehung eingehen, werden von ihrem sexuellen Hunger überrascht.

> Cleo, eine 36jährige, geschiedene Mutter einer halbwüchsigen Tochter, lernte nach sieben Jahren ›endlich‹ einen Mann kennen, der ihr gefiel. »Ich glaubte in einer biblischen Dürre der sieben mageren Jahre zu leben und hielt mein Sexualleben für vertrocknet.« Seit sie mit Russ zu-

> sammen war, fühlte Cleo sich wochenlang brennend vor Lust. Die ganze Zeit dachte sie an Sex mit ihm – Tag und Nacht fühlte sie sich sexuell erregt, wenn sie daran dachte, was sie im Bett alles zusammen machten. In dieser Zeit empfand sie die Anwesenheit ihrer Tochter als Last. »Oh Gott, hoffentlich dauert dieser Zustand nicht auch sieben Jahre. Das würde ich nicht durchstehen! Ich bin zur Nymphomanin geworden.«

Die Grenze zwischen unstillbarem Sexualdrang und einem zeitlich begrenzten Hunger nach sexuellem Erleben ist leicht zu ziehen. Gesunde sexuelle Lust bezieht sich auf einen real existierenden oder erträumten Menschen. Sex ist in diesem Fall ein gemeinsames Vergnügen, eine positive, keine zerstörende Kraft, die befriedigt werden kann. Häufig ist der Sexhunger zu Beginn einer Beziehung am stärksten, fördert die Beziehung, wirkt nicht destruktiv und wird als Genuß erlebt. Ist dieser Hunger nach Sex gestillt, sind die Betroffenen wieder frei, ihre Aufmerksamkeit anderen Aktivitäten zuzuwenden. Cleos ›Nymphomanie‹ dauerte nicht übermäßig lange, doch ihre sexuellen Freuden mit Russ hatten Bestand.

Schilderungen ungezügelter Lüsternheit finden sich zwar in der klassischen und modernen Literatur, sind aber vorwiegend der Pornographie vorbehalten. In einschlägigen Filmen und Schriften werden Exzesse sexueller Gier von Männern und Frauen geschildert. Diese bedauerliche Assoziation zu Pornographie erschwert eine eingehende Beschäftigung mit übersteigerter Lust, das Thema ist anrüchig – zu schlüpfrig für eine ernsthafte Diskussion.

Eine oberflächliche Betrachtung von Nymphen und Satyren führt zum Thema sexueller Perversionen. Wir lehnen Perversionen ab, nicht nur wegen ihrer Assoziation zur Pornographie, sondern weil sie Gedanken, Gefühle und Verhaltensweisen beinhalten, die in den meisten Kulturen und Religionen als verabscheuenswert und sündhaft gelten. Wenn wir uns jedoch näher mit dem Thema sexueller Abartigkeit befassen, begegnen wir häufig Spätschäden von sexuellem Mißbrauch in der Kindheit.

Leistungsgrenzen sexueller Fähigkeit

Das Leben von Nymphen und Satyren zeigt, daß die Grenzen sexueller Leistungsfähigkeit weit höher liegen, als die meisten Menschen vermuten. Fragen wie: »Wie lange bleiben Sexualorgane funktionstüchtig, bevor der Körper erschöpft zusammenbricht?« und: »Wie viele Orgasmen sind an einem Tag möglich?« bringen erstaunliche Antworten. Folgende Beispiele sind Tatsachenberichte aus meiner Praxis.

Die fünfzigjährige Mary erwachte zwei Jahre lang fast jeden Morgen mit genitalem Lustgefühl, das nach der Masturbation nach etwa zehn Minuten abflaute. Wenn die Erregung wiederkehrte, versuchte sie sich mit Haushaltsarbeiten, am Arbeitsplatz und mit Jogging abzulenken. Wurde ihre Aufmerksamkeit nicht durch äußere Umstände abgelenkt, überkam sie ein starker genitaler Reiz und das dringende Bedürfnis, zum Orgasmus zu kommen.

Pam wunderte sich über das sexuelle Interesse ihres vierzigjährigen Verlobten an ihr. Zwei Wochenenden vor der Hochzeit hatte er mit ihr vierzehnmal Verkehr mit Orgasmus. Ihre Vermutung war richtig, diese Form sexueller Aktivität konnte so nicht weitergehen. Nach der Hochzeit flaute sein Interesse so weit ab, daß er nur noch dreimal täglich Sex brauchte! Sie begann, die Feierabende zu fürchten, wenn er nach Hause kam. Er konnte nicht in ihrer Nähe sein, ohne sie sexuell zu überfallen und ihre Menstruation war für ihn eine Katastrophe. Nach einem Monat verließ Pam ihren Ehemann. Jetzt konnte sie verstehen, warum seine beiden Ehen vor ihr von sehr kurzer Dauer waren.

Jason, ein homosexueller Jugendlicher, hatte zwei Wochen hintereinander wenigstens vier Orgasmen pro Tag – jedesmal mit einem anderen Mann. Meist hatte er mehr als vier Partner täglich; manchmal hatte er Sex ohne Orgasmus. Wenn er keinen Orgasmus bekam, zog er durch Bars, suchte Schwulentreffs auf oder sprach Männer auf der Straße an.

Andrea schätzte die Anzahl ihrer Sexpartner während ihrer Teenagerjahre auf etwa zweihundert; ihrem Ehemann war sie ein Jahr treu. Meist hatten sie zweimal täglich Koitus und dazwischen masturbierte sie. Nach einigen ernsthaften Auseinandersetzungen mit ihrem Ehemann über Dinge, die nicht das Schlafzimmer betrafen, begann sie Männer im Büro zu verführen. An manchen Tagen trieb sie es mit zwei Männern während eines Acht-Stunden-Tages. In einem Sommer zog sie nachts um drei Uhr durch die Straßen und forderte fremde Männer auf, mit ihr an Ort und Stelle Sex zu haben; sie mußte ihre Spannungen loswerden.

Emotionale Krankheit

Menschen mit einem extremen Bedürfnis nach sexuellen Erlebnissen, mit permanenter, überwältigender sexueller Gier und der Unfähigkeit zur sexuellen Befriedigung sind keine fröhlichen, genießerischen, unbeschwerten Menschen. Sie sind emotional krank. Diese Tatsache wird von Menschen, die aus einer solchen Störung Nutzen ziehen, sorgfältig verschwiegen. Sexbesessene werden in Büchern, Klatschgeschichten und Filmen selten im Gesamtzusammenhang ihres Lebens dargestellt, da ihr Sexualverhalten für das Publikum interessanter ist als ihre Depressionen, ihre schlechte Urteilskraft und ihre Unfähigkeit, sich zu konzentrieren und ihre Gedanken zu ordnen. Leute, die mit Pornographie Geschäfte machen, wissen, daß voyeuristische Lust nicht mit Einblicken in das Leben der Darsteller befriedigt wird.

Mein ehemaliger Friseur fing eines Tages ein Gespräch mit mir an und fragte mich nach meinem Fachgebiet als Psychiater. Seine Haltung änderte sich sofort, als ich ihm sagte, ich behandle Menschen mit sexuellen Problemen. Er stellte sich vor, die Menschen kommen in mein Büro, treiben es vor meinen Augen miteinander und ich gebe ihnen Tips, was sie falsch machen und wie sie ihre Leistung verbessern können. Zunächst glaubte ich, er mache sich über mich lustig. Bald wurde mir jedoch klar, daß er es todernst meinte. Ich erklärte ihm, meine Arbeit habe nichts damit zu tun; doch das wollte er mir nicht glauben. Ich sagte ihm, daß die Menschen zu mir kommen, um mit mir über ihre Konflikte in der körperlichen Liebe und über ihre Beziehungsprobleme zu sprechen. Der Friseur grinste lüstern und zwinkerte mir zu. »Springen da auch mal andere ein?« fragte er. »Wenn Sie mal einen brauchen, der es einer Frau mal richtig besorgt, rufen Sie mich ruhig an. Nicht zu fassen!« fuhr er fort, »seit zwei Jahren schneide ich Ihnen nun die Haare und weiß nicht, daß Sie mit Ihren Patienten vom Vögeln reden. Phantastisch, ich meine es ernst, Doc, ich spring' gern ein, wenn Sie jemand brauchen.« Ich mußte den Mann enttäuschen. »Sie irren sich. Wir benutzen keine Ersatzmänner. Die Behandlung sexueller Störungen unterscheidet sich eigentlich nicht von der Therapie anderer seelischer Störungen. Es geht um Gespräche, Beziehungen, Konflikte, Tränen, Eltern – was das Leben eben so bringt.« Seine Antwort bewies sein seichtes Pornographieverständnis. »He Doc, das ganze Zeug interessiert mich nicht – mich interessiert bloß der Sex daran. So wie in meinen Magazinen. Keine Sorge, ich besorge es Ihren Patientinnen tüchtig.« Das sagte er halb im Scherz, halb im Ernst.

Sexbesessenheit

Diesen Begriff wende ich auf Menschen mit einem unersättlichen Verlangen nach Sex an. Sexbesessene Menschen bezeichnen sich selbst als mit einem Übermaß an sexueller Erregung ausgestattet. »Ich bin mannstoll, das ist mein einziges Problem.« Sie glauben, ihr Mangel an Selbstkontrolle sei eine natürliche Folge ihres übersteigerten Sexualtriebes. »Es ist zu stark, dagegen kann ich nichts machen. Ich kann nichts dafür.« Diese Menschen sind sexuell schwer zu befriedigen, sie ersetzen Erinnerungen und Gefühle durch sexuelle Erregung, es fällt ihnen schwer, sich emotional an andere zu binden, und die meisten von ihnen haben eine atypische sexuelle Identität.

Unfähigkeit, Befriedigung zu finden

Für sexbesessene Menschen bedeutet der Orgasmus nicht, daß ihre Spannungen sich lösen; die Erleichterung dauert manchmal nur wenige Minuten. Besonders Männern bringt der Orgasmus im Normalfall körperliche Befriedigung, gekoppelt mit Desinteresse an weiterem Sex. Die genauen Abläufe im Nervensystem sind nicht bekannt. Möglicherweise sind die zur Befriedigung führenden Mechanismen der Nerven bei sexbesessenen Menschen blockiert. Möglicherweise liegt eine Störung im Gehirn vor, wenn Menschen sexuell unersättlich sind. Meist scheint jedoch ein Krankheitsbild komplexerer Natur vorzuliegen.

Sexuelle Erregung ersetzt Erinnerungen und Gefühle

Sexbesessene ersetzen unangenehme Erinnerungen und beunruhigende Emotionen durch sexuelle Erregung. Ihr Gehirn schaltet unvermittelt von Trauer, Angst, Wut oder Schuld auf genitale Empfindungen um. Viele Menschen lenken sich mit Sex kurzfristig von ihren Sorgen ab. Sexbesessene setzen diesen Mechanismus ein, um damit nahezu allen unangenehmen Dingen des Lebens aus dem Weg zu gehen. Sie können schmerzliche Gefühle nicht ertragen. Ihre Erregung stellt sich so rasch ein, daß sie davon geradezu überfallen werden. Manche können ihre sexuelle Erregung nicht lang ertragen, ohne zu masturbieren. Viele unterdrücken diese Empfindungen, gehen ihrer Arbeit nach und fühlen sich den ganzen Tag unangenehm erregt.

Sexbessenheit bedeutet, daß Erregung als Ersatz für andere

Gefühle ein automatischer Mechanismus geworden ist, der dem Betroffenen keine Selbstbestimmung läßt. »Ich habe die Kontrolle verloren – aus. Ich bin Tag und Nacht davon beherrscht!«

Marvin, ein drogenabhängiger Rechtsanwalt, Mitte Dreißig, konnte seine sexuellen Affären mit mehreren Frauen nicht sein lassen. In Zeiten extremen Leistungsdrucks, wenn er sich auf einen Prozeß oder einen anderen wichtigen Termin vorbereitete, schaffte er es, bevor er nach Hause fuhr, mit zwei verschiedenen Frauen ins Bett zu steigen. Schließlich gab er beträchtliche Summen für Prostituierte aus. »Das geht schneller und bringt meinen Tag weniger durcheinander.« Jahrelang redete er sich ein, jederzeit von Kokain und Frauen loszukommen. Als seine Ehefrau ihm mit Scheidung drohte, nachdem sie hinter eine seiner Affären gekommen war, erhöhten seine ehelichen Spannungen nur seine sexuelle Erregung.

Kathy, eine geschiedene Frau mit Collegeabschluß, hatte einige Jahre ihre Tage damit verbracht, ständig zu masturbieren. Sie zählte nicht genau nach, doch sie schätzte, daß sie es an einem normalen Achtzehn-Stunden-Arbeitstag auf bis zu 75 Orgasmen brachte – nicht weil sie es so wollte, sondern weil ihre Klitoris nicht aufhörte zu kitzeln. Ihr Leben war ein Scherbenhaufen; sie konnte sich nicht konzentrieren, war zu keiner Arbeit fähig. Als sie in einer psychiatrischen Klinik medikamentös behandelt wurde, schaffte sie es zu ihrem großen Erstaunen eine ganze Woche, diesem teuflischen Drang zu widerstehen. In einer Sitzung bei mir, als Kathy immer noch in medikamentöser Behandlung war, bat ich sie, die Augen zu schließen und sich den schlimmsten Augenblick ihres Lebens ins Gedächtnis zu rufen. Bevor sie eine qualvolle Szene zwischen ihrer schwangeren halbwüchsigen Tochter und ihrem Ehemann beschreiben konnte – an die sie sich gerade erinnerte – kehrte ihr genitaler Kitzel mit der ursprünglichen Macht zurück. »O mein Gott! Da ist es wieder!«

Manche Wissenschaftler, darunter der Psychiater Fred Berlin und der Psychologe Ronald Langevin, vermuten, daß der übersteigerte Sexualtrieb zumindest einiger dieser Menschen auf eine Gehirnabnormität zurückzuführen sei. Wahrscheinlicher erscheint mir, daß sie zu früh im Leben gelernt haben, sich mit ihren genitalen Empfindungen zu befassen, statt mit anderen Emotionen. Sie waren gezwungen worden, viel zu früh mit sexuellem Verhalten umzugehen, für das sie noch nicht reif waren.

Unersättliche sexuelle Erregung mag eine ungewöhnliche Methode sein, sich an sexuelle Erlebnisse der Kindheit zu erinnern. Statt sich beispielsweise wirklich an einen Inzestvorfall zu erinnern, erinnert man sich nur an manche damit verbundenen Empfindungen; das ursprünglich auslösende Ereignis bleibt in Vergessenheit. Hier ein nichtsexuelles Beispiel: Ich kenne eine sehr magere erwachsene Frau, die im Haus ihrer Eltern, die nach der Scheidung wieder heirateten, nicht fähig war, einen Bissen fester Nahrung zu sich zu nehmen. Wie sich herausstellte, war dieses Symptom auf die Mahlzeiten in der Familie zurückzuführen, bei denen unerträgliche Spannungen herrschten, die ihr böswilliger, gewalttätiger Vater heraufbeschwor. Ihre zugeschnürte Kehle war eine Art Erinnerung an die schlimmen Zeiten ihrer Kindheit; an die schlimmen Zeiten selbst erinnerte sie sich nur noch verschwommen.

Die unentwegte Erregung sexualisierter Menschen ist ihre Form, sich an Leidenszeiten zu erinnern. Was mit ihnen geschah, war entweder zu schmerzhaft, um es im Gedächtnis zu behalten, oder es geschah, bevor ihr Erinnerungsvermögen klar ausgebildet war.

> Der sechsjährige Lyle spielte mit seinen zwei älteren Schwestern monatelang ein Spiel, bei dem sie ihn als kleines Mädchen verkleideten. Bei diesen Spielen waren sie ungewöhnlich begeistert von ihm – sie kicherten, umarmten ihn und schenkten ihm mehr Aufmerksamkeit, als er normalerweise von ihnen oder seinen vielbeschäftigten Eltern erhielt. Lyle fand es zunächst unangenehm und peinlich, die ›kleine Schwester‹ zu spielen, mit Lip-

penstift und Rouge bemalt zu werden, doch die Begeisterung und Zärtlichkeiten der Schwestern steckten ihn an. Als Jugendlicher konnte er sich nicht erklären, warum er sich beim Masturbieren gern Frauenkleider anzog. Er masturbierte dreimal täglich oder öfter zwanghaft, träumte dabei, ein Mädchen zu sein oder einem Mädchen wehzutun oder von Mädchen gefesselt zu werden. In den ersten drei Monaten der Therapie hatte er keinerlei Erinnerung an die ›Verkleidungsspiele‹ seiner Kindheit.

Die achtjährige Gina konnte sich in der Schule nicht konzentrieren und war nicht lernfähig; sie wurde den Eltern weggenommen, als man herausfand, daß der Vater sie sexuell mißbrauchte. In einem Waisenhaus war sie unfähig, still zu sitzen, sich Ermahnungen anzuhören, oder mit anderen Kindern zu spielen. Sie urinierte auf den Fußboden, ohne sich deshalb zu schämen. Innerhalb weniger Stunden im Kinderheim und innerhalb weniger Tage in einer neuen Schule bot sie den älteren Jungen unverfroren Fellatio, genitale Spiele oder Geschlechtsverkehr an. Die Lehrer und Erzieher, die Gina unabhängig voneinander als ›kleine Nymphomanin‹ bezeichneten, wußten anfänglich nicht, daß sie von ihrem Vater und seinen Freunden als Sexobjekt mißbraucht wurde. Ihre drogensüchtige Mutter bot ihr keinen Schutz. Sexuell mißbraucht zu werden war Ginas einzige Form im Umgang mit anderen und darauf gründete sich ihr Selbstwert.

Verfrühte Sexualisierung. Kein Kind ist dafür ausgestattet, Erfahrungen, wie Gina und Lyle sie machten, zu verstehen und zu verarbeiten. Wenn der biologische Trieb in der Adoleszenz normalerweise ansteigt, erlebt das verfrüht sexualisierte Kind einen heftigen Drang unerklärlicher Erregung. Entweder ist die Erinnerung an die auslösenden Umstände wie bei Lyle vollständig ausgelöscht, oder ihre Bedeutung wird nicht erkannt. Die Frau, die als junges Mädchen zweihundert Sexpartner hatte, wußte, daß sie in der Grundschule sexuelle Kontakte mit ihrem

Vater und ihrem Onkel hatte, ohne darin die Wurzel ihrer Sexbesessenheit zu sehen. Ob Erinnerung vorhanden ist oder nicht, aus einem sexuell mißbrauchten Kind kann ein Jugendlicher werden, der sexuelle Erlebnisse sucht, ohne Erleichterung seiner Spannung zu verspüren.

Die meisten sexbesessenen Menschen, die ich behandelt habe, hatten in der Kindheit ein psychisches Trauma erlebt. Diese Erlebnisse waren sehr kraß – zum Beispiel monatelanger Inzest, fortgesetzte Prügelstrafen, Verkleidungen als Strafe oder rektale Penetration.

Wie Erwachsene mit sexuellem Trauma umgehen. Werden Menschen als Erwachsene traumatisiert, bleibt ihnen der Vorfall und die damit verbundenen Gefühle meist bewußt, und es fällt ihnen schwer, sich auf andere Aktivitäten zu konzentrieren, wenn das Trauma noch frisch ist. Erwachsene reagieren im allgemeinen auf traumatische Vorfälle nicht mit sexueller Erregung, es sei denn, der Vorfall ist mit Sexualität verknüpft.

> Der dreißigjährige Matt ließ sich während eines Kongresses von einer Frau verführen. Während sie miteinander Geschlechtsverkehr hatten, erschien der Ehemann im Zimmer, ohne dem Paar Vorhaltungen zu machen. Matt hatte keine Ahnung, daß die Verführung von dem Ehepaar geplant war. Sie versicherten ihm, er habe nichts zu befürchten, und ehe er wußte, wie ihm geschah, lagen sie zu dritt im Bett. Drei Tage verbrachten sie im Hotelzimmer, hatten Geschlechtsverkehr und sahen einander zu. Am letzten Tag überredete das Paar den jungen Matt nach reichlichem Whiskygenuß, sich als Frau zu verkleiden. Monate danach konnte er an nichts anderes denken als an dieses seltsame Abenteuer; er war ständig erregt, aber auch ziemlich verunsichert.

Wie Kinder mit einem Trauma umgehen. Kleine Kinder sind meist nicht fähig, traumatische Erlebnisse zu analysieren und darüber zu sprechen. Wird der Vorfall gut verarbeitet, geschieht das meist in der Phantasie, im Spiel und mit dem Verständnis von Erwachsenen, die die Gefühle des Kindes in Worte umsetzen können. Wenn an kleinen Kindern beispielsweise operative Eingriffe im Krankenhaus vorgenommen wurden, spielen sie Monate danach gern Doktor, Krankenschwester oder andere Krankenhausspiele. Bei diesen Spielen mit einer Puppe oder einem anderen Kind können sie aktiv an anderen darstellen, was ihnen angetan wurde. Dieses Verhalten hilft dem Kind, Gefühle loszuwerden, die es mit fremden Menschen assoziiert, die es festbinden, nötigen, ihm körperliche Schmerzen zufügen und es Peinlichkeiten aussetzen. Das Kind beschäftigt sich solange mit solchen Spielen, bis es die Situation psychologisch verarbeitet hat.

Um 1900 stellten Psychoanalytiker fest, daß viele heterosexuelle Erwachsene, die anale erotische Genüsse dem Koitus vorzogen, in der Kindheit häufig Einläufe bekamen. Diese Beobachtung ließ darauf schließen, daß traumatische Kindheitserlebnisse lebenslang andauernde sexuelle Interessen auslösen können. Der elterliche Eingriff mit der Einlaufspritze schien beim Kind ein permanent analfixiertes sexuelles Interesse zur Folge zu haben. Der anale Eingriff rief nicht nur die Empörung des Kindes über die Gewaltanwendung hervor, es verband dieses Gefühl auch mit angenehmen Empfindungen. Das heranwachsende Kind bevorzugte bei der Masturbation analerotische Bilder, statt seinen oder ihren Körper einem Partner zu überlassen. Als Erwachsener waren die Vorfälle mit den Einläufen vergessen, oder es wurden keine Bezüge zu den analerotischen Interessen hergestellt. Viele Menschen mit solchen Verhaltensmustern haben in anderen Lebensbereichen keine emotionalen Probleme. Doch für ihre sexuelle Entwicklung waren die Einläufe zu unerträglich.

Viele andere Kindheitserfahrungen können dauerhafte emotionale Wunden hinterlassen.

> Der 16jährige Frank, der bis zu sechsmal täglich masturbierte, wurde jahrelang von Bildern verfolgt, in denen er Frauen vergewaltigte oder anderweitig verletzte. Nachdem er seine geschiedene Mutter beim Geschlechtsakt mit dem Vater überraschte, war er sowohl sexuell erregt von

dem, was er gesehen hatte, und wütend darüber, daß er es sehen mußte. Er bekam einen Tobsuchtsanfall und zerbrach sämtliche Fensterscheiben in der Nachbarschaft, aus Wut darüber, daß seine Eltern zu einer Zeit, da er normalerweise aus der Schule heim kam, im Bett lagen. Für ihn war das ein weiterer Beweis dafür, daß seine Eltern sich einen Dreck um ihn scherten, ungeachtet der Tatsache, daß er meist nach der Schule mit seinen Freunden zusammenblieb, statt gleich nach Hause zu gehen. Frank erinnerte sich auch daran, daß er als kleiner Junge oft Zeuge des chaotischen Lebens seiner Eltern wurde. Für Frank war Sex untrennbar mit Wut verbunden. Der Geschlechtsakt seiner Eltern erregte ihn und machte ihn gleichzeitig wütend, weil sie ihn nicht beachteten. In seinen Phantasien konnte er seine Erregung und Wut durch Vergewaltigungsphantasien in Einklang bringen.

Schwierigkeiten, emotionale Bindung einzugehen

Gelegentlich trifft ein unerfahrener junger Mann, der immer wieder davon geträumt hat, von einer Nymphomanin in die Liebeskünste eingeweiht zu werden, tatsächlich auf eine sexbesessene Frau.

Das Ergebnis ist meist Enttäuschung und Wut – er kommt sich benutzt vor, ohne wirklich zu wissen, warum. Der Grund liegt darin, daß ihr Bedürfnis nach Befriedigung bei weitem ihre Fähigkeit übertrifft, eine Beziehung mit einem Partner einzugehen.

Pam, die sich von ihrem Ehemann trennte, als sie begriff, daß sein unersättlicher Sexhunger nichts mit ihr zu tun hatte, glaubte während ihrer Verlobungszeit, seine Gier sei ein Beweis seiner Liebe. Sie wurde rasch eines Besseren belehrt, als ihr klar wurde, daß ihre Interessen und Wünsche durch sein Bedürfnis nach sexueller Erleichterung völlig in den Hintergrund gedrängt wurden.

Ein anderer Faktor, der viele Menschen mit starkem Sexualtrieb in die Gruppe der Sexbesessenen einreiht, kann auch die verzweifelte Hoffnungslosigkeit sein, eine liebevolle Beziehung mit einem anderen Menschen aufzubauen. Nymphen und Satyren haben den starken Wunsch nach seelischer und körperlicher Nähe, wie wir alle, doch es fehlen ihnen oft in dramatischer Weise die sozialen Fähigkeiten und das Zutrauen, Beziehungen einzugehen. Sie sind in einem psychischen Gefängnis eingesperrt. Sie sehnen sich nach einer intimen Beziehung, sind aber zugleich stark motiviert, sich nicht an einen anderen Menschen zu binden. Ihr Sexualtrieb ist jedoch überwältigend. Die drei Elemente der Sexualität – Wunsch, Motivation und Trieb – bringen Menschen hervor, die ständig erregt sind und behaupten, mehr von einer Beziehung haben zu wollen, die aber echte Nähe vermeiden.

Der Mann in mittleren Jahren im folgenden Beispiel, der die ersten vier Jahre seiner Ehe keinen Sex mit seiner Frau hatte, befindet sich in einem solchen Dilemma. Hier eine seiner bevorzugten Masturbations-Wunschvorstellungen, die er mindestens einmal pro Tag einsetzte.

> Ich sehe eine große Frau in einem gelben Gummiregenmantel und Schuhen mit hohen Bleistiftabsätzen vor mir. Sie steht da wie eine Statue auf einem Sockel in einem Museum. Ich kann nicht nahe genug an sie herankommen. Ich sehe nie ihr Gesicht, aber ihr Regenmantel und die hochhackigen Schuhe erregen mich.

Studien von Nicholas Groth, Gene Abel, Judith Becker und anderen Forschern in Nordamerika und Europa belegen, daß viele Nymphen und Satyren in der Kindheit durch starke körperliche Erregungen traumatisiert wurden und zwar von Betreuern, auf deren Schutz, Zuneigung und Vorbild sie dringend angewiesen waren. Destruktive Erlebnisse beeinträchtigen die Fähigkeit des Kindes, sich mit Gleichaltrigen zu sozialisieren und ihre Stimmungen zu regulieren, in erheblichem Maß. Sie werden relativ früh im Leben einem Teufelskreis ausgesetzt: Ihre Konflikte mit den Eltern erschweren es ihnen, Freunde zu finden und Freunden zu vertrauen. Das belastet ihre Liebesbeziehungen in der Jugend und als junge Erwachsene und macht sie wiederum anfällig für extreme Einsamkeit, die schließlich den unersättlichen Sexhunger auslöst. Es ist kaum erstaunlich, daß viele sexbesessene Menschen chronische Depressionen haben, sozial isoliert oder drogensüchtig sind.

Atypische sexuelle Identität

Wie in vorangegangenen Kapiteln erläutert, weist die sexuelle Identität drei Dimensionen auf – Geschlechtsidentität, Orientierung und Intention, und jede Dimension hat einen psychologischen und behavioristischen Aspekt. Atypische sexuelle Identität ist ein Charakteristikum, das vielen Nymphen und Satyren gemeinsam ist. In diesem Kapitel habe ich von Transvestismus, Analerotik, dem sadistischen Wunsch, Frauen zu bestrafen, männlichen homosexuellen Neigungen und erotischer Fetisch-Fixierung gesprochen. Weitere ungewöhnliche Aspekte sexueller Identität, wie sexuelle Interessen an Kindern und masochistische Phantasien müssen dieser Liste hinzugefügt werden. Kathy, die einen Rückfall erlitt, als sie sich an den schmerzlichsten Augenblick ihres Lebens erinnern sollte, stellte sich während vieler Stunden ihrer zwanghaften Masturbation vor, daß eine ältere homosexuelle Frau sie verprügelte und demütigte.

Unersättlicher sexueller Hunger tritt bisweilen bei Menschen mit atypischen Geschlechtsidentitäten oder Orientierungen auf, doch die meisten Menschen, die Psychologen aufsuchen, haben atypische Intentionen. Marvin, der drogensüchtige Rechtsanwalt hielt sich lediglich für sexsüchtig. Schließlich war er jedoch fähig, über die vielen ungewöhnlichen Formen seiner Intentionen zu sprechen, die seinem Hang zu Prostituierten vorangingen.

> »Früher habe ich Frauen angerufen, deren Namen ich mir aus dem Telefonbuch holte, und ihnen Obszönitäten ins Ohr geflüstert. Das fand ich sehr aufregend. Im College stellte ich mich einmal, als ich betrunken war, nackt ans Fenster und zeigte den Passanten meinen Schwanz.

Meine Freunde johlten vor Vergnügen. Ich war noch Monate danach erregt. Manchmal wollte ich vergewaltigen und manchmal wollte ich vergewaltigt werden. Es gab Zeiten, da wußte ich nie, was als nächstes kommen würde. Ich interessierte mich für alles, was mit Sex zu tun hatte.«

Männer wie Frauen benutzen ihre häufigen Masturbationen oder Affären dazu, um sich von ihrem Wunsch, andere zu verletzen oder verletzt zu werden, abzulenken. Oft scheinen sie eine völlig konventionelle sexuelle Identität zu haben – sie sind männlich oder weiblich heterosexuell und wollen bloß ihre Sexualität ausleben – in Wahrheit flüchten sie vor sadistischen oder masochistischen Intentionen. Sie sind traumatisierte Kinder, die den Großteil ihrer Erinnerungen an ihren Schmerz verloren haben und sie unbewußt durch sexuelles Zwangsverhalten kompensieren. Therapie erschreckt sie, da sie von ihnen verlangen würde, sich zu erinnern. Der drogenabhängige Rechtsanwalt zog sich bald aus der Therapie zurück. Es war einfacher, seine Frau zu belügen und mehrmals pro Woche zu Prostituierten zu gehen.

Die meisten sexbesessenen Männer mißbrauchen keine Kinder und die meisten Nymphomaninnen sind nicht hinter jeder Männerhose her. Sie gehen mit ihrer ungezügelten sexuellen Erregung in heimlichen häufigen Masturbationspraktiken um und begreifen nie wirklich, warum sie dazu verdammt sind. Sie bleiben auch als Erwachsene Opfer ihrer seelischen Verletzungen aus der Kindheit, die sich als sexuelles Zwangsverhalten manifestieren.

Menschen mit unersättlichem Sexualtrieb und permanenter Erregung sind in jeder Gesellschaftsschicht zu finden – vom Obdachlosen bis zum Arzt, von der Prostituierten bis zur Dame der Gesellschaft. Meist sind es Männer, die mit anderen die sexuelle Kontrolle verlieren und in psychiatrischen Kliniken oder im Gefängnis landen, doch es gibt auch Frauen, die sich so verhalten.

Frauen leben ihre Last und ihr Laster jedoch meist im geheimen aus.

Viele sexualisierte Menschen sind außerdem drogenabhängig, da sie festgestellt haben, daß Alkohol oder andere Substanzen ihren inneren Aufruhr dämpfen. Andere befinden sich wegen Sexualdelikten in Behandlung. Viele Menschen, die sich wiederholt sexuell an Kindern vergreifen, obszöne Telefonanrufe machen, heimlich Schlafzimmerfenster beobachten, vergewaltigen, oder vor nichtsahnenden Frauen ihre Genitalien entblößen, gehören in diese Kategorie. Eine weitere Gruppe sind geistig schwer Gestörte, die kaum in der Lage sind, ihre Stimmungen, Gedankengänge und ihre Selbstachtung zu regulieren. Auch sexbetonte Menschen, die unter starkem Streß stehen, können zu Nymphen und Satyren werden. Sexbesessenheit ist keine Krankheit, die ein Leben lang anhält. Sie ist ein Produkt des Gleichgewichts zwischen der verborgenen Biologie des Gehirns und den Bewältigungsstrategien eines Persönlichkeitsbildes, eines Gleichgewichts, über das wir noch sehr wenig wissen. Sexbesessenheit ist veränderbar.

Sexbesessene betätigen sich zwanghaft sexuell ohne persönliche Bindung, Nähe, ohne eine liebevolle Beziehung. Sie sind nicht nur durch ihre permanente Erregung getrieben, sondern durch ihre Unfähigkeit, mit anderen eine Beziehung einzugehen. Diese Menschen sind oft einen Großteil ihres Lebens einsam. Wenn sie Beziehungen zu anderen Menschen eingehen, kann ihre Bindungsangst sich destruktiv auf den Partner auswirken. Oft nehmen sie heimlich und verstohlen an Aktivitäten teil, die auf andere gefährlich, ungesund oder abartig wirken. Das trägt zur Schlüpfrigkeit des ganzen Themas sexueller Perversion bei.

Pädophilie

Zu den gefährlichsten Satyren und Nymphen gehören Pädophile, Menschen, die Kinder als Sexualpartner bevorzugen. Frauen sind unter Pädophilen nur selten anzutreffen. Im Verlauf ihres Lebens mißbrauchen Pädophile oft viele Kinder; der Zyklus des Mißbrauchs setzt sich von einer Generation zur anderen fort und hat schwere psychische Schäden zur Folge. Einige Pädophile sind Einzelgänger, viele andere aber sind Väter, die ihre eigenen Kinder zu genitalen Intimitäten mißbrauchen. Es gibt Väter, die sich der Reihe nach an jeder Tochter vergehen; andere nur an den Söhnen. Manche Väter teilen das Kind mit ihren Freunden, besonders mit den Menschen, die sie als Jugendliche zu Erwachsenen-Kind-Sex verführt haben.

> Ein Alkoholiker und seine Frau, die Schmerzmittelabusus trieb, hatten nach der Geburt ihrer drei Töchter nur noch selten gemeinsamen Sex. Als die Mädchen zu Teenagern herangewachsen waren, rannte eine von zu Hause fort, die zweite unternahm zwei Selbstmordversuche und die dritte wurde zur Alkoholikerin. Im Alter von achtzehn hatten alle dem Elternhaus für immer den Rücken gekehrt; sie lebten lieber in Untermietzimmern als im wohlhabenden Elternhaus. Die Mädchen bedurften allesamt eingehender psychotherapeutischer Behandlung. Als erwachsene Frauen, Ende Zwanzig, begannen sie miteinander über ihre sexuellen Erlebnisse mit dem Vater zu sprechen. Als die Mädchen zwischen zwölf und vierzehn Jahre alt waren, überraschte er jede, wenn sie sich entkleideten oder unter der Dusche standen. Mit stierem Blick und einer Alkoholfahne vollzog er sexuelle Tätigkeiten, berührte ihre Genitalien und onanierte bis zum Orgasmus an ihren Pobacken oder ihren Schenkeln; er zwang sie, seinen Samen zu berühren, was er ›ekelerregend‹ nannte; gelegentlich beschimpfte er sie, wie verdorben sie seien, das alles zu tun; sagte halb im Scherz, er hasse ihr Schamhaar und drohte ihnen strenge Bestrafung an, wenn sie die Vorfälle nicht für sich behielten.
>
> Die Tochter, die von zu Hause fortlief, ging kurze Zeit auf den Strich und war bis Anfang Zwanzig drogenabhängig. Die zweite Tochter, die fast an einer Überdosis Schlaftabletten und Alkohol gestorben wäre, hat bis heute kein Interesse an Sex. Die dem Alkohol verfallene Tochter durchlebt immer wieder Zeiten unersättlicher sexueller Erregung. Die jungen Frauen haben gute Beziehungen zueinander und kämpfen bis heute mit ihren ver-

schiedenen emotionalen Problemen. Sie statten auch gemeinsam ihren Eltern an Festtagen kurze Besuche ab.

Wir können häufig nicht fassen, was manchen Kindern von Erwachsenen angetan wird. Der Verblüffung folgt Empörung – oft begleitet von Mordgedanken. »Wenn man sie schon nicht erschießen darf, so sollten sie wenigstens ein Leben lang hinter Gitter, damit sie keinen weiteren Schaden anrichten können!« Unsere Gesellschaft toleriert zwar ungewöhnliche sexuelle Absichten vieler Menschen, und wir machen Witze über ihre Perversionen, wenn sie aber ihre Perversionen an Kindern abreagieren, hört jedes Verständnis auf.

Der unkontrollierte Mann und medikamentöse Behandlung

Manchen Männern, die keine Kontrolle über ihr destruktives Sexualverhalten haben, kann durch medikamentöse Behandlung vorübergehend geholfen werden. Sie erhalten Injektionen eines Medikaments, das die Produktion der männlichen Hormone und damit die Aktivität ihres sexuellen Triebzentrums herabsetzt, ist also einer temporären Form der Kastration gleichzusetzen. Manche sexuell gefährlichen Männer wurden zu normalen Bürgern, die einer geregelten Arbeit nachgehen konnten; dadurch wurden viele Menschen, in erster Linie Kinder, vor sexuellem Mißbrauch bewahrt. Wenn die Wirkung eines solchen Medikaments einsetzt, fühlt der Patient sich nicht länger sexuell außer Kontrolle. Es ist zwar ein tröstlicher Gedanke, daß Männern auf diese Weise geholfen werden kann, als gesund sind sie mit einer solchen Behandlung nicht zu bezeichnen. Es sind nach wie vor isolierte, einsame und depressive Menschen. Sie müssen andere Wege finden, um unangenehme Gefühle zu bewältigen, die ja nur aufgrund des Medikaments nicht sofort in sexuelle Erregung umgesetzt werden.

Zusätzlich zur medikamentösen Behandlung ist eine psychotherapeutische Betreuung angebracht, damit der Patient begreift, daß seine Verzweiflung oder Angst ihn trotz der Medikation weiterhin anfällig für abartiges sexuelles Verhalten macht. Er muß vielleicht Jahrzehnte gegen diese Anfälligkeit ankämpfen, um Selbstkontrolle und ein gestärktes Selbstgefühl zu erlangen.

Wege zu einem problemfreien Sexualleben

Kinder und Jugendliche müssen vor verfrühten sexuellen Erfahrungen mit wesentlich älteren Erwachsenen geschützt werden, da:

- sie nicht wissen, worauf sie sich einlassen und die Erlebnisse sich außerordentlich zerstörend auf die Entwicklung ihrer Persönlichkeit auswirken können;
- sie als Erwachsene vermutlich eingeschränktes Interesse an Sex oder regelmäßig wiederkehrende Zeiten unersättlichen Sexhungers erleben werden;
- sexuell mißbrauchte Buben als Erwachsene häufig Sexualtäter werden;
- sexuell mißbrauchte Mädchen häufig für den Rest ihres Lebens Angst vor Sex haben.

Kapitel 16

Grenzüberschreitungen

Wirklich dramatische sexuelle Identitätsprobleme liegen bei Menschen vor, die ernsthaft in Erwägung ziehen, die Grenze zwischen Mann und Frau zu überschreiten. 1952 begab sich ein unbekannter amerikanischer Soldat namens George Jensen nach Dänemark und unterzog sich dort einer operativen Geschlechtsumwandlung und kehrte als die berühmte Frau Christine Jorgensen in die Heimat zurück. Dieser Vorfall verblüffte die konventionelle Öffentlichkeit und warf Fragen auf, die wir uns bis heute stellen. Aus welchem Grund hat jemand den Wunsch, eine Geschlechtsumwandlung vorzunehmen? Hat die Schulmedizin das Recht, solche Eingriffe vorzunehmen? Wie vollzieht sich eine Geschlechtsumwandlung?

Unterdessen sind Begriffe wie ›transsexuell‹, ›Transvestit‹, ›operativer Eingriff zur Geschlechtsumwandlung‹ und ›Transvestismus‹ in unserer Kultur weithin verbreitet. Männliche und weibliche Grenzüberschreiter werden in Talk-Shows, Illustrierten und Filmen vorgeführt. Ein positiver Aspekt dieses Medienrummels bestand darin, daß mehr Menschen heute erkennen, daß Sex sich auf Körperteile und deren Funktionen bezieht, während Geschlechtlichkeit sich auf das psychische Erleben dieser Körperteile und Funktionen bezieht. Geschlechtsumwandelnde Operationen formen die Genitalien um, doch das allein verändert nicht das Geschlecht, also das psychologische Selbstgefühl, ein Mann und männlich oder eine Frau und weiblich zu sein. Nur ein Mensch, der sein oder ihr Geschlecht als absolut und hoffnungslos falsch empfindet, unterzieht sich einer Operation zur Geschlechtsumwandlung.

Seit dem berühmten ersten Eingriff in Dänemark wurden circa 20000 solcher Operationen in Europa, den USA, Mexiko und Algerien durchgeführt. Die Zahl der Operationen hat sich mittlerweile bereits wieder verringert, da Transsexualität heute deutlicher als psychiatrische Störung verstanden wird. Dennoch arbeiten sehr wenige psychologisch geschulte Fachleute mit diesen Menschen auf längere Zeitdauer zusammen, da Patienten und Ärzte einander oft nicht verstehen. Patienten haben den sehnlichen Wunsch, ihr Geschlecht zu verändern, nicht nur diesen Wunsch in der Psychotherapie zu ergründen. Psychologen fragen sich besorgt, ob mit der Veränderung natürlicher Körperteile Gefühle und Einstellungen sich verändern, und fordern psychotherapeutische Betreuung, bevor der chirurgische Eingriff tatsächlich vorgenommen wird.

Die Welt des anderen Geschlechts

> Wenn ich eine attraktive Frau auf der Straße sehe, denke ich, welches Glück sie hat, so hübsche Kleider tragen zu können. Ich beneide sie und möchte an ihrer Stelle sein!

> Männer wissen nicht, wie glücklich sie sind. Am liebsten würde ich meine Brüste wegschneiden, einen Anzug mit Krawatte tragen und jeden Morgen ins Büro gehen.

Am Rande der wesentlich größeren und buntgemischten Homosexuellengemeinde lebt eine Subkultur von Menschen mit deutlichen Transvestiten-Identifikationen. Feminine homosexuelle Männer, maskuline homosexuelle Frauen, Frauendarsteller, Transvestiten, Frauen, die als Männer leben und Transsexuelle vor und nach der Operation bilden diese Gruppe. Meist haben sie ihren Treffpunkt in einer Großstadtbar.

Viele Männer und Frauen mit starker andersgeschlechtlicher Identifikation sind allerdings vom Leben dieser Subkultur ausgeschlossen, weil sie nichts davon wissen, in keiner Großstadt leben oder sich dort nicht wohl fühlen. Sie leben in sozialer Isolation und gehen ihren Phantasien heimlich nach.

> Ich bin vierundvierzig Jahre alt. Ich habe einen wichtigen Beruf, eine liebevolle Frau und drei entzückende Kinder. Ich halte diese männlichen Belastungen nicht aus. Ich bin

es leid, die Rolle des leitenden Angestellten, Ehemanns und Vaters zu spielen. Jeden Tag sehne ich den Abend herbei, an dem ich meine Zimmertür hinter mir zuschließen kann. Ich ziehe mich bis auf meine seidene Damenunterwäsche aus, trage ein durchsichtiges Negligé und bin Debra. Ich träume davon, eine Frau zu sein, Busen und Vagina zu haben. Daran denke ich nicht nur abends, ich denke den ganzen Tag daran, wenn ich nicht zu sehr anderweitig beschäftigt bin. Ich weiß, ich müßte mehr Zeit mit meiner Familie verbringen, statt mich in Debra zu verwandeln. Aber als David fühle ich mich unglücklich und als Debra erlebe ich tiefen Frieden; sie ist mein ganzer Trost. In Wahrheit bin ich Debra. David ist eine gesellschaftliche Rolle, in die mich eine biologische Manipulation gedrängt hat – kleiner Scherz vom lieben Gott! Ich weiß, wer ich bin: Ich bin Debra, eine Frau. Ich kann sie nicht länger in ihrem Versteck einsperren.

Mir ist diese Transvestitenwelt wohlbekannt, da ich seit 1973 mit David / Debra, Patricia / Patrick, Michael / Michaela, Martin / Martina arbeite. Ich habe erlebt, wie sie ihre geheimen Phantasien auf dramatische Weise in ein neues öffentliches Selbst umgesetzt haben, und habe jene beobachtet, die jahrelang in zwei Welten lebten und sich plötzlich zur Operation entschlossen, um sich endlich von dem Druck zu befreien. Ich habe eine Reihe von Fällen beobachtet, die ihre Meinung änderten und einen Rückzieher machten, als sie endlich das Einverständnis für den chirurgischen Eingriff hatten. Und wie andere Kollegen habe ich in der Therapie mit Menschen gearbeitet, die lediglich den Wunsch hatten, sich über ihre konfliktbelasteten Gefühle wegen ihrer Männlichkeit oder Weiblichkeit auszusprechen, ohne drastische Veränderungen in ihrem Leben vorzunehmen.

Geschlechtskonflikte sind keine leichte Sache. Die meisten Betroffenen führen ein qualvolles Leben. Sie haben bereits in der Kindheit geschlechtsüberschreitende Interessen und manche werden wegen ihrer Verhaltensweisen von Spielkameraden und Gleichaltrigen gemieden oder sondern sich ab. Wir wissen, daß männliche und weibliche Identifikation ein breites Spektrum einnehmen. Ein Junge, der eher zur weiblichen Seite des Spektrums tendiert, spielt gern mit Mädchen, nimmt nicht an rauhen Bubenspielen teil und trägt gern Mädchenkleider. Ein Mädchen, das zur maskulinen Seite des Spektrums tendiert, spielt lieber wilde Bubenspiele, hat eine Abneigung gegen niedliche Mädchenkleider und macht sich über die Interessen anderer Mädchen lustig. Feminine Jungen fallen mehr auf als maskuline Mädchen, wie wir bereits in Kapitel 8 erläutert haben. Feminine Buben haben es besonders in der Grundschule schwer; maskuline Mädchen, zwar weniger augenfällig, in der Pubertät. In jeder großen Schule gibt es vereinzelte Schüler mit deutlich andersgeschlechtlicher Identifikation, die oft keinen Kontakt zu anderen Jugendlichen mit gleichen Interessen haben.

Andersgeschlechtlich orientierte Menschen geben häufig Eltern, Geschwistern und später, falls sie heiraten, Ehepartnern und Kindern, Grund zur Beschämung. Verwandte haben gewöhnlich den dringenden Wunsch, daß sie ihrer ›Verrücktheit‹ entwachsen, und üben oft beträchtlichen Druck aus, damit sie zu normalem Verhalten finden.

Manchmal gibt ein Kind sein Interesse und Verhalten auf. Manchmal scheint der Druck nur erfolgreich zu sein, wobei das Kind seinen Interessen heimlich weiter nachgeht. Gelegentlich laufen Jugendliche von zu Hause fort und suchen anderswo Anerkennung.

Entfremdung und Ausgrenzung sind beinahe zwangsläufig mit geschlechtsüberschreitenden Identitätsproblemen verbunden, was teilweise auf die ungewöhnliche äußere Erscheinung zurückzuführen ist, wenn die Betroffenen sich in ihrer Kleidung zum anderen Geschlecht bekennen. Menschen mit normaler Geschlechtsidentität reagieren auf andere, die ihren Wunsch, dem anderen Geschlecht anzugehören, zeigen, schokkiert, neugierig, erheitert, wütend, angeekelt, mitleidig oder angsterfüllt.

Menschen, die sich andersgeschlechtlich kleiden, werden oft für gefährlich oder verrückt oder für beides gehalten; man meidet den Umgang mit ihnen.

Cynthia, ein sehr kluges, sportliches zwölfjähriges Mädchen, das ihren fußballspielenden Vater wesentlich mehr bewunderte als ihre hausfrauliche Mutter, bildete sich in ihrer Phantasie ein, der Zwilling eines männlichen Filmstars zu sein. Diese Phantasie begann, als sie sich wieder einmal ärgerte, weil man sie für einen Jungen hielt. Sie liebte ihre Phantasie, schrieb Gedichte darüber und begann sie mit dreizehn auszuleben. Bald gab sie sich so geschickt als Junge, daß sie es innerhalb eines Jahres schaffte, mit ihren Freundinnen zusammenzusein, ohne daß diese in ihr das Mädchen Cynthia erkannten. Als Fünfzehnjährige ›ging‹ sie mit einigen dieser Mädchen als Curt. Das fand sie sehr aufregend – tagsüber war sie die Vertraute ihrer Freundin und abends war sie ihr Freund. Mit sechzehn tauschte Cynthia alias Curt die ersten körperlichen Zärtlichkeiten mit einem Mädchen aus.

Ihre Eltern hatten keine Ahnung von dieser Maskerade, bis der Vater ihrer Freundin dahinterkam und Cynthias Eltern davon in Kenntnis setzte, die völlig entgeistert reagierten. Sie hatten ihre beliebte Tochter lediglich als Wildfang gesehen. Als Sechzehnjährige haßte Cynthia bereits ihre Brüste und Genitalien. Sie setzte sich trotzig gegen den Druck der Eltern zur Wehr, ihren ›Spleen‹ aufzugeben und sich in psychiatrische Behandlung zu begeben.

Sie sagte ihren Eltern, ihre Popularität als Mädchen sei eine Heuchelei. »In Wirklichkeit bin ich Curt!« ›Curt‹ machte als Cynthia den High-School-Abschluß, brach mehrere Jahre den Kontakt zu ihrer Familie ab und perfektionierte männliches Sozialverhalten. Die Eltern unterzogen sich einer Therapie, um Zusammenhänge zu verstehen, um den Verlust von Cynthia zu akzeptieren und zu versuchen, ›Curt‹ zu lieben.

Nicht alle Grenzüberschreiter wechseln ihre Geschlechtsrollen für immer. Aufgrund meiner Erfahrungen mit meinen Patienten und zahlreicher Veröffentlichungen anderer Fachautoren behaupte ich, daß vielleicht nur einer von zehntausend Fällen mehrere Jahre hindurch kontinuierlich in der anderen Geschlechterrolle lebt. Eine Existenz in der anderen Geschlechterrolle stellt höhere körperliche, soziale und selbstredend psychische Anforderungen als heimliche Verkleidungen und Rollenspiele. Die meisten Männer, die sich als Transvestiten verkleiden, verbringen den Großteil ihres Lebens in normalen männlichen sozialen Rollen und leben ihre Sehnsüchte unbehelligt in Transvestitenclubs aus. Die Mode macht es Frauen leichter, ihre männlichen Rollen zu spielen, ohne den Verdacht zu erregen, Transvestiten zu sein; die Zahl der Frauen, die einen zeitweiligen Rollenwechsel vornehmen, ist daher schwer zu schätzen. Im übrigen ist es heute ohnehin für beide Geschlechter leichter, ihre heimlichen Identifikationen mit modischen Spielereien zu befriedigen.

Transsexuelle

Wenn Menschen mich aufgrund ihres transsexuellen Problems aufsuchen, verlangen sie zunächst ein Rezept für eine Hormonbehandlung oder ein Attest, um sich einer geschlechtsumwandelnden Operation unterziehen zu können. Sie schildern sich in Begriffen, die einem psychiatrischen Lehrbuch entnommen sein könnten: Ich hasse meine Genitalien. Ich will sie loswerden. Ich bin im falschen Körper gefangen. Ich bin eine Mißgeburt. Ich fühle mich in meiner Haut nicht wohl; so kann ich nicht weiterleben. Hormone und Operation sind die einzigen Antworten für mich.

Wenn ich sie über die harten Bedingungen aufkläre, die mit hormoneller Vorbehandlung und dem späteren plastisch-chirurgischen Eingriff an Genitalien oder Brust verbunden sind – sie müssen in den USA vor der Hormoneinnahme sechs Monate regelmäßig einen Therapeuten aufsuchen, mindestens ein Jahr vor der Operation ganz in der anderen Geschlechtsrolle leben und ihrem Beruf nachgehen – sagen sie eifrig und begeistert, sie würden das alles gern in Kauf nehmen. Doch bald danach verschwinden viele von ihnen einfach und lassen sich nie wieder in der Therapie blicken.

Die wenigen, die diese Anforderungen tatsächlich erfüllen, können als echte Transsexuelle bezeichnet werden. Das gleiche psychologische Dilemma, das eine Person zur Operation zwingt, wird von einer anderen ohne operativen Eingriff durch gelegentliches Verkleiden oder wiederkehrende geschlechtsüberschreitende Tagträume bewältigt. Für manche ist die operative Geschlechtsumwandlung der einzige Weg weiterzuleben, während sie für andere eine tröstliche Phantasie bleibt.

Transsexuelle hoffen inständig, daß der operative Eingriff sie von ihren Nöten befreit, in einem Körper zu leben, der nicht zu ihrer Geschlechtsidentität paßt. Häufig kommen sie sich wie Schwindler vor oder werden böse, wenn sie als Zugehörige zu ihrem biologischen Geschlecht behandelt werden.

> Cynthia schrie ihre Mutter immer wieder an: »Nenn mich nicht so! Ich kann diesen Namen nicht ausstehen. Wenn du mich wirklich gern hast, nenn mich gefälligst Curt!«

> David flehte seine Frau an, ihn hinter der geschlossenen Schlafzimmertür Debra zu nennen, vor allem wenn sie Zärtlichkeiten miteinander austauschten.

Der Wunsch, ihrer ›wahren‹ Identität entsprechend behandelt zu werden, hält viele Transsexuelle von körperlicher Intimität ab, da ihnen ihre Sexualorgane falsch erscheinen. Sie glauben, ihre Genitalien seien der einzige Hinderungsgrund, Sex zu haben.

Viele Transsexuelle träumen und phantasieren jahrelang von einer Geschlechtsumwandlung, bevor sie entdecken, daß diese Möglichkeit tatsächlich besteht. In ihrer Phantasie vollzieht der chirurgische Eingriff der Geschlechtsumwandlung sich rasch, vollständig, schmerzlos und kostenlos. Die Realität sieht allerdings etwas anders aus.

Mann-zu-Frau-Geschlechtsumwandlung

Hierbei werden Penis, Hodensack und Hoden entfernt und Vulva und Vagina geschaffen, die tief genug sein kann, um die Erektion eines Partners aufzunehmen. Es ist jedoch nicht möglich, eine funktionierende Klitoris zu bilden. Die Prostata bleibt erhalten und daher kann es beim Orgasmus noch immer zu einer Sekretion der Prostata kommen, nicht aber zum Spermienerguß. Auch Schamlippen können gebildet werden, nicht aber die inneren, kleinen Schamlippen. Einige Monate nach dem Eingriff sind die Narben von Schamhaarbewuchs bedeckt, so daß ein Sexualpartner den Genitalbereich nicht genau sehen kann.

Manche Transsexuelle erleben bald eine Enttäuschung, da ihre Vagina sich allmählich verkürzt, bis eine normale Erektion keinen Platz mehr findet. Sie sind enttäuscht, da mehrere chirurgische Eingriffe nötig sind, als ursprünglich vorgesehen. Ob der Eingriff günstig verläuft oder nicht, die Patienten müssen große körperliche Schmerzen erdulden und die Operation, die in den USA häufig nicht von der Krankenversicherung übernommen wird, kostet sehr viel Geld.

Frau-zu-Mann-Geschlechtsumwandlung

Dieser Eingriff erfordert die vollständige Entfernung von Brüsten, Gebärmutter, Eileiter und Eierstöcken, sowie die Schaffung von Penis und Skrotum mit Hodenprothesen. Nicht möglich ist die Schaffung eines erektionsfähigen Penis mit Harnröhre und feinen Nervenempfindungen. Die operative Geschlechtsumwandlung erfordert mehrere chirurgische Eingriffe und ist eine ziemliche Tortur.

Viele Frauen wählen klugerweise einen einfacheren Weg. Sie entscheiden sich für eine Mastektomie (Brustamputation), erhalten damit den Oberkörper eines Mannes und nehmen dauerhaft männliche Hormone ein, um ihre Monatsblutungen zu unterbinden. Sie behalten ihre weiblichen Genitalien, um die Klitoris zur Erzeugung ihrer Erregung und ihrer Orgasmusfähigkeit einsetzen können.

Der Schritt zur Umwandlung

Transsexuelle, die in Talk-Shows auftreten und über die wir in Illustrierten lesen, die Gruppe also, die in der Gesellschaft, ohne Mißtrauen zu erwecken, leben kann, wirken auf Grenzüberschreitende inspirierend. Aber nicht alle, die eine Geschlechtsumwandlung in Erwägung ziehen, besitzen die körperlichen Voraussetzungen, um sich durch Make-up, Kleidung und Bewegungen überzeugend in Frauen oder Männer zu verwandeln. Sie glauben zwar beim Anblick eines telegenen Transsexuellen im Fernsehen, daß auch sie absolut weiblich oder männlich wirken. Dies kann bei manchen Menschen den Entschluß zur Geschlechtsumwandlung festigen, ein Schritt, der unüberlegt und unvorsichtig ist.

Zu Beginn ihrer andersgeschlechtlichen Orientierung geben die Betreffenden häufig ein seltsames und befremdliches Erscheinungsbild ab. Dem schenken sie jedoch kaum Beachtung, da sie es aufregend finden, ihre bislang verheimlichte Identität an die Öffentlichkeit zu tragen. Was einst nur eine tröstliche Phantasie war, verspricht nun Wirklichkeit zu werden – sie vertrauen darauf, daß sie letztlich als Mitglieder des anderen Geschlechts Anerkennung finden. Warnungen, mit ihrer Geschlechtsumwandlung die Menschen, die sie lieben, zu kränken und vor den Kopf zu stoßen, oder durch ihr verändertes Erscheinungsbild Freundschaften, Familienbeziehungen, Berufs- und Ausbildungschancen zu zerstören, schlagen sie in den Wind und sagen: »Es lohnt sich. So wie ich jetzt bin, kann ich nie glücklich sein – niemals! Ich werde wie neugeboren sein. Ich baue mir ein neues Leben auf. Alles andere zählt nicht.«

Einige meiner Patienten haben sich die Kosten für eine Operation förmlich vom Mund abgespart. Sie sind besessen von einem Gedanken, einem Ziel, einer Sehnsucht, die alles andere unwichtig erscheinen lassen.

Natürlich wird ein Mensch nicht nur durch die Medien dazu ermutigt, eine Geschlechtsumwandlung in Erwägung zu ziehen. Die meisten Menschen treffen den Entschluß aus eigenem Antrieb, nachdem sie jahrelang ihre Wunschträume mit ihrer unbefriedigenden Realität verglichen haben. Viele Menschen, die den Entschluß fassen, sich einer Geschlechtsumwandlung zu unterziehen, brauchen mehr Hilfe als die Chirurgie ihnen bieten kann, sie brauchen intensive psychologische Betreuung.

Jamie, ein 25jähriger femininer Mann, der seit seiner frühen Jugend homosexuell aktiv war, hat nun Angst, an AIDS zu sterben. Er beschrieb, daß er sich sein Leben lang als Frau fühlte. Er fürchtet, daß seine bislang weichen Gesichtszüge durch sein kräftiger werdendes Kinn und dem zunehmenden Bartwuchs mit jedem Jahr maskuliner werden. Er möchte Sexualhormone einnehmen, später den chirurgischen Eingriff und außerdem sein Kinn in einem plastisch-chirurgischen Eingriff verkleinern. Seit seinem High-School-Abschluß ist er oft so deprimiert, daß er sich nicht konzentrieren kann und häufig unpünktlich und vergeßlich ist. Er ging immer einer ungeregelten Arbeit in untergeordneten Positionen nach, wurde immer wieder gefeuert, weil er nicht rechtzeitig zur Arbeit erschien. Er will nicht nur eine Frau sein, er möchte auch Architektur studieren, obgleich er das College noch nicht besucht hat. Er sieht keine Hoffnung für sich, als Schwuler zu leben. Sein neuer Liebhaber hat ihm kürzlich den Laufpaß gegeben und ihn aus der Wohnung geworfen, weil er ständig nur tatenlos herumsaß. Nach seiner Geschlechtsidentität befragt, sagte Jamie: »Es gibt für mich keine Möglichkeit, als Mann zu leben. Ich war nie wie andere Männer. Ich weiß nicht, ob ich eine Frau bin. Ich weiß nicht, was ich bin. Ich hab' gern schöne Kleider, Schminke, ich bin gern ich, wer immer das im Augenblick ist. Ich brauche wirklich weibliche Hormone, damit mein Kinn nicht so eckig wird.«

Transvestiten

Ein Transvestit ist ein Mann, der eine getrennte männliche und weibliche Identität hat. Für Frauen gibt es keine Entsprechung. Viele Transvestiten wirken in ihrem Sozialverhalten maskulin. Sie ziehen typischerweise in der Adoleszenz beim Masturbieren gern weibliche Unterwäsche an oder spielen damit. Im Lauf der Zeit verliert die Verwandlung in eine Frau ihren erotischen Reiz und wird eine Form der Entspannung. Während sexueller Intimität empfindet der Transvestit weibliche Kleidung sexuell stimulierend und erregend. Beim Liebesspiel sieht er sich gern als Frau mit Brüsten und Vagina. Ohne die Attribute von Frauenkleidern und Phantasievorstellungen ist er möglicherweise impotent. In Streßzeiten kommt ein Transvestit vielleicht zur Überzeugung, daß er die Operation braucht, um glücklich zu sein. Sobald der Streß nachläßt, gibt er sich wieder mit seinen alten Mustern zufrieden.

Die Mehrheit geschlechtsverwirrter Menschen paßt nicht in die Klassifizierung ›Transsexueller‹ oder ›Transvestit‹. Sie haben lediglich Geschlechtsprobleme. Ungeachtet des augenblicklichen Lebensstils sind diese Männer und Frauen unfähig, sich ein beständiges, angenehmes sexuelles Bild von sich selbst aufzubauen.

Ihre Geschlechtsidentität ist verwirrt, bruchstückhaft, unausgeglichen oder schwankend. Sie sind entweder zur Zeit männlich oder weiblich; oder sie sind zweigeteilt; oder haben noch häufiger vier Identitäten – männlich, weiblich, neutral und verwirrt.

Die Sehnsucht, in der anderen Geschlechtsrolle zu leben, ist verständlich: sie sehnen sich danach, innerlich vollständig zu sein, ihr schwankendes Selbstbild zu festigen. Das Leben mancher geschlechtsverwirrter Menschen ist ein psychisches Abenteuer.

> Richard, ein 37jähriger Geschäftsmann, der während seiner adoleszenten Masturbationspraktiken sich ein Jahr als Frau verkleidete, heiratete später und hatte zwei Kinder. Er war unglücklich, ohne zu wissen, warum. Seine Frau verzweifelte irgendwann an seiner Kommunikationsunfähigkeit und sexuellen Indifferenz und ließ sich scheiden. Danach hatte er sexuellen Kontakt mit einem Mann. Nahezu gleichzeitig erlebte er ein Aufwallen seiner Phantasien, eine Frau zu sein. Seine Beziehung zu seinem Freund erblühte zu einer intensiven, gegenseitig liebevollen Bindung. Sie lebten zusammen und er verkleidete sich abends als Frau. Seine Verwandlung in ›Sharon‹ war für beide höchst erregend. Schließlich gestand

sein Liebhaber, daß auch er gerne andersgeschlechtliches Verhalten ausprobieren würde. Nachdem beide das einige Monate praktizierten, kehrte ›Sharon‹ zur männlichen Rolle zurück und sein Liebhaber wurde zur Frau.

Ursachen der Grenzüberschreitung

Ich bin der Überzeugung, daß die wichtigsten Ursachen für Transsexualität und Transvestismus familiärer und psychischer Natur sind, daß aber auch physiologische Faktoren eine Rolle spielen. Die Mehrheit der Betroffenen hatte eine konfliktbelastete frühe Kindheit, in einer Phase, da die Kerngeschlechtsidentität sich formt. Cynthia verbrachte als Säugling sechs Monate in einem Waisenhaus. Ihre Adoptivmutter wurde plötzlich depressiv und konnte sich nicht um das Baby kümmern, bis es ein Jahr alt war. Davids 17jährige Mutter und sein 16jähriger Vater übernahmen drei Jahre lang abwechselnd die Fürsorge für das Kind in ihrem jeweiligen Elternhaus, bis schließlich die Großmutter väterlicherseits offiziell das Sorgerecht für das Kind übernahm. Richard behauptet, eine normale Kindheit gehabt zu haben, weigert sich aber, eingehender darüber zu sprechen.

Irgendwann in den ersten Lebensjahren stellen alle gesunden Kinder fest, daß es zwei Geschlechter gibt und daß sie dem einen oder anderen zugewiesen werden. Um eine normale Geschlechtsidentität zu entwickeln, muß ein Kind das jeweilige Etikett akzeptieren, sich stark mit seinen biologischen Ebenbildern identifizieren und männliche bzw. weibliche Verhaltensweisen annehmen.

Eltern und Familienmitglieder lehren dem Kind die für das jeweilige Geschlecht passenden Verhaltensweisen und loben es für sein entsprechendes Wohlverhalten. Das Kind muß seinem Geschlecht entsprechend geschätzt werden, es muß spüren, daß es von den Eltern geschätzt und geliebt wird. Das Temperament eines Kindes, sei es noch so untypisch, muß akzeptiert werden – Buben dürfen sanft sein, Mädchen dürfen Sportkanonen sein. Wenn ein Kind neidisch auf das andere Geschlecht ist, wie das bei vielen Kindern der Fall ist, müssen Eltern geduldig erklären, daß der Junge, wenn er groß ist, keine Mami sein kann, auch wenn er seine Mutter sehr liebt, und die Tochter kann kein Junge werden, auch wenn sie ihren Bruder maßlos bewundert.

Manchmal versucht ein Kind ein frühkindliches Dilemma zu lösen, indem es sich eine neue Identität ausmalt. David sagte mir:

> »Als ich den Schmerz der Einsamkeit, Zurückweisung und der Mißbilligung zu spüren bekam – und solche Schmerzen gab es zur Genüge – tröstete mich der Gedanke, die anderen würden mich akzeptieren und mir die Liebe zukommen lassen, die ich nicht erhielt, wenn ich ein Mädchen wäre.«

Viele Faktoren lenken das Kind in die Richtung seiner normalen Kerngeschlechtsidentität: die Liebe beider Eltern; das Gefühl bei Vater und Mutter geborgen zu sein; beständiges, geduldiges Verhalten von Betreuern ohne Strafandrohung; das gelassene, ruhige Akzeptieren der Familie, wenn ein Kind mit seinem Geschlecht unglücklich ist; die Freude der Eltern am Geschlecht des Kindes; sowie ein gleichbleibend stabiler Gesundheitszustand. Auch ohne diese Faktoren entwickeln die meisten Kinder konventionelle Kerngeschlechtsidentitäten. Kinder, die unstabile Geschlechtsidentitäten aufweisen, müssen gewöhnlich chaotische Familienverhältnisse bewältigen. Eine atypische Geschlechtsidentität entsteht im Kopf des Kindes als Reaktion auf Störungen in vielen anderen Bereichen.

> Als Ben neun Jahre alt war, schickte die Armee seinen ältesten Bruder im Sarg aus Asien nach Hause. Zwei Monate später beging sein trunksüchtiger, an chronischen Depressionen leidender Vater Selbstmord. Vier Monate nach dessen Begräbnis wurde Bens 14jähriger Bruder wegen Raubüberfall und Vergewaltigung verurteilt und verbrachte mehrere Jahre in einer Jugendstrafanstalt. Nach diesen Ereignissen war Bens Mutter jahrelang emo-

tional gelähmt. Ben zog sich in seine eigene Welt zurück und kam zur Überzeugung, als Mädchen sei das Leben leichter. Er nannte sich Beth nach der Mutter seines Vaters, an die er liebevolle Erinnerungen hegte. Zehn Jahre später, nach zeitweisen Verkleidungen als Mädchen während pubertärer Masturbation, ließ er Haare und Fingernägel lang wachsen und nahm an einem Nähkurs teil. Er sah merkwürdig aus – wirkte eher wie ein Neutrum, weder männlich noch weiblich. Doch Ben wußte, was er tat: er befreite endlich die zehnjährige Beth aus ihrem Gefängnis.

Der Reiz der Grenzüberschreitung

Nicht nur Menschen mit deutlich andersgeschlechtlichen Identitäten haben eine Neigung, dem anderen Geschlecht anzugehören. Homosexuelle Männer und Frauen haben solche Gedanken, Phantasien und Gefühle und akzeptieren sie stillschweigend. Wie bereits an anderer Stelle ausgeführt, haben zwischen 8 Prozent und 12 Prozent der Bevölkerung in früher Kindheit mit ausgeprägten andersgeschlechtlichen Wünschen zu kämpfen. Viele Menschen werden wegen frühkindlicher andersgeschlechtlicher Identifikation homosexuell. Dies führt zu einer atypischen Orientierung, selbst wenn solche Wünsche zum großen Teil überwunden sind.

Auch Männer und Frauen mit konventionellen Identitäten haben gelegentlich andersgeschlechtliche Träume, Phantasien oder Sehnsüchte. Diese Vorstellungen sind ihnen meist sehr unangenehm. Obgleich die meisten Menschen sich nicht daran erinnern, je den Wunsch gehabt zu haben, dem anderen Geschlecht anzugehören, können diese temporären Kindheitswünsche aus ihrem Gedächtnis verdrängt worden sein.

Viele ›normale‹ Menschen sind fasziniert von der Idee der Grenzüberschreitung, da sie gerne wüßten, wie man sich als dem andern Geschlecht zugehörig fühlt. Diese Faszination hat teilweise mit den Verlockungen der Bisexualität zu tun. Auch wenn geschlechtsverwirrte Menschen sich nicht für bisexuell halten, betrachten andere sie als eine Mischung aus Mann und Frau mit bisexuellen Neigungen, was erotisch aufregend, angsterzeugend oder beides zugleich sein kann.

Das Leben nach der Geschlechtsumwandlung

Bezeichnet ein heterosexueller Mann seine sexuelle Beziehung zu einem Mann, der in überzeugender Weise als Frau lebt, als heterosexuelle oder homosexuelle Affäre? Und was geschieht, wenn er sich in eine solche Person verliebt? Wie ordnen wir die Erfahrung einer Frau ein, die sich emotional an einen Mann bindet und sich von ihm sexuell erregt fühlt, der ein Vorleben als Frau hatte? Dies sind keine willkürlichen Gedankenkonstruktionen, sondern aus dem Leben gegriffene Beispiele, die verlangen, daß ein Mensch den anderen ungeachtet seiner/ihrer Geschlechtszugehörigkeit liebt. Für Außenstehende mag das schwer zu verstehen sein.

> Bonnie, eine Witwe mit erwachsenen Kindern, verliebte sich in einen Mann, von dem sie wußte, daß er die ersten dreißig Jahre seines Lebens als Frau verbracht hatte. Sie hatte Lance als charmante, freundliche, etwas maskuline Frau vor ihrer Geschlechtsumwandlung gekannt und akzeptierte ihn nach der Operation bereitwillig als Mann. Bonnie suchte kurz vor ihrer Ehe mit Lance eine Beratung auf, um über die Situation zu sprechen – Lance ist, abgesehen von seiner Vergangenheit, ein ganz normaler Mann für sie. Er geht, spricht, arbeitet und liebt wie ein Mann. Sie war nie an Frauen als Sexualpartner interessiert und ist es bis heute nicht, andererseits fällt es ihr nicht schwer, die Klitoris ihres Partners zu stimulieren. »Ich weiß, es klingt sonderbar, aber Tatsache ist, daß mir das alles vollkommen natürlich erscheint, weil Lance für mich ein Mann ist.«

Menschen, die das Geschlecht gewechselt haben, möchten im allgemeinen von der Gesellschaft als Angehörige ihres erwählten Geschlechts akzeptiert werden; gewöhnlich machen sie kein großes Aufheben um sich. Für alle war der Entschluß schmerzhaft und langwierig und sie möchten nun nichts lieber, als unbehelligt in ihrer neuen Identität leben. Nach jahrelangen Konflikten mit Familie, Freunden und Bekannten fällt es ihnen jedoch schwer, intime Nähe und Vertrauen zu anderen aufzubauen.

Viele sind noch immer mißtrauisch, auch wenn sie sich körperlich wohl fühlen, da sie emotional ›anders‹ wirken.

> »Wenn wir zusammensitzen und reden, halte ich mich immer zurück. Sie sprechen über ihre wilden Bubenstreiche, wie sie ihre kleinen Schwestern triezten, über den Fußballverein. Was soll ich ihnen erzählen? Daß ich mit zwölf meine Periode bekam? Wie sehr ich es haßte, Kleider tragen zu müssen? Daß ich mir den Busen mit Bandagen wegschnürte? Ich bin ganz still und nach einer Weile fällt es ihnen auf.«

> »Alle waren nett und freundlich zu mir. Ich war erstaunt, daß so viele Leute Verständnis zeigten. Frauen machten mir Komplimente über meine hübschen Kleider. Den Männern war die Situation ein wenig peinlich. Wir wechselten ein paar berufliche Worte. Aber wenn diese gesellschaftlichen Zusammenkünfte vorüber sind, bin ich nur eine einsame, nicht mehr ganz junge Frau. Niemand lädt mich zu sich nach Hause ein. Ich habe Leute zu mir eingeladen, doch sie brachten die unmöglichsten Ausreden vor, um abzusagen. Es ist jetzt zwei Jahre her und ich habe bisher keine Zweierbeziehung gehabt. Als Mann war das auch nicht anders. Vielleicht stimmt etwas nicht mit mir!
>
> Gottlob hab' ich meinen Beruf, sonst würde ich mit gar keinem Menschen reden. Ich habe schon daran gedacht, in eine andere Stadt zu ziehen, wo niemand mich und meine Vergangenheit kennt. Aber ich glaube, ich würde es nicht schaffen, noch mal ganz von vorn anzufangen.«

Es gibt auch einige schöne Ausnahmen. Manche Transsexuelle treffen andere, die mit dem Menschen hinter der grenzüberschreitenden Geschlechtsrolle Kontakt aufnehmen wollen. Es gibt auch unter transsexuellen Männern und Frauen warmherzige, freundliche Menschen, die zu langfristigen Freundschaften und sexuell intimen Liebesbeziehungen fähig sind. Bedauerlicherweise scheinen sie in der Minderheit zu sein, besonders im Falle von Männern, die als Frauen leben. Möglicherweise haben Frauen, die als Männer leben, etwas bessere Chancen.

Nach jahrelanger Hormonbehandlung, der intensiven Beschäftigung mit der äußeren Erscheinung und zahlreichen Operationen bleiben viele Transsexuelle relativ isoliert und im allgemeinen unglücklich, ohne jedoch ihren Schritt zu bedauern. Auch wenn ein kleiner Prozentsatz zu der Geschlechtsrolle zurückkehrt, der sie ursprünglich entflohen, und manche sogar mit Selbstmord enden, finden die meisten, daß ihr Leben im anderen Geschlecht sie von dem Leid befreit hat, das sie zuvor beherrschte. Sie können ein Leben führen, das sie mit normalen Problemen des Berufs und der Privatsphäre konfrontiert, und sie lernen, sich ihr Leben angenehm einzurichten.

Die Grenzüberschreitung verändert eine Persönlichkeit keineswegs auf drastische Weise. Wenn ein Mann vor der Operation unangenehm und unfreundlich war, ist er es vermutlich danach immer noch. Wenn eine Frau in ihrem bisherigen Leben viel Humor und Organisationstalent hatte, ist sie hinterher wohl auch witzig und tüchtig. Eine Veränderung findet dadurch statt, daß der/die Betreffende befreit ist von der Qual, im falschen Körper gefangen zu sein, denn damit hat die Odyssee ja begonnen.

Wege zu einem problemfreien Sexualleben

Menschen, die wegen ihres Körpers und ihrer Lebensweise so große Qualen leiden, daß sie sich danach sehnen, dem anderen Geschlecht anzugehören, müssen wissen, daß:

- ihnen oftmals durch Psychotherapie geholfen werden kann;

- sie ihre Geschlechtsrolle wechseln können, was allerdings mit großen Schwierigkeiten verbunden ist, daß der Schritt ernsthaft über eine lange Zeit hinweg und unter fachmännischer Anleitung erwogen werden muß;
- ihre derzeitigen Qualen möglicherweise auch auf andere Weise behoben werden können;
- viele Menschen ihre Geschlechtsrollen ändern können, ohne sich einer Operation zu unterziehen.

Kapitel 17

AIDS und Safer Sex

Geschlechtskrankheiten hat es immer gegeben. Die gefährlichste und berüchtigste war Syphilis, die Europa jahrhundertelang in Angst und Schrecken versetzte. Gonorrhö-Seuchen riefen bereits in biblischen Zeiten genitale Schmerzen und Unfruchtbarkeit bei beiden Geschlechtern hervor. Anfang des zwanzigsten Jahrhunderts gelang es der medizinischen Wissenschaft, die verheerenden Folgen solcher Epidemien einzudämmen, doch erst mit der routinemäßigen Verabreichung von Penicillin in den 40er Jahren verschwanden die furchtbaren Wirkungen dieser Geschlechtskrankheiten.

In den letzten vier Jahrzehnten traten unangenehme, meist aber nicht lebensbedrohliche Viruskrankheiten, wie genitaler Herpes, Hepatitis und venerische Warzen in epidemischem Umfang auf. Medikamente konnten ihre Wirkung abschwächen, doch bis heute wurde keine Wunderdroge gegen diese Krankheiten gefunden.

Sexuell übertragbare Krankheiten sind eine ständig lauernde Gefahr für Menschen, die sich leichtfertig mit relativ Fremden auf Sex einlassen, doch viele Menschen nehmen diese Gefahr nicht ernst, da die Einnahme von Antibiotika rasch Abhilfe schafft. Bis heute können wiederholte Gonorrhö-Infektionen der Eileiter und immer wiederkehrende schmerzhafte genitale Bläschen einer Herpesinfektion die Lebensqualität einschränken. Wer sich einmal mit einer Geschlechtskrankheit angesteckt hat, läßt sich in Zukunft meist nicht mehr leichtfertig auf sexuelle Gelegenheitsabenteuer ein. Dennoch vermochten die Risiken dieser Krankheiten nicht, in vielen Kulturkreisen flüchtigem Sex Einhalt zu gebieten. Das änderte sich erst in jüngster Zeit.

1981 tauchten die ersten Fälle einer neuen tödlichen Krankheit, AIDS, **A**cquired **I**mmune **D**eficiency **S**yndrome (Erworbenes Immundefekt-Syndrom) auf. Die Angst vor AIDS, die in manchen Fällen heute an Panik grenzt, hatte eine weltweite Veränderung sexueller Gepflogenheiten zur Folge. Zunächst vermutete man, AIDS beschränke sich auf den Kreis der Homosexuellen, da 70 bis 75 Prozent der Krankheitsfälle in den USA homosexuelle oder bisexuelle Männer waren. Wenige Jahre später erkannte man die Bedeutung zweier weiterer Faktoren: (1) Drogenabhängige, die sich das Rauschgift intravenös verabreichen, und Bluter übertragen die Krankheit auf ihre heterosexuellen Partner und neugeborenen Kinder; und (2) die meisten AIDS-Kranken in Zentralafrika sind heterosexuell. Die öffentliche Meinung hat sich geändert. AIDS gilt heute als die schlimmste Seuche dieses Jahrhunderts mit der Möglichkeit, Millionen von Menschen zu töten, ungeachtet ihrer sexuellen Orientierung.

AIDS ist eine Viruserkrankung

AIDS macht keinen Unterschied zwischen Hautfarbe, Geschlecht, Wirtschaftslage, Alter oder sexuellen Neigungen. Der Krankheitserreger ist ein Virus, das **H**uman **I**mmunodeficiency **V**irus oder HIV, was in der Übersetzung soviel wie ›Menschliches Abwehrschwächevirus‹ bedeutet. Dieses Virus setzt sich unter bestimmten Voraussetzungen in bestimmten Blutzellen fest, wächst und pflanzt sich fort. Es kann Heterosexuelle, Homosexuelle, Fixer, männliche und weibliche Prostituierte, Neugeborene, Jugendliche und Erwachsene aller Altersgruppen befallen.

Das AIDS-Virus befällt Lymphozyten und vermehrt sich dort; nistet sich also in Blutzellen ein, die normalerweise den Körper vor unkontrollierten Zellwucherungen, vor eindringenden Bakterien, Viren, Einzellern, Protozoen und Pilzen schützen. Normal funktionierende Lymphozyten zerstören Zellwucherungen und reagieren auf Eindringlinge durch Produktion von Antikörpern, die ihrerseits eine Infektion bekämpfen, indem sie das krankheitserzeugende Potential der Invasoren neutralisieren. Das HIV-Virus zerstört diese Abwehrmechanismen.

Das Vorhandensein von HIV-Antikörpern im Blut liefert den Nachweis, daß das Virus im Blut vorhanden ist. Ein AIDS-Test besteht demnach darin, die Existenz von Antikörpern gegen das AIDS-Virus im Blut nachzuweisen. Es handelt sich um eine indirekte Nachweismethode. Bei einem ›positiven‹ Befund des Tests sind HIV-Antikörper im Blut vorhanden, das heißt, der Betreffende ist mit hoher Wahrscheinlichkeit infiziert.

Hat das HIV sich einmal Zugang in die Blutzellen verschafft, vermehrt es sich rasch, befällt andere Zellen des Immunsystems und schwächt die Abwehrkräfte des Betroffenen gegen viele Infektionsarten. Aus bislang unerforschten Gründen ist die Zeitdauer des Auftretens von Krankheitsbildern von Fall zu Fall verschieden. Führt die HIV-Infektion zu AIDS, so leidet der Patient meist an folgenden Symptomen: langanhaltendes Fieber, Nachtschweiß, Magen-Darm-Beschwerden, Gewichtsverlust, Hautausschlag, allgemeine Schwächezustände, chronischer Husten und Kurzatmigkeit. Der Tod tritt meist einige Jahre nach Erstellung der Diagnose durch Infektionen der Lungen und des Gehirns ein. AIDS ist eine tödliche Krankheit, und die Wissenschaft bemüht sich bis heute vergeblich darum, einen Impfstoff und eine wirksame Behandlungsmethode zu finden, um ihr den Schrecken zu nehmen.

Die Verbreitung von AIDS

Blut, Spermien, Vaginalsekretionen, Muttermilch, Urin und Speichel von Männern und Frauen, Jugendlichen und Kindern, die das HIV in sich tragen, sind für gesunde Menschen gefährlich. Kontakt mit HIV-infiziertem Blut oder Sperma ist gefährlich. Oberflächliche Kontakte, etwa das Zusammenleben in einem Haushalt, das gemeinsame Benutzen von Gegenständen oder Händeschütteln ist ungefährlich. Das Virus bei AIDS-Infizierten hat seine höchste Konzentration im Blut, ist hochkonzentriert im Samen und in wesentlich geringerer Konzentration in anderen Körpersäften vorhanden. Die häufigste Übertragung des Virus geschieht beim Geschlechtsverkehr durch Samenübertragung auf einen Sexualpartner. Das AIDS-Virus gelangt rasch über die Gewebsschichten von Vagina, Mund, Anus und Rektum in den Körper. In den USA übertragen meist Männer das Virus auf andere Männer, sie können es aber auch auf Frauen übertragen. Frauen übertragen das Virus durch ihre vaginalen Sekrete in die Öffnung der männlichen Harnröhre. Säuglinge können das Virus durch die Muttermilch aufnehmen. Das Virus gelangt nicht über unverletzte Haut in die Blutbahn, kann aber durch offene Geschwüre und frische Schnittwunden in den Körper gelangen.

Die größte AIDS-Risikogruppe sind homosexuelle Männer mit häufig wechselnden Sexpartnern, die Analverkehr pflegen, und die Sex mit einem Partner, bei dem AIDS diagnostiziert wurde, hatten. Das im Sperma befindliche HIV gelangt durch Rektum oder geringfügige Hautverletzungen im Anus in den Körper.

Fixer, also Heroinsüchtige, die zur Einnahme der Droge eine Injektionsnadel benutzen, übertragen das HIV durch das gemeinsame Benutzen nichtsteriler Injektionsnadeln. Das Virus ist in der kleinen Blutmenge enthalten, das an der Nadel zurückbleibt. Fixer, die in Gruppen den ›Stoff‹ nehmen, benutzen oft dieselbe nichtsterile Nadel. Eine AIDS-Ansteckung kann vermieden werden, wenn Nadeln durch Erhitzen, Alkohol oder Haushaltsbleiche sterilisiert werden, und natürlich dadurch, nicht dieselbe Nadel zu benutzen.

Schwangere heroinsüchtige Frauen, die mit dem AIDS-Virus infiziert sind, übertragen das Virus durch die Plazenta oder durch Vaginalsekretion während der Geburt auf ihre ungeborenen Kinder. Das Neugeborene kann schnell an AIDS sterben. Frauen, die das Virus in sich tragen, aber keine Krankheitssymptome aufweisen, erhöhen ihr Risiko, an AIDS zu erkranken, wenn sie schwanger werden. Säuglinge, die an AIDS erkranken, haben nahezu immer Mütter, die entweder HIV-Antikörper in sich tragen oder AIDS haben. Diese Frauen sind meist Rauschgiftsüchtige oder Prostituierte.

Ende der 70er Jahre und Anfang der 80er Jahre wurden in den USA eine Reihe von Bluterkranken (Hämophile) angesteckt, die an AIDS erkrankten. Im Blutplasma der Bluterkranken fehlen wichtige Bestandteile, die für die Blutgerinnung verantwortlich sind. Diese ›Gerinnungsfaktoren‹ werden aus sehr großen Mengen von Spenderblut gewonnen. Daher kommen Bluterkranke indirekt mit dem Blut einer sehr großen Anzahl von Spendern in Kontakt. Beispielsweise wird jede Einheit des Konzentrates ›Faktor VIII‹ aus dem Blut von mehreren hundert Spendern hergestellt. Als es noch keine Nachweismöglichkeit für HIV gab, war es möglich, daß auch HIV-infizierte Personen Blut spendeten. In manchen Ländern waren etwa 80 Prozent der Bluterkranken einer HIV-Ansteckungsgefahr ausgesetzt. Im Lauf der Jahre stieg die Anzahl der AIDS-Kranken bei Bluterkranken alarmierend an. Einige AIDS-Fälle traten auch bei den Sexualpartnern von bluterkranken Männern und vereinzelt sogar bei deren Säuglingen auf.

Etwa zwei Prozent der AIDS-Kranken wurden durch Bluttransfusionen bei einem Klinikaufenthalt wegen einer anderen Krankheit angesteckt. Manche dieser Patienten, die mehrere Transfusionen erhielten, hatten bereits ein geschwächtes Immunsystem durch medikamentöse Behandlung gegen Krebs oder eine Erkrankung der Nieren.

Seit 1983 werden keine Blutspender aus Risikogruppen mehr zugelassen. 1984 fand man heraus, daß das AIDS-Virus durch Hitze rasch abgetötet wird. Durch einfaches Erhitzen des Blutkonzentrats war damit der Faktor VIII wieder für Bluterkranke ungefährlich. Seit 1985 wird jede Blutprobe auf HIV getestet. Zur Zeit besteht daher bei Bluttransfusionen keinerlei Ansteckungsgefahr.

Sexuell aktive Menschen, die seit den späten 70er Jahren häufig wechselnden Sexualverkehr mit Fremden oder Prostituierten pflegten, sind sehr verängstigt. Die größte Angst herrscht unter homosexuellen Männern, doch auch viele Heterosexuelle sind verunsichert. Sie wissen, daß sie einem erhöhten Ansteckungsrisiko ausgesetzt sind. Dieser Personenkreis kann aus mehreren Gründen nicht wirklich beruhigt werden:

1. Der Zeitraum, der zwischen der Infektion und dem akuten Ausbruch der Krankheit liegt, kann bei AIDS nicht mit Bestimmtheit festgelegt werden. Die Inkubationszeit kann vier Jahre und länger dauern. Ohne diese Information können

Menschen, die in der Vergangenheit riskante sexuelle Begegnungen hatten, nicht wissen, wann sie sich sicher fühlen dürfen.

2. Zwischen einer und zwei Millionen Amerikaner haben HIV-Antikörper im Blut. Das Vorhandensein dieser Antikörper sagt nichts darüber aus, ob der Betreffende eine leichte Erkrankung, eine tödliche oder überhaupt keine aufweist. Mit jedem Jahr wird deutlicher, daß immer mehr Gesunde, bei denen Antikörper nachgewiesen sind, erkranken. Es ist bislang ungeklärt, wie lange ein Mensch gesund sein muß, bevor er für immer vor einer AIDS-Folgekrankheit sicher sein kann. HIV-Positive, deren Immunsystem nicht geschwächt ist und normal funktioniert, die also völlig gesund erscheinen, *können das HIV-Virus übertragen*. Da es bis heute keine Methode gibt, um festzustellen, wer tatsächlich erkrankt, sind alle HIV-Positiven gefährdet.

3. Mindestens ein Viertel der HIV-Infizierten werden von einer leichten erkältungsähnlichen Krankheit mit Lymphknotenschwellungen befallen, bei der es sich nicht um AIDS handelt. Dieser Krankheit – **A**IDS **R**elated **C**omplex oder ARC – folgt innerhalb von fünf Jahren bei einem hohen Prozentsatz das Auftreten von AIDS.

4. Wir haben weniger als zehn Jahre medizinische Erfahrung mit AIDS. Kein Mensch weiß, wie das Virus bei HIV-Positiven sich nach zehn, fünfzehn oder zwanzig Jahren auswirkt.

Da es noch kein Medikament gegen die Ausbreitung von AIDS gibt, bleibt den Menschen, die in den vergangenen zehn Jahren Sex mit Partnern hatten, die das Virus übertragen haben könnten, nichts anderes übrig, als abzuwarten. Das ist gewiß beängstigend, zumal ständig neue Fälle auftreten.

Sich Safer Sex zur Gewohnheit machen

Wir können augenblicklich zwar nichts gegen früheres leichtfertiges Verhalten unternehmen, wir können aber eine Menge tun, um zukünftige Gefahren zu vermeiden. Homosexuelle Männer waren die ersten, die eine öffentliche Informationskampagne starteten, mit der sie auf die Gefahren aufmerksam machten, beim Sexualverkehr mit AIDS angesteckt zu werden. Sie schufen den Begriff ›Safe Sex‹ (der alsbald in ›Safer Sex‹ umbenannt wurde – es heißt jetzt also ›sichererer Sex‹ statt ›sicherer Sex‹) und bewirkten damit, daß gefährliche sexuelle Aktivitäten im Abnehmen begriffen sind. Die Aufklärungsbemühungen der Schwulengemeinde wird das Leben Tausender homosexueller und heterosexueller Menschen in der westlichen Welt retten.

Safer Sex beginnt mit dem Wissen, wie das Virus sich ausbreitet. Es muß immer wieder betont werden, daß AIDS eine sexuell übertragene Krankheit ist. Es besteht keine Ansteckungsgefahr, wenn man sich in einem Raum oder einer Wohnung mit einem AIDS-Infizierten aufhält, auch nicht durch Berührung, durch Umarmung oder Küssen auf die Wange. Menschen, die mit AIDS-Kranken in häuslichen Wohngemeinschaften zusammenleben, gemeinsam Küchengeräte und Badezimmerartikel benutzen, sind keiner Ansteckungsgefahr ausgesetzt, solange sie keine riskanten sexuellen Kontakte mit Infizierten haben oder gemeinsam Injektionsnadeln mit ihnen benutzen. Pflegepersonal in Krankenhäusern, die Kontakt mit den Körperflüssigkeiten von AIDS-Patienten haben, sind erhöhten Risiken ausgesetzt. Für die Mehrzahl der anderen sind jedoch leichtsinniger Sex und gemeinsam benutzte Injektionsnadeln die größten Gefahren einer Übertragung. Beide Ursachen treten leider nur allzu häufig auf.

Bei Safer Sex wird Kontakt mit infizierten Körperflüssigkeiten durch Mund, Vagina, Rektum oder Anus vermieden. Wird vaginaler oder rektaler Geschlechtsverkehr praktiziert, dürfen Spermien keinen Kontakt mit einer Körperhöhle des Partners erhalten. Sexualpartner, die Fremdobjekte in ihr Rektum einführen oder eingeführt bekommen oder die beim Sex urinieren oder vom Partner benäßt werden, müssen wissen, daß diese Praktiken lebensbedrohlich sind, solange es keine Heilung gegen AIDS gibt.

Bei Safer Sex wird außerdem vermieden, daß weibliche virusinfizierte Vaginalflüssigkeit oder der Speichel in Kontakt mit dem Penis oder dem Mund kommt. Das bedeutet, daß Mund oder Penis des Mannes keinen direkten Kontakt mit der Vagina und dem Speichel einer AIDS-infizierten Frau bekommen darf.

Safer Sex macht mehrere Vorsichtsmaßnahmen bei Sexualtechniken nötig, so zum Beispiel den Gebrauch von Kondomen, Einschränkung des oralen Sex, der gegenseitigen genitalen Stimulation, Masturbation, Lippenküsse und das Vermeiden anderer gesundheitsgefährdender Praktiken.

Kondome benutzen

Manche Paare benutzen Kondome seit vielen Jahren, sind glücklich und zufrieden damit und beklagen sich nicht über irgendwelche negativen Auswirkungen auf ihr Sexualleben. Bei anderen herrscht die Überzeugung vor, Kondome setzten das sexuelle Lustempfinden herab, da sie auf beide Partner empfindungsdämpfend wirkten und die Spontaneität beeinträchtigten. Kondome können die Reizbarkeit der Haut geringfügig dämpfen, nicht aber so sehr, daß sie das Lustempfinden herabsetzen. Das Verwenden eines Kondoms muß keineswegs Sex weniger erregend oder lustbetont gestalten. Ein Kondom anzulegen dauert mit ein wenig Geschicklichkeit zwischen vier und sechs Sekunden – diese Zeitdauer wird wohl kaum ausreichen, um Spontaneität abzubauen.

Es kann vorkommen, daß Kondome platzen; es gibt aber mehrere Methoden, um das zu verhindern: 1) Verwenden Sie nur feuchte Gummis. 2) Tragen Sie ein Kondom nicht längere Zeit in Ihrer Brieftasche herum – die Körperwärme macht es porös und erhöht die Gefahr des Platzens. 3) Verwenden Sie Kondome mit kleinen Ausbuchtungen an der Spitze – diese Ausbuchtungen nehmen das Ejakulat auf und verringern den Druck des Samenergusses. 4) Bei einem Kondom, das keine Ausbuchtung aufweist, ziehen Sie beim Überstülpen ein wenig an der Kuppe und erhalten dadurch ein Reservoir.

Heute sind Kondome in Apotheken und Drogeriemärkten leichter erhältlich als früher. Es ist ratsam, sie in größeren Mengen einzukaufen, um das Risiko eines ungeschützten Verkehrs zu vermeiden. »Ach zum Teufel, nur dieses eine Mal!« kann heute sehr gefährlich sein. Früher deckten ausschließlich

Männer sich mit Kondomen ein und trugen sie bei sich. Heute übernehmen Männer und Frauen diese Verantwortung gleichberechtigt.

Immer mehr Frauen treffen heute Vorkehrungen, um sich vor Krankheit und Schwangerschaft zu schützen, indem sie Kondome bei sich tragen. Sie verlangen von ihren Partnern, Kondome zu verwenden, und greifen zu anderen Verhütungsmethoden, um sich und den Partner vor AIDS zu schützen. Sie benutzen Verhütungscremes, die eine chemische Substanz enthalten, nämlich Nonoxinol 9, die das AIDS-Virus inaktiviert, wie Labortests bewiesen haben. Viele bekannte Marken dieser Spermizid-Gels enthalten Nonoxinol. Prüfen Sie die Inhaltsstoffe eines Spermizid-Gels genau, das im übrigen nur *zusammen* mit einem Kondom verwendet werden soll – nie als Ersatz für ein Kondom.

Die größte Gefahr bei der Verwendung von Kondomen ist dann gegeben, wenn der Mann nach seinem Orgasmus einschläft, während sein erigierter Penis sich noch in der Öffnung der Partnerin befindet. Dieser an sich sehr schöne Augenblick kann bei Verwendung eines Gummis sehr gefährlich sein. Schläft der Mann auch nur wenige Minuten ein, genügt diese Zeit, um sein Glied auf das unerigierte Maß schrumpfen zu lassen. Das Kondom gleitet ab und das virusverseuchte Ejakulat kommt mit den Innenwänden der Vagina in Berührung.

Unmittelbar nach dem Orgasmus muß der Mann sein Glied aus der Vagina der Partnerin zurückziehen, das Kondom abstreifen, es in der Toilette wegspülen und seinen Penis säubern. Dann kann er sich schlafen legen. Viele Babys kommen zur Welt, nur weil ihre Eltern Kondome benutzten und nach dem Orgasmus einschliefen. Heute kann diese Unachtsamkeit todbringend sein.

Eingeschränkter oraler Sex

Stimulation der männlichen oder weiblichen Genitalien durch Lippen, Zunge oder Mund ist wegen des AIDS-Virus gefährlich. Spermien *dürfen keinen Kontakt* mit dem Mund des Partners bekommen. Der Samenerguß in den Mund des Partners ist *gefährlich*. Bereits die wenigen Samentropfen, die der Samenstrang vor dem Orgasmus des Mannes absondert, können mit dem Virus verseucht sein. Daher bietet ein Einhalten oraler Stimulation des Penis kurz vor der Ejakulation keine vollkommene Sicherheit. Mundstimulation eines durch ein Kondom geschützten Penis ist gefahrlos, stößt aber bei vielen Menschen auf Abwehr. Mundstimulation des Penis, bevor der Mann hinreichend erregt ist, um Sperma abzusondern, ist weniger gefährlich, doch beide Partner müssen wissen, wann ein Erguß erfolgt. Ähnliche Empfindungen wie durch oral-genitalen Kontakt können auf ungefährlichere Weise hervorgerufen werden, wenn der Penis mit einer angefeuchteten Hand oder durch das Auftragen einer Körperlotion oder eines Gels auf Penis und Hodensack gestreichelt wird. Den Penisschaft mit einem glatten Seidenstoff zu stimulieren kann ebenfalls ein sinnlicher Ersatz für orale Stimulation sein.

Eine Frau mit erhöhtem Risiko, das AIDS-Virus in sich zu tragen, darf nicht zulassen, daß der Partner ihre Genitalien oral stimuliert. Wenn das Virus nicht in ihre Vaginalsäfte eingedrungen ist, besteht die Gefahr, daß es durch Kontakt mit virusverseuchtem Speichel in ihren Körper gelangt. Solange die Frau nicht sicher weiß, daß sie und ihr Partner keiner Risikogruppe angehören, sollte Mundstimulation ihrer Genitalien vermieden werden. Sie und ihr Partner können die gleichen Ersatzmaßnahmen ergreifen, wie sie oben für Männer beschrieben wurden.

Gegenseitige genitale Stimulation

Das AIDS-Virus gelangt nicht durch unverletzte Haut in den Körper. Auch Menschen, deren Bluttest ein HIV-positives Ergebnis erbracht hat, können gefahrlos ihre Hände benutzen, um dem Partner lustvolle Gefühle zu verschaffen, vorausgesetzt, sie haben keine offenen Hautverletzungen und Schnittwunden. Solche Freuden können auch durch Vibratoren oder anderes Sexspielzeug vermittelt werden. Durch aufmerksame Stimulation von Penis, Vagina oder Klitoris kann der Betreffende rasch zum Orgasmus kommen. Solches Sexualverhalten ist sicher.

Masturbation

Viele Menschen haben entdeckt, daß in einer vertrauensvollen Beziehung die Selbststimulation bis zum oder kurz vor dem Orgasmus für den Partner extrem erregend sein kann. Für beide Geschlechter ist diese Gewohnheit absolut sicher; dadurch kann keine Übertragung des Virus stattfinden.

Küsse auf den Mund

Lange, tiefe Zungenküsse sind für Menschen, deren AIDS-Test positiv ausgefallen ist, nicht empfehlenswert. Das Virus wurde bislang im Speichel zwar nur in geringer Konzentration nachgewiesen, kann aber vorhanden sein. Kurze Küsse auf die Lippen sind sicherer als Zungenküsse.

Andere riskante Verhaltensweisen

Bei Safer Sex müssen auch andere Verhaltensweisen verändert werden, um die Gefahr einer Ansteckung durch das AIDS-Virus herabzusetzen.

Drogen und Sex. Manche Menschen greifen zu Straßendrogen, wie Marihuana, Kokain, Aufputschmittel und Tranquilizer oder Alkohol, um Ängste herabzusetzen, Empfindungen zu steigern oder um ihre Ejakulation hinauszuzögern. Es liegen zwar keine Erkenntnisse vor, daß diese Substanzen die Anfälligkeit einer Infektion erhöhen, sie sind jedoch dann gefährlich, wenn sie die Vorsichtsmaßnahmen für Safer Sex herabsetzen.

Wer sich Drogen intravenös verabreicht und eine Nadel gemeinsam mit anderen benutzt, verstößt in sträflicher Weise gegen die Regeln von Safer Sex. Injektionsnadeln müssen sterilisiert sein oder als absoluter Privatbesitz gehütet werden.

Prostituierte. Weibliche und männliche Prostituierte gehören heute einer weitaus höheren Risikogruppe für sexuell übertragbare Krankheiten an als je zuvor. Männliche Prostituierte sind ein noch höherer Risikofaktor als weibliche Prostituierte, da die HIV-Infektion unter schwulen Männern wesentlich weiter verbreitet ist als unter heterosexuellen Männern. Prostituierte beiderlei Geschlechts sind häufig nicht nur Drogenkonsumenten, die gemeinsame Injektionsnadeln benutzen, sie wissen außerdem nichts über den Gesundheitszustand ihrer Kunden. Möglicherweise hatten sie vor kurzem einen virus-infizierten Kunden und wurden von ihm angesteckt, ohne es zu wissen. Eine Vorsichtsmaßnahme besteht darin, sich von Prostituierten beweisen zu lassen, daß ihr letzter AIDS-Antikörpertest negativ ausgefallen ist, indem der Kunde sich einen schriftlichen Bescheid über den negativen HIV-Antikörpertest vorlegen läßt. Prostituierten sei ans Herz gelegt, für ihren Schutz und den Schutz ihrer Kunden nur Safer Sex zu praktizieren.

Schwangerschaft. Eine Frau, deren Test positiv ausgefallen ist, sollte vermeiden, ein Kind zu empfangen, um sich selbst und das ungeborene Kind nicht in Gefahr zu bringen. Bei schwangeren HIV-positiven Frauen ist das Risiko eines rascheren Ausbruchs von AIDS erhöht. Ob Mann oder Frau HIV-positiv sind, in beiden Fällen ist von einer Schwangerschaft abzuraten. Neueste medizinische Erkenntnisse über die Gefahren für Mutter und Kind machen solche schmerzlichen Entscheidungen bedauerlicherweise notwendig.

Menschen in helfenden Berufen wissen, daß diese Entscheidung vor allem für junge bluterkranke Ehemänner, für verheiratete bisexuelle Männer, die ihren Ehefrauen ihr homosexuelles Verhalten bislang verschwiegen haben, und für drogensüchtige unverheiratete Frauen sehr schwierig ist. Wer möchte aber die weitaus schlimmeren Qualen erleiden, die eine tödlich verlaufende Krankheit für Mutter oder Kind bringen?

Wer ist in Gefahr?

Nicht nur homosexuelle Männer, Rauschgiftsüchtige und Menschen mit häufig wechselndem Geschlechtsverkehr, alle Menschen müssen sich in ihrem Sexualleben vorsehen. Ausgenommen sind Beziehungen, die seit mehr als zehn Jahren monogam verlaufen, in denen die sexuelle Treue garantiert ist und keiner der Partner eine Bluttransfusion erhalten hat. Partner in solchen Beziehungen sind nicht gefährdet und müssen kein Kondom verwenden. Alle anderen müssen erhöhte Vorsicht in ihrem Sexualleben walten lassen.

Heterosexuelle, die sich nicht in langjährigen monogamen Beziehungen befinden, sowie Menschen, die neue sexuelle Beziehungen aufnehmen, müssen sich der Gefahren bewußt sein. Unter Heterosexuellen in Amerika und Europa sind die Risiken noch nicht hoch. Doch wer sich im Umfeld von Rauschgiftsüchtigen sexuell betätigt, befindet sich in großer Gefahr. Frauen, die mit bisexuellen Männern schlafen, die ihr homosexuelles Verhalten verheimlichen, sind stark gefährdet.

Homosexuell aktive Männer sind immer in Gefahr. Je aktiver sie sind, desto größer die Gefahr. Wenn sie in Großstädten leben, ist die Gefahr noch größer, da Metropolen die höchsten AIDS-Ziffern aufweisen.

Ungeachtet der sexuellen Orientierung eines Menschen ist Gelegenheitssex mit Fremden vom medizinischen Standpunkt gefahrvoller denn je. Viele Menschen lehnen sexuelle Gelegenheiten ab oder verzichten dabei auf Geschlechtsverkehr, oder sie schützen sich stets mit einem Kondom oder warten, bis sie den Partner besser kennen.

Der wichtigste zu beachtende Faktor, wenn jemand sich vor dem Risiko einer Ansteckung schützen möchte, ist die Wahl des Partners. Partner, die AIDS haben oder von denen bekannt ist, daß sie HIV-Antikörper aufweisen, stellen auch für Menschen, die Safer Sex praktizieren, eine lebensbedrohende Gefahr dar. Wenn nicht bekannt ist, ob ein Partner die Antikörper in sich trägt oder nicht, er oder sie aber einer Risikogruppe angehört – Homosexueller, Bisexueller, Bluter, Rauschgiftsüchtiger, Prostituierte, ehemaliger Bewohner Zentralafrikas – ist das ein Signal, um Safer Sex zu praktizieren.

Ein Dialog

Manche Menschen bedrängen ihre Partner, sich an gefährlichem Sexualverhalten zu beteiligen, da sie nicht informiert sind. Sie glauben, sie seien nicht gefährdet, oder das Wohlergehen des Partners ist ihnen gleichgültig. Solange die medizinische Forschung kein Gegenmittel gefunden hat, kann der Geschlechtsverkehr ohne Kondom für den nicht infizierten Partner lebensbedrohend sein. Folgender Dialog findet zwischen Mann und Frau statt, kann aber ebensogut zwischen zwei Männern stattfinden.

Neuer Sexpartner:	Aber es fühlt sich nicht gut an, wenn ich ein Gummi trage!
Frau:	Es fühlt sich aber viel besser an, als überhaupt kein Sex!
Neuer Sexpartner:	Du stellst dich doch auch nicht mit Kleidern unter die Dusche, oder?
Frau:	Natürlich nicht. Also?
Neuer Sexpartner:	Laß uns anfangen und ich zieh' ihn raus, bevor ich komme – mach dir keine Sorgen, ich kann das kontrollieren.
Frau:	Nein danke. Das sagte mein Vater zu meiner Mutter auch!
Neuer Sexpartner:	Hör mal, du brauchst bei mir keine Angst haben. Ich bin sauber und habe nie mit jemand geschlafen, der nicht sauber war.
Frau:	Das mag ja sein, aber heute genügt das wirklich nicht.
Neuer Sexpartner:	Wenn du mich wirklich liebst, verlangst du nicht von mir, daß ich diesen blöden Pariser überstülpe.
Frau:	Wirklich? Ich soll dir meine Liebe beweisen, indem ich mein Leben riskiere, vielleicht das Leben eines Kindes und möglicherweise unsere gemeinsame Zukunft, nur damit du ein winziges bißchen mehr dabei spürst? Weißt du eigentlich, was du da sagst?
Neuer Sexpartner:	Wenn du mich wirklich liebst, zwingst du mich nicht, dieses alberne Ding überzustülpen!

Frau:	Wenn ich dich bitte, ein Kondom zu benutzen, heißt das doch noch lange nicht, daß ich dich nicht liebe. Es bedeutet lediglich, daß wir beide uns vor einer Gefahr schützen.
Neuer Sexpartner:	Wenn du mich wirklich liebst, muß ich nicht dieses verdammte Gummiding tragen!
Frau:	Wenn du mich wirklich liebst, tust du es doch!
Neuer Sexpartner:	Du übertreibst – diese AIDS-Angst grenzt doch an Panikmache.
Frau:	Vielleicht hast du recht, aber ich habe trotzdem Angst, und mit Angst habe ich keinen Spaß im Bett.
Neuer Sexpartner:	Uns kann so etwas nicht passieren – wir sind jung und gesund und haben das ganze Leben noch vor uns.
Frau:	Dein Optimismus in allen Ehren, aber ich habe keine Lust, mir wegen AIDS Sorgen machen zu müssen. Küß mich und stülp das blöde Ding schon über.
Neuer Sexpartner:	Kein Gummi, oder ich gehe!
Frau:	Leb wohl!

Regeln für wirklich sicheren Sex

Nachfolgend eine Liste, wie man sich wirklich vor dem AIDS-Virus schützen kann. Nicht alle Maßnahmen können von allen Leuten getroffen werden, doch ein oder mehrere Vorschläge mögen manchem Leser nützlich sein:

- völlige Abstinenz von sexuellem Verhalten mit Partnern;
- kein Seitensprung;
- Penis-Vagina-Verkehr nur mit Kondom;

- kein Geschlechtsverkehr, bis die Monogamie entweder durch ausschließliche Beziehung, durch Zusammenleben oder Heirat gesichert ist;
- kein Geschlechtsverkehr, bevor der Körper des Partners nicht sorgfältig auf Injektionseinstiche untersucht wurde;
- kein Kontakt mit männlichen oder weiblichen Prostituierten;
- keine sexuellen Kontakte, wenn man high oder betrunken ist;
- kein Kontakt mit Körpersäften, bis einer oder zwei neue AIDS-Tests negativ verlaufen sind;
- Masturbation vor dem Partner;
- gegenseitige genitale Stimulation (auch gegenseitige Masturbation genannt) mit Ejakulation in ein Kleenex oder auf den Körper des Partners;
- Verwendung eines Vibrators, um zum Orgasmus zu kommen.

Hoffnungsschimmer

Bei aller augenscheinlicher Grausamkeit und Härte bringt AIDS dennoch einige soziale Verbesserungen mit sich. Dadurch erhalten Paare Gelegenheit, das Spektrum ihres Sexualverhaltens zu erweitern. Statt sich mit schnellem Geschlechtsverkehr zufriedenzugeben, lernen manche Menschen andere Methoden, um sexuelle Freuden zu geben und zu erhalten. So werden manche zu besseren Liebespartnern. Und da es sich um eine Frage des Überlebens handelt, erkennen viele Menschen, die nicht über Sex sprechen wollten oder konnten, daß sie offen und detailliert über gegenwärtiges und vergangenes Sexualverhalten sprechen müssen. AIDS, Kondome und Safer Sex werden zu häufigen Gesprächsthemen kurz nach dem Kennenlernen zweier Menschen.

Frauen fragen Männer, ob sie bisexuell sind, und sie stellen die Frage zu einem früheren Zeitpunkt mit der klaren Erwartung, eine aufrichtige Antwort zu erhalten. Aufrichtigkeit und

Moral ist nicht länger eine Frage von Treue; es ist eine Frage über Leben und Tod.

Paare stellen fest, daß ihre Beziehung im Grunde weniger vom Geschlechtsverkehr abhängig ist, als sie ursprünglich angenommen hatten. Sie entdecken die Möglichkeit, eine Beziehung zu einem Menschen einzugehen und ihn vertrauensvoll zu lieben, ohne sofort körperliche Intimitäten auszutauschen. Manchen Menschen, die sich zu körperlichen Intimitäten gedrängt fühlten, bevor psychische Intimität entstehen konnte, wird durch die AIDS-Angst geholfen. Jetzt haben sie einen sozial akzeptierbaren Grund, das Tempo der körperlichen Intimität zu drosseln und mehr über ihre Gefühle zu sprechen. Sie können einander besser kennenlernen, bevor sie sich auf Sex einlassen.

Durch das Aufdecken sozialbezogener Probleme werden durch die AIDS-Angst einige unserer gesamtgesellschaftlichen Verhaltensmuster verbessert. Eltern fühlen sich verantwortlicher für die Sexualaufklärung ihrer Söhne und Töchter, in einer Zeit, in der es nicht länger nur um unerwünschte Schwangerschaft geht. Sexualaufklärung in den Schulen dient einem neuen öffentlichen Interesse – damit können Menschenleben gerettet werden, wenn den Kindern beigebracht wird, sich als Erwachsene vor AIDS zu schützen. Darüber hinaus muß diskutiert werden, ob nicht öffentliche Gelder zur Verfügung zu stellen sind, um kostenlos sterile Injektionsnadeln zu verteilen, außerdem ist die Frage der Abgabe von Methadon an Heroinsüchtige zu diskutieren. Im Augenblick gibt es lange Wartelisten für eine solche Behandlung.

Schließlich scheint AIDS das Ende der vieldiskutierten sexuellen Revolution einzuläuten. Die Angst vor dieser todbringenden Krankheit verringert die Verbreitung anderer, weniger dramatischer sexuell übertragbarer Krankheiten, Schwangerschaften Jugendlicher werden seltener und mancher Seitensprung und die dazugehörigen Komplikationen werden verhindert.

Bleiben Sie am Ball

Weltweit sind enorme wissenschaftliche Forschungstätigkeiten im Gange, um herauszufinden, wie die durch das HIV ausgelösten Begleitkrankheiten abgewendet oder geheilt werden können. Ein schwerwiegendes Hindernis bei der AIDS-Vorsorge besteht darin, daß das AIDS-Virus eigentlich aus einer Reihe von sich ständig verändernden Virusteilchen besteht; ein Antikörper gegen ein AIDS-Virus arbeitet nicht gegen ein anderes AIDS-Virus-Teilchen. Anderen Virus-Erkrankungen konnte durch die Entwicklung von Impfstoffen Einhalt geboten werden, doch das Erforschen eines wirksamen Impfstoffes gegen AIDS stellt die medizinische Forschung vor eine weitaus kompliziertere Aufgabe. Überall in Europa und den Vereinigten Staaten werden in großen Forschungszentren neuartige Medikamente gegen die Immunschwäche getestet. Im Augenblick wird ein Medikament, AZT, an Patienten erprobt, das vielversprechende Ansätze zeigt, die verheerende Ausbreitung von AIDS zu verlangsamen.

Millionenbeträge werden für diese Bemühungen aufgewendet, doch auch noch so hohe Geldbeträge geben bedauerlicherweise keine Garantie zur Prävention oder Heilung. Bekanntermaßen macht die Medizin große Sprünge nach vorn, wenn einige wichtige technische Fakten entdeckt sind. Während dieses Buch geschrieben wird, wartet nicht nur die medizinische Fachwelt, sondern buchstäblich die ganze Welt fieberhaft auf eine bahnbrechende Entdeckung, die den an der todbringenden Immunschwäche Leidenden und den Risikogruppen größere Hoffnung auf ein Weiterleben signalisiert.

Die Medien sind bemüht, exakt und verantwortungsvoll die neuesten Informationen über AIDS, Behandlungsmethoden und soziale Folgeerscheinungen zu verbreiten. Laufende Informationen in Zeitungen, Radio- und Fernsehsendungen sind nützlicher als Artikel, die vor wenigen Monaten geschrieben wurden. Bleiben Sie am Ball.

In der Zwischenzeit gibt es die Möglichkeiten von Safer Sex. Neuauftauchende Fakten sollten in der Öffentlichkeit diskutiert werden und wir alle sollten ein Leben führen, das für uns, unsere gegenwärtigen und zukünftigen Sexualpartner und unsere Familien keine Gefahren birgt.

Wege zu einem problemfreien Sexualleben

Wir alle müssen uns Safer Sex zur Gewohnheit machen, um die Gefahren von AIDS, ARC und der Übertragung der Immunschwäche auf andere zu verringern. Das bedeutet:

- Männliches homosexuelles Verhalten darf nicht dazu führen, daß Spermien in Körperhöhlen eindringen oder Kontakt mit dem Anus erhalten.
- Alle homosexuellen Männer, Drogenabhängigen, weiblichen und männlichen Prostituierten, sowie Bluterkranke sind den Risikogruppen zuzurechnen, da sie durch unsicheren Sex die Immunschwäche AIDS übertragen können.
- Kondome müssen richtig benutzt werden bei jedem Sexualpartner, dessen Vorgeschichte nicht bekannt ist oder der einer Risikogruppe angehört.
- Eine sexuell aktive Frau, die nicht in einer langfristigen Beziehung ist, muß Kondome zu ihrem eigenen Schutz bei sich tragen.
- Jugendliche müssen über die Gefahren von AIDS aufgeklärt sein, bevor sie beginnen, sich sexuell mit anderen zu betätigen.
- Alle Menschen müssen über die Entwicklungen der AIDS-Forschung unterrichtet sein, um die Garantie zu haben, daß ihr Sexualleben möglichst keine Gefahr für ihre Gesundheit und ihr Leben darstellt.

Kapitel 18

Sexuelle Vielschichtigkeit

Im ersten Kapitel haben wir vier Fragen über unser sexuelles Selbst gestellt: Was ist eigentlich unsere Sexualität? Was sind die Ursprünge unserer sexuellen Interessen, Verhaltensweisen und Fähigkeiten? Welche Rolle spielt die Sexualität in unserem Leben? Und was bestimmt unser sexuelles Schicksal im Verlauf unseres Lebens? In diesem Buch wurden verschiedene Antworten diskutiert, dennoch möchte ich einige der wichtigsten Gedanken in diesem letzten Kapitel noch einmal gesondert hervorheben.

Was ist Sexualität?

Wie wir gesehen haben, gibt es auf diese ›simple‹ Frage eine Menge Antworten:

- Sexualität ist eine Kraft, die uns allen innewohnt, die uns Freude macht und zu Selbsterforschung und Bindung an andere führt.
- Sexualität ist eine persönliche, multidimensionale Erfahrung, bestehend aus Geschlechtsidentität, Orientierung, Intention, Verlangen, Erregung und Orgasmus.
- Sexualität ist eine Ressource, die achtsamen Umgang erfordert. Ihre Aufgabe besteht in der Erfüllung körperlicher und emotionaler Freuden, ebenso wie in der Selbst- und Partnerliebe. Ihre größten Gefahren liegen im persönlichen Leiden und dem des Partners, in verfrühter oder unerwünschter Schwangerschaft und in der Ansteckung mit Geschlechtskrankheiten.
- Sexualität ist die intime körperliche Interaktion mit Partnern; sie hat vielschichtige Bedeutungen, die wir, unsere Partner und die Gesellschaft diesem Verhalten beimessen.

- Sexualität ist eine Stimme, ein ständiger Dialog in unserem Inneren, um unser psychologisches Selbst in jeder Phase unseres Lebens zu erkennen. Diese Stimme spricht zu uns über unseren Wunsch nach Bindung an andere und den Trost, den wir durch Intimität mit anderen finden. Die Stimme schreit auch unbequeme und unangenehme Wahrheiten heraus; sie motiviert uns, wenn sie mit hartnäckiger Regelmäßigkeit wiederkehrt, uns selbst und unsere Beziehungen zu verändern.
- Sexualität ist ein Reparationsmechanismus, der uns die Kraft gibt, eine schmerzliche Vergangenheit hinter uns zu lassen, und die Fähigkeit, unseren Körper und unser psychologisches Selbst (die letztendlich untrennbar sind) als gut und liebenswert wahrzunehmen, auch wenn uns das in der Kindheit nicht klar war. Dieser Reparationsmechanismus funktioniert nicht bei jedem Menschen – das Sexualleben mancher Erwachsenen ist von schweren Problemen belastet.
- Sexualität ist eine sich ständig verändernde Kraft, deren Urnatur und Ursprünge bis heute rätselhaft sind. Es gibt noch viele biologische Grundelemente der Sexualität, über die wir nichts wissen. Seit etwa zwanzig Jahren ist zwar die Informationsflut über Sexualität ständig im Anwachsen begriffen, dennoch müssen wir noch viel über anatomische und physiologische Zusammenhänge der Sexualität lernen.
- Aus der Sicht der Sexualität läßt sich auch die Arbeit unseres Gehirns studieren. Sie ist eine Einführung in die Psychologie der Intimität. Intimität wird oft als Ziel für dauerhafte Beziehungen genannt, ohne wirklich zu wissen, was sie ist und wie schwierig sie zu erreichen und zu erhalten ist.

Roy und Tanya hatten fünf Jahre ihrer zwanzigjährigen Beziehung ein asexuelles Gleichgewicht. Doch auch in den fünfzehn Jahren sexueller Aktivität war seine Potenz nicht zuverlässig. Trotz ihrer sexuellen Frustration blieb

Tanya eine aktive, positive, tüchtige Frau, die ihren treuen Ehemann, der nicht trank und in einer festen Anstellung arbeitete, respektierte, da ihre beiden Eltern diese Züge vermissen ließen. Sie war allerdings unglücklich, weil es keine körperliche Liebe zwischen ihnen gab und weil Roy sie immer wieder als ›Nörglerin‹ bezeichnete.

»Bin ich das wirklich?« fragte sie unter Tränen. Ihrer Ansicht nach nörgelte sie nur, weil er ihr sonst nicht zuhörte. Wenn es um das Thema Sex ging, wurde es noch schlimmer – er weigerte sich, mit ihr darüber zu reden, selbst wenn sie schrie oder weinte. Er weigerte sich, ihr sein Innenleben zu öffnen.

Roy wußte, daß Sex eigentlich Spaß machen sollte, hielt sich aber selbst für sexuell unterentwickelt, sein Penis war zu klein, und beim Koitus erbrachte er keine großen Leistungen. Wenn Tanya darum bat, daß sie Sex öfter praktizieren und mal etwas anderes ausprobieren sollten, war seine innere Antwort ›Angst‹. Er versprach ihr zwar sogar, eines Tages in der Küche über sie herzufallen, hatte sie aber in den letzten Jahren nicht einmal geküßt. Wenn Roy unerwartet sexuelles Verlangen befiel, vertiefte er sich in eine Lektüre und seine Lust verflog wieder. Tanya fragte sich im stillen, wie lange sie ihrem apathischen und schweigsamen Ehemann noch treu bleiben könne. Sie wußte, daß sie mit ihm über dieses Thema kaum reden konnte. Es lag mindestens zehn Jahre zurück, daß Roy und Tanya einander ihre Zuneigung durch Sex zeigen und festigen konnten. Sie wußten, ohne es eingestehen zu wollen, daß sie einander zunehmend fremder wurden.

In einer Therapiesitzung erzählte mir Tanya über Roys Mutter, die mit dreiunddreißig Witwe wurde, als Roy sieben Jahre alt war. Sie war eine pessimistische, ständig leidende, klammernde Frau, in deren Gegenwart sich weder Roy noch Tanya wohlfühlten. Roy war immer schon sehr nervös, wenn er mit seiner Mutter zusammen war, ohne zu wissen warum. An ihrem vierten Hochzeitstag, nach einer der vielen unerfreulichen Familienfeiern, sagte Tanya ihm, wie sehr seine Mutter ihn verkrampfte: »Deine Mutter seufzt, klagt über jede Kleinigkeit, jammert, wie schrecklich und bitter das Leben sei, sagt uns, wie sehr sie uns liebt, und dann fragt sie, wann du sie wieder besuchen kommst.« Roy achtete beim nächsten Besuch darauf und stellte erstaunt fest, daß Tanya recht hatte. Tanya empfand es als kleinen Triumph, als Roy ihr eines Tages gestand, wie sauer er früher auf sie gewesen sei, wenn sie sich über seine ›arme‹ Mutter ärgerte. Sie lachten darüber und Roy beschloß, seine Besuche bei der Mutter einzuschränken. Nach sechzehn wöchentlichen Therapiesitzungen konnten Roy und Tanya wieder Geschlechtsverkehr miteinander haben. Ich hatte während unserer Sitzungen seine Haltung seiner verständnisvollen Ehefrau gegenüber in seiner Gegenwart oft als ›voreingenommen‹ bezeichnet. Ich benutzte dieses Wort gezielt, wenn er sie in der Sitzung beschuldigte ›*ständig* etwas von ihm zu wollen‹, ›sich *nie* darum zu kümmern, was er fühlte‹ und ihm ›*völlig grundlos* seinen Wunsch, allein zu sein, übelzunehmen‹. Ich benutzte dieses Wort auch, wenn er den Genervten spielte und ›ach, diese Frauen!‹ seufzte. Auf diese Weise konnte ich ihm zu verstehen geben, daß Tanya keine Chance hatte, da er ihr unterstellte, sie würde sich in seine manipulierende, chronisch depressive Mutter verwandeln. Ich erfuhr eine weitere Bestätigung, als ich erfuhr, daß Tanyas Familie und Jugendfreundinnen sie früher ›Sunny‹ nannten. »Diese positive, lebensbejahende Frau wird nie wie Ihre Mutter werden, Roy. Es ist Ihre Angst, Ihrer Mutter wieder zu begegnen, die Sie von Tanya fernhält und den Vorwand für Ihren ›unterentwickelten Sexualtrieb‹ liefert.«

Ich wollte, daß er sich durch seine wiedergewonnene Potenz innerlich von seiner verkrampften Reaktion auf die Mutter befreite, und hoffte, durch körperliche Liebe könne er sich von seiner schmerzlichen Vergangenheit lösen, aus der sein Mißtrauen gegen echte Nähe zu Frauen stammte. Roy mußte loslassen und das Vertrauen gewinnen, daß Tanya wirklich eine patente Frau war. Er sagte zwar immer wieder, er verstehe, was ich meine. Ich war aber keineswegs sicher, denn immer wieder sprach er davon, wie erleichtert er sei, sich im Schlafzimmer ›nicht mehr zu blamieren‹. Bei unserer letzten Sitzung, als ich wieder einmal von ›Intimität‹ sprach, sagte Roy: »Doktor, wenn ich Intimität will, komme ich wieder zu Ihnen. Ich will doch lediglich Tanya normal lieben können!«

Wo liegen die Ursachen für sexuelle Interessen, Verhaltensweisen und Fähigkeiten?

Die Sexualpsychologie ist heute weniger geheimnisvoll als sie es einmal war. Jahrzehntelang war man nur mit den Auswirkungen von Kindheitserlebnissen auf die Sexualprobleme Erwachsener beschäftigt. Heute wissen wir, daß die Gegenwart unsere sexuelle Erlebnisfähigkeit beeinflußt. Sexualität existiert sozusagen auf dem Schnittpunkt von Vergangenheit und Gegenwart. Die gegenwärtige Beziehung orientiert sich entweder an der schmerzlichen Vergangenheit oder sie stimuliert Erinnerungen an eine angenehme Vergangenheit. Die Gedanken, die wir mit uns herumtragen, bestimmen unsere sexuellen Fähigkeiten.

Nach fünfunddreißig Jahren, in denen sie Spaß an Sex hatte, verkrampfte Claire sich, als sie ihren Mann mit dem Mund zum Orgasmus zu bringen versuchte, dessen Potenz nachzulassen begann. Während der ganzen Zeit ihrer Ehe hatte sie es vermieden, Leos Penis mit dem Mund zu stimulieren, ohne ihm je zu sagen, warum. Bevor sie ihren Ehemann kennenlernte, war sie von einem Mann, der sie vergewaltigte, mit vorgehaltenem Messer gezwungen worden, ihn oral zu befriedigen. Er höhnte: »Das ist eine gute Übung für dich, das mußt du nämlich bei dem Mann, den du einmal heiratest, auch machen.« Vierzig Jahre später, als Claire sich um den Erhalt ihres gemeinsamen Sexuallebens bemühte, wurde sie durch die Erinnerungen an dieses Trauma daran gehindert. Durch den Zuspruch ihres Therapeuten fand sie den Mut, Leo von diesem Erlebnis zu berichten. Er reagierte verständnisvoll darauf und die Bilder ihrer gemeinsamen angenehmen sexuellen Vergangenheit konnten die Erinnerungen an Claires Vergewaltigung auslöschen.

Es ist nie einfach, eine Antwort auf die Frage nach den Ursprüngen unseres sexuellen Selbst zu finden. Die vier Faktoren Biologie, eigene Psyche, zwischenmenschliche Beziehungen und kultureller Hintergrund wirken beim Entstehen sexueller Gedanken, Gefühle, Verhaltensweisen und Fähigkeiten immer aufeinander ein. Auch wenn viele glauben, eine richtige Antwort auf diese Frage zu wissen, ist es ratsam, diese Antworten als Hypothesen zu sehen.

Howard: Alice ist eine sexbetonte Frau. Sie liebt Sex, das war immer so. Sie will Sex fast immer dann, wenn ich auch Lust habe. Ich glaube nicht, daß ihre Eltern oder ihre Erziehung viel damit zu tun haben – bei ihr zu Hause wurde ja nicht einmal über Sex gesprochen. Es ist vielleicht genetisch bedingt. Ihre Schwester ist entsetzlich prüde, kompromißlos, ähnlich wie meine erste Frau. Manche Leute haben es und andere eben nicht. Ich habe es, Alice hat es, und wir sind glücklich zusammen.

Doktor: Hat Alice Ihnen denn nie erzählt, daß sie mit ihrem ersten Mann nicht gern ins Bett ging und sich die meiste Zeit davor drückte?

Howard: Sehen Sie, genau das ist es. Sie ist von ihrem Wesen her eine sexbetonte Frau. Ihr erster Ehemann war ein Trottel, er hat ihr den Spaß daran verdorben. Jetzt kann Alice so sein, wie sie wirklich ist – sexbetont.

Es gibt noch einen Aspekt, wie Biologie, eigene Psyche, zwischenmenschliche Beziehungen und kulturelle Einflüsse zusammenwirken, um unser sexuelles Selbst hervorzubringen. Die Sexualität eines Individuums ist auch deshalb einzigartig, weil jeder Mensch einen einzigartigen Charakter hat. Charakter bildet die Persönlichkeit und formt die spezifische Lebensweise einer Frau oder eines Mannes.

Auch wenn diese Lebensweise sich im Verlauf eines Lebens ständig weiterentwickelt, bleiben ihre Grundzüge stets die gleichen. Der Charakter eines Menschen ist dafür verantwortlich, ob er oder sie freundlich, in sich ruhend, verläßlich, religiös oder unverantwortlich, gewalttätig, neidisch oder streitsüchtig ist, um ein Beispiel zu nennen. Charakter bestimmt die generellen Verhaltensweisen eines Menschen, nicht sein Verhalten unter besonderen Umständen.

Doktor: Wollen Sie sagen, daß Alice, im Gegensatz zu vielen anderen Menschen, ein sexueller Mensch ist, und daß lediglich der richtige Partner auftauchen mußte, damit sie ihre körperliche Lust zum Ausdruck bringen konnte?

Howard: Habe ich das gesagt?

Doktor: Ich weiß nicht. Sie sagten, ihre Sexualität sei genetisch bedingt, habe nicht viel mit ihrer Erziehung zu tun. Ich denke, Sie unterstellen, daß ihre Fähigkeit, ihren Körper zum eigenen Lustgewinn einzusetzen, keinen Bezug habe zu ihren Werten, ihren Wünschen, oder der bedauerlichen Egozentrik ihrer Schwester.

Ich glaube, Howard, daß die Sinnlichkeit Ihrer Frau etwas mit ihrer Entwicklung als Mensch zu tun hat und nicht bloß genetisch bedingt ist. Ihre Sinnlichkeit ist Teil ihres Charakters.

Howard: Sie machen die Sache ziemlich kompliziert!

Doktor: Darüber denke ich manchmal nach. Vielleicht entgeht mir das Naheliegende.

Howard: Vielleicht mache ich es mir zu einfach.

Doktor: Wie dem auch sei, klar ist jedenfalls, daß Sie glücklich sind über Alices Bereitschaft, ihre Sexualität mit Ihnen zu teilen, und das ist wunderbar.

Die charakteristischen Zwänge, die unser generelles Verhalten formen, bestimmen auch unser Sexualverhalten, in dem viele dieser Zwänge wiederzufinden sind. Ein stiller, in sich gekehrter leistungsorientierter Mann wird sich vermutlich nicht stundenlang mit seiner Partnerin im Bett sexuellen Freuden hingeben und ihr auch noch wortreich zu verstehen geben, wie sehr sie ihn erregt; es ist einfach nicht seine Art. Ein passiver, unentschiedener, nachgiebiger Mensch weist diese Strukturen auch beim Liebesspiel auf. In vielen Fällen – aber nicht immer.

Das Denkmodell, daß wir das Produkt unserer Charaktereigenschaften sind, ist nicht immer angenehm. Es unterstellt, daß die Menschen sich als mehr oder weniger durchschaubare, bekannte und in ihren Möglichkeiten begrenzte Wesen definieren. Das läuft der Vorstellung zuwider, den Menschen stünden alle Wege offen. Räumen wir der Jugend das Recht dazu ein – sie steht am Beginn ihrer Entwicklung. Irgendwann im Erwachsenenleben wird diese Denkweise allerdings zur Illusion. Wir werden. Wir sind. So bleiben wir.

Die meisten tüchtigen, loyalen, umsichtigen jungen Erwachsenen weisen diese Charakterzüge auch auf, wenn sie älter sind. Die meisten unentschlossenen, streitsüchtigen, unzuverlässigen Menschen sind auch in zwanzig Jahren noch schwierige Charaktere, mögen diese Eigenschaften auch schwächer geworden sein. Das heißt nicht, daß Menschen keine psychische Entwicklung durchmachen oder ihr Leben nicht mit inneren Werten bereichern. Die Persönlichkeitsentwicklung vollzieht sich jedoch innerhalb der Grenzen der bereits im jungen Erwachsenenalter festgelegten Charakterzüge. Diese Eigenschaften erschaffen die Qualität unseres Lebens und bilden vielfach den Grundstock für verfrühten gesundheitlichen Verfall oder Tod – aber auch für ein langes, gesundes Leben. Selbstverständlich bestimmen diese Eigenschaften auch unser Sexualleben.

Howard:	Glauben Sie, ich kann damit rechnen, daß Alice ihr ganzes Leben eine sinnliche Frau bleibt?
Doktor:	Das hängt wohl von der Qualität Ihrer Beziehung ab. Wenn diese weiterhin auf gegenseitiger Achtung und Liebe beruht und Ihr beide das Glück habt, weiterhin körperlich und geistig gesund zu sein, dann ja.
Howard:	Auch wenn sie alt ist?
Doktor:	Ich kenne ›alte‹ Leute, die ein wunderbar erfülltes Sexualleben haben.
Howard:	Dazu möchte ich gehören.
Doktor:	Ich auch.

Welche Rolle spielt die Sexualität in unserem Leben?

In der Vergangenheit wurde Sexualität als die treibende Kraft des Lebens gesehen, als unsere Mitte, als die Energie hinter aller psychischer Entwicklung. Dieses Denkkonzept hatte in der ersten Hälfte des zwanzigsten Jahrhunderts enorme Konsequenzen. Sexuelle Zufriedenheit galt als die Motivation, die jede Verhaltensweise bestimmte. Kunstgeschichte, Literatur, Soziologie, Anthropologie, Religion und Psychiatrie, jedes dieser Fachgebiete wurde im Licht der Bedeutung der Sexualität neu interpretiert. Begriffe wie ›Repression‹, ›Ego‹, ›Unterdrükkung‹, ›Abwehr‹ und ›Sublimierung‹, zunächst als theoretische Begriffe der Psychoanalyse gebraucht, fanden innerhalb weniger Jahrzehnte Eingang in den allgemeinen Sprachgebrauch.

Psychotherapeuten gingen bis zur Mitte des zwanzigsten Jahrhunderts davon aus, daß emotionale Störungen auf ungelöste frühkindliche Sexualkonflikte zurückzuführen seien. Störungen wurden im kindlichen Denken lokalisiert, nicht aber in der Beziehung zwischen dem Kind und seinem Umfeld. Es wurde auch angenommen, daß ein Kind auch mit einem ausreichend guten Umfeld neurotisch werden konnte, da körperliche und geistige Erregungszustände an sich als schwierig zu bewältigen galten.

Heute erscheinen uns solche Erklärungen zu vereinfachend. Neurosen sind nicht nur damit zu erklären, daß ein Erwachsener sich immer noch mit geistigen und körperlichen Lustkonflikten der Kindheit herumschlägt. Das Temperament des Kindes, die Fähigkeiten und Eignungen der Betreuer sind für den Heranwachsenden ebenso wichtig wie die Heftigkeit der naturgegebenen Konflikte des Kindes mit seiner körperlichen Lust.

Sexualität scheint nicht mehr die Basis der Persönlichkeitsentwicklung zu sein – sie ist eher ihr Endprodukt. Nachfolgend eine Aufstellung der Entwicklung der Sexualerfahrungen eines Menschen im Laufe seines Lebens:

- Entdeckung des sexuellen Selbst;
- Wohlgefühl mit der eigenen Sexualität;
- Anfänge des Sexualverhaltens mit einem Partner;
- intensive Beziehung knüpfen;
- Fähigkeiten von Beständigkeit, Liebe und Hingabe erforschen;
- mit Enttäuschung und Feindseligkeit umgehen lernen und Bindungen aufrechterhalten;
- Elternschaft;
- erneutes Alleinsein wegen Tod oder Scheidung;
- sich wieder binden;
- Lieben ohne genitalen Sex;
- Beenden von genitalem Sexualverhalten.

Auch wenn ein Mensch bei einem Partner bleibt, verändern Lebenserfahrungen die Beziehung, und diese Erfahrungen geben dem Sex eine andere Bedeutung. Die ungeschickten ersten intimen Versuche Heranwachsender kennen eine Art der Erregung, die im ganzen Leben nie wieder erreicht wird. Ein Paar, das sich auseinandergelebt hat und wieder zueinander findet, genießt möglicherweise die schönsten sexuellen Freuden durch die Bedeutung, die ihre Wiedervereinigung hat. Wenn zwei ältere Menschen eine intime Beziehung aufbauen, wird die Qualität ihrer neuen sexuellen Erfahrung über den Wert ihrer Beziehung bestimmt – nicht über die Tatsache, daß sie heute sexuell weniger stürmisch sind als in ihren Jugendjahren.

»Vor kurzem mußten wir meinen Vater ins Heim bringen. Es war sehr schwer für meine Frau und mich – und natürlich für meinen Vater. Er sah ein, daß wir ihn nicht länger bei uns behalten konnten. Er spazierte tagsüber los und verirrte sich, und er machte sich immer häufiger naß.

Früher war mein Vater ein großer Gesellschafter, er war überall beliebt. Ein perfekter Tänzer; er brachte Leben in jede Party. Nach dem Tod meiner Mutter interessierte er sich sehr für die Damenwelt. Anfangs gefiel mit das natürlich nicht, doch dann bewunderte ich ihn deshalb. Na, und stellen Sie sich vor: bereits nach zwei Tagen im Heim hatte er eine Freundin. Sie verschwanden händchenhaltend in ihrem Zimmer. Die Pfleger fanden die beiden richtig niedlich. Ich hoffe, die beiden gehen miteinander ins Bett.«

Welche Faktoren bestimmen unser sexuelles Schicksal?

Diese Frage läßt sich leichter beantworten, wenn wir unser Leben in Altersabschnitte einteilen. Die entscheidenden Faktoren für die Sexualität von Kindern sind ebenso einfach oder unkompliziert, wie sie es das ganze Leben hindurch sein werden. Die sexuelle Entwicklung eines Jungen oder Mädchens richtet sich nach den biologischen Merkmalen des Kindes, seiner Beschaffenheit der Beziehung zu Vater und Mutter, sowie dem Maß an Schutz vor seelischem, körperlichem und sexuellem Mißbrauch.

Die Sexualität Jugendlicher wird nach wie vor durch die Qualität ihrer emotionalen Bindungen innerhalb der Familie bestimmt, ist aber auch stark beeinflußt von Selbstachtung, dem Wissen, daß Sexualverhalten schädlich und glücksbringend sein kann, von moralischen Werten und persönlichen Ambitionen, den Werten der Peergruppe, also der gleichaltrigen Freunde, und dem Grad an psychologischer Intimität, den Jugendliche während ihrer ersten Versuche im Sexualverhalten mit Partnern machen.

Die sexuelle Bestimmung junger Erwachsener wird unmerklich beeinflußt durch die emotionale Ablösung von den Eltern und dem Wohlbefinden, allmählich erwachsen zu sein. Die Eigenschaften des erwählten Partners spielen dabei eine wichtige Rolle. Bald kommen neue komplexe Kräfte dazu – die Harmonie der nichtsexuellen Beziehung und das Maß der gegenseitigen Freuden innerhalb ihres sexuellen Gleichgewichts. Manche junge Erwachsene scheinen problemlos im Zusammenwirken mit dem Partner zu gemeinsamen sexuellen Freuden fähig zu sein; andere fechten einen inneren Kampf aus, ehe sie sich dem Partner hingeben können. Das Sexualleben junger Erwachsener wird außerdem stark geprägt von den sich ständig verändernden Bedürfnissen ihrer Kinder und von wirtschaftlichen Belastungen.

Alle diese Kräfte machen ihren Einfluß auf Menschen in mittleren Jahren geltend. Manche Belastungen werden im Lauf der Zeit leichter, andere, wie Krankheiten und medikamentöse Behandlungen, wirken oft dämpfend auf die sexuelle Fähigkeit und Lust. Die gegenseitige Rücksichtnahme der Partner in allen Lebensabschnitten ist ein bedeutender Faktor für ihre sexuelle Bestimmung.

Bei höheren Altersgruppen ist Sex stark beeinflußt vom Nachlassen des männlichen Sexualtriebes und der Erektionsfähigkeit, der Gesundheit beider Partner und der Qualität ihrer vorangegangenen Beziehung in mittleren Jahren. In jeder Phase des Erwachsenenlebens bis ins hohe Greisenalter verschafft uns das Wohlgefühl unserer körperlichen Sinnlichkeit und die gegenseitige Rücksichtnahme und Achtung Erfüllung in der körperlichen Liebe, andernfalls entgehen uns viele Freuden erfüllter Sexualität.

Möglicherweise hat Howard recht. Vielleicht haben manche Menschen, wenn auch nicht alle, ein großes sexuelles Potential und brauchen nur die richtigen Bedingungen, um ihre körperlichen Freuden zu wecken. Vielleicht spielen unsere Charaktereigenschaften eine untergeordnete Rolle und es sind die glücklichen Umstände, die unsere Sexualität zum Reifen bringen – die Möglichkeit zu entspannen, Alltagssorgen zu vergessen, und unsere Aufmerksamkeit ganz auf unser körperliches Lustempfinden zu lenken.

Wenn wir zulassen können, unverkrampft mit dem zu leben, was in unseren Köpfen vorgeht, wenn wir unseren Gedanken freien Lauf lassen können, ohne Angst zu haben, wohin sie uns führen, wenn wir den Mut haben, unser Selbst zu befreien, haben wir eine größere Chance, unser sexuelles Potential zu erkennen und dafür zu sorgen, daß unsere sexuelle Bestimmung einen positiven Verlauf nimmt.

Howard macht es sich vielleicht zu einfach. Viele von uns sind nicht fähig, sich tief zu entspannen, sind nicht bereit, sich auch nur kurz von Alltagssorgen zu befreien, und unfähig, ihre Aufmerksamkeit auf ihre Empfindungen zu lenken. Die Ursachen dieser Entfremdung von ihrem inneren, sinnlichen Selbst liegen in vergangenen und gegenwärtigen Beziehungen, liegen in Vorstellungen von Sünde und Gefahr, die sowohl offenkundige als auch verborgene Bedeutung haben. Nein, Howard, ich denke, unsere Charaktereigenschaften haben viel damit zu tun, ob es uns leichtfällt, unsere Sexualität aus ihrem verborgenen Winkel zu holen. Manche Menschen, wie Sie und Alice, haben eine wundervolle Lösung für ihre verschwommen erinnerten Kämpfe gefunden und sind imstande, sich selbst und einander über ihre körperliche Sexualität zu lieben. Das ist ein großer Fortschritt. Halten Sie ein waches Auge darauf.

Die Grenzen der Experten

Das Hauptthema dieses Buches war die Sexualität und ihre Vielschichtigkeit, nicht die Therapie sexueller Störungen. Viele Menschen mit dauerhaften sexuellen Problemen und Schwierigkeiten werden irgendwann den Weg zu einem Psychotherapeuten finden, der ihnen hilft, sexuelles Wohlbefinden zu erlangen oder wiederzuerlangen. Es wird meine Leser nicht erstaunen, daß ich einzelne und Paare sehr darin bestärke, sich in therapeutische Behandlung zu begeben, in der sie Gelegenheit erhalten, über ihre persönlichen Schwierigkeiten nachzudenken, zu sprechen und sie durchzuarbeiten. Wenn Sie sich zu einem solchen Schritt entschließen, bitte ich Sie zu bedenken, daß Fachkräfte wie ich in jeder Therapie vor einem Dilemma stehen: wir müssen wählen, ob wir unsere therapeutische Strategie auf einen starken Glauben an gegenwärtige Erkenntnisse gründen oder ob wir unsere Hilfe auf dem Bewußtsein der Grenzen dieser Erkenntnisse aufbauen. Beide Ansätze haben Vor- und Nachteile.

Wenn wir den Schwerpunkt auf gegenwärtige Erkenntnisse legen, können wir gelegentlich Probleme richtig deuten und versuchen, sie zu lösen. Doch moderne Heilverfahren und Erkenntnisse können sich morgen als überholt erweisen. Und selbst wenn die Fakten korrekt sind, sind die emotionalen Kräfte, die sexuelle Probleme hervorrufen, oft weitaus langlebiger und stärker als zunächst angenommen. Es gibt viele Fälle, in denen Experten sich irrten oder ihre Sichtweise zu eng war.

Da wir Therapeuten um die Grenzen von Erkenntnissen und die Widerruflichkeit von Tatsachen wissen, ziehen wir gelegentlich eine Taktik des Abwartens gewissen problemlösenden Techniken vor. Die Nachteile dieses Therapieansatzes bestehen in Pessimismus und dem Zaudern, Patienten mit neuen Methoden zu helfen.

Qualifizierte Sexualtherapeuten versuchen, diesen beiden Fallen aus dem Weg zu gehen. Außerdem hat jeder von uns, trotz profunder Fachkenntnisse, langjähriger therapeutischer Erfahrung und nachgewiesener Erfolgsquoten, seine Grenzen. Wir können niemals völlig in das Innere eines Menschen eindringen oder absolut verstehen, aus welchem Grund ein Mensch eine bestimmte Störung aufweist. Es kommt oft einem Rätsel gleich, den besten Ansatz für das sexuelle Problem eines Patienten zu finden. Daher sollten Sie vorsichtig sein, wenn ein Therapeut Heilung verspricht oder selbstherrlich von einer einfachen Therapie spricht oder behauptet, eine Behandlung werde nach einer bestimmten Anzahl von Sitzungen abgeschlossen sein. Solche Therapeuten sind entweder gefährliche Scharlatane oder, falls sie aufrichtig sind, unerfahren.

Menschen, die einfache, klare Antworten auf Fragen der Sexualität suchen, werden allemal Enttäuschungen erleben, allein schon durch die Tatsache, daß Sexualität in so viele andere Lebensbereiche hineinspielt, und weil jede Information über Sexualität auf jeden einzelnen modifiziert werden muß. Das Wissen, daß es keine klaren, eindeutigen Antworten gibt, kann Patienten vor gefährlichen oder naiven Therapeuten schützen. Sex war nie einfach. Sexuelle Probleme sind selten einseitig.

Sexuelle Gesundheit und Krankheit verdienen beide Respekt. Sexuelle Gesundheit erfordert Respekt vor den ersten Entwicklungsschritten eines Menschen, die sie ihm ermöglichten. Sexuelle Störungen erfordern Respekt vor den körperlichen Problemen und seelischen Konflikten, die diese Symptome hervorrufen. Trotz unserer besten Bemühungen, diese Symptome aufzudecken, bleiben sexuelle Gesundheit und Krankheit in gewisser Weise geheimnisvoll. Und ich vermute, so wird es immer bleiben.

Wege zu einem problemfreien Sexualleben

Sexualverhalten bietet den Menschen, die psychisch dazu bereit sind, wunderbare Möglichkeiten: doch Sex war nie einfach.

- Sexualität kann auf vielerlei Arten verstanden werden.
- Das Wissen über uns selbst und die psychologische Intimität mit einem anderen sind vermutlich die besten Aphrodisiaka.
- Viele Kräfte halten uns von Intimität mit unseren Partnern fern, einschließlich unser Charakter – unsere Gewohnheit, mit unseren Gefühlen umzugehen und unsere Konflikte zu lösen.
- Sex ist nicht die treibende Kraft unserer Persönlichkeitsentwicklung – sie ist das Produkt unserer Entwicklung.
- Menschen, die in sexuellen Problemen Rat suchen, müssen wissen, daß auch Experten begrenzte Fähigkeiten haben.

Literaturverzeichnis

Abel, G.G.; Blanchard, E.B.; Becker, J.V. 1978. An integrated treatment program for rapists. In Rada, RT (Hrsg.), *Clinical Aspects of the Rapist.* New York.

Althof, S.E.; Turner, L.A.; Risen, C.B.; Levine, S.B.; Bodner, D.; Kursh, E.D.; Resnick, M.I. Why do men drop out from intracavernosal treatment for impotence? Vorgestellt im März 1988 beim Kongreß der *Society for Sex Therapy and Research.* New York.

Barbach, Lonnie Garfield: *Four Yourself.* Berlin.

Bayer, R. 1981 *Homosexuality and American Psychiatry: Politics of Diagnosis.* New York.

Becker, J.V.; Skinner, L.J.; Abel, G.G.; Treacy, E.C. 1982. Incidence and types of sexual dysfunctions in rape and incest victims. *Journal of Sex and Marital Therapy.* 8:65 – 74.

Bell, A.P.; Weinberg, M.S.; Hammersmith, S.K. Der Kinsey-Institut-Report über sexuelle Orientierung und Partnerwahl. München 1982.

Bergler, E. 1951. *Neurotic Counterfeit-Sex.* New York.

Berlin, F.S.; Meinecke, C.F. 1981. Treatment of Sex Offenders with antiandrogenic medication: Conceptualiziation, review of treatment modalities, and preliminary findings, *American Journal of Psychiatry.* 138:601 – 607.

Bradford, J.M.W. 1983. Research on sex offenders: recent trends. *Psychiatric Clinics of North America.* 6(4): 715 – 731.

Brindley, G.S. 1986. Maintenance treatment of erectile impotence by cavernosal unstriated muscle relaxant injection. *British Journal of Psychiatry.* 149:210 – 215.

Clement, U.; Schmidt, G.; Kruse, M. 1984. Changes in sex difference in sexual behavior: a replication of a study on West German students (1966 – 1981) *Archives of Sexual Behaviour.* 13:99-120.

Clifford, R. 1978. Development of masturbation in college women. *Archives of Sexual Behaviour*. 7:559 – 574.
Cole, H.M.; Lundberg, G.D. (Hrsg.), *AIDS From The Beginning*. Chicago 1986.
Comfort, A. 1972. *Joy of Sex*. Freude am Sex. Berlin.
Ellis, L.; Burke, D.; Ames, M.A. 1987. Sexual Orientation as a continuous variable: A comparison between the sexes, *Archives of Sexual Behavior*. 16:523 – 530.
Finkle, A.L. 1980. Sexual Impotency: Current knowledge and treatment in urology/sexuality clinic. *Urology*. 16:449 – 452.
Frank, E.; Anderson, C.; Rubinstein, D. 1978. Frequency of sexual dysfunction in ›normal‹ couples, *New England Journal of Medicine*. 299:111 – 115.
Freud, Sigmund: *Abhandlungen zur Sexualtheorie*. Frankfurt 1985.
Freud, Sigmund: Die Frage der Laienanalyse. Unterredungen mit einem Unparteiischen. Leipzig 1926.
Gong, V.; Rudnick, N. (Hrsg.) *AIDS: Facts and Issues*. New Brunswick, 1986.
Green, R. 1987. *›The Sissy Boy Snydrome‹ and the Development of Homosexuality*. New Haven.
Groth, A.N.; Burgess, A.W.; Holmstrom, L.L. 1977. Rape: power, anger, and sexuality. *American Journal of Psychiatry*. 134:1239 – 1243.
Harry, J. 1985. Defeminization and social class. *Archives of Sexual Behavior*. 14:1 – 12.
Hunt, M. 1974. *Sexual Behavior in the 1970s*. Dell Publishing Company, New York.
Kaplan, Helen Singer: Hemmungen der Lust. Neue Konzepte der Psychosexualtherapie. Stuttgart 1981.
Kinsey, A.C.; Pomeroy, W.P.; Martin, C.E.: Das sexuelle Verhalten des Mannes. Berlin/Frankfurt 1955.
Langevin, R. 1985. *Erotic Preference, Gender Identity, and Aggression in Men: New Research Studies*. Hillsdale, New Jersey.
Levine, S.B. 1987. More on the nature of sexual desire, *Journal of Sex and Marital Therapy*. 13 (1):35 – 44.

Levine, S. B.; Yost, M. A. 1976. Frequency of female dysfunction in a general gynecologic clinic: an epidemiologic approach, *Archives of Sexual Behavior*. 5:229–238.
Marcus, I. M.; Frances, J. J. 1975. *Masturbation: From Infancy to Senescence*. New York.
Masters, W.; Johnson, V.: Impotenz und Anorgasmie. Zur Therapie funktioneller Sexualstörungen. Frankfurt 1973.
Masters, W.; Johnson, V. *Die sexuelle Reaktion*. Reinbek, 1970.
Rubin, A.; Babbitt, D. 1958. Impotence and Diabetes, *Journal of American Medical Association*. 168:498–500.
Saghir, M.; Robins, E. 1973. *Male and Female Homosexuality*. Baltimore.
Sarrel, P.; Sarrel, L. 1984. *Sexual Turning Points: Seven Stages of Adult Sexuality*. New York.
Schein, M.; Zyzanski, S.; Levine, S. B.; and others. 1988. The frequency of sexual problems among family practice patients. *Family Practice Research Journal*. 7(3) 122–134.
Shainess, N. 1975. *Authentic feminine orgasmic response, in* Sexuality and Psychoanalysis. (E. Adelson, Hrsg.) New York.
Singer, J.; Singer, I., Types of female orgasm, *Journal Sex Research*. 8:255–267, 1972.
Steege, J. F.; Stout, A. L.; Carson, C. C. 1986. Patient satisfaction in Scott and Small-Carrion penile implant recipients: a study of 52 patients, *Archives of Sexual Behavior*. 15(5):393–400.
Tiefer, L.; Mellman, A. Follow-up of patients implanted with penile protheses since 1981. Die Studie wurde beim Kongreß der *International Academy of Sex Research Annual Meeting*, September 1986 in Amsterdam, Niederlande, vorgestellt.